JN206700

みんなで考える特別支援教育

Let's talk about Special Needs Education !

編著
梅永 雄二 UMENAGA Yuji
島田 博祐 SHIMADA Hirosuke
森下由規子 MORISHITA Yukiko

北樹出版

はしがき

障害のある人たちに対するサービスは、医療、教育、福祉、労働などの分野において近年目覚ましい変化が起きています。

医療に関しては、身体障害のある人たちの医学的リハビリテーションにおいてリハビリテーションドクターやナースだけではなく、PT（Physical Therapist：理学療法士）、OT（Occupational Therapist：作業療法士）、ST（Speech Therapist：言語聴覚士）、CP（Clinical Psychologist：臨床心理士）などリハビリテーション専門職の支援が広がってきており、中心となる医者においても、発達障害者支援法の成立とともに、児童精神科医や小児神経科医、発達小児科医における早期診断のニーズが高まってきました。

福祉においては、障害者総合支援法により施設利用者が激減し、施設から出て働くことが促進されるようになりました。その働くという意味において、労働分野では発達障害者が精神障害者に含まれるようになり、かつ精神障害者が雇用率にカウントされるようになりました。その結果、障害者の雇用が以前にもまして促進されるようになってきており、従来の地域障害者職業センターや障害者就業・生活支援センターだけではなく、学校卒業後すぐに就職が困難な人たちのために24カ月間で就労を目指す「就労移行支援事業所」が全国に4,000カ所近くも設置されてきています。就労移行支援事業所は、ある意味では特別支援学校からつながる、キャリア教育を実施してくれる職業能力開発校に近い存在と考えられます。

そして、この障害者総合支援法においては、「自立」という表現に代わり「基本的人権を享有する個人としての尊厳」と明記されるようになり、障害福祉サービスによる支援に加えて、地域生活支援事業その他の必要な支援を総合的に行うこととなりました。つまり、地域で豊かな生活を営むということが目的となってきており、障害者の中に130疾患と関節リウマチを含めた「難治性疾患克服研究事業」も盛り込まれました。

さらに教育の分野では、「特殊教育」から「特別支援教育」への拡充（第1章参照）によって、今まで障害児教育の対象とされていなかったSLD、ADHD、

ASD（自閉症およびアスペルガー症候群など）の発達障害児童生徒への教育が具体性を帯びてくるようになりました。

従来、障害児の教育においては、障害のある子どもを健常児のレベルにいかに近づけるかという意識が強かったものと思われます。よって、健常児ができて障害児ができないことのギャップを埋めていくという方法論が取られていました。

しかしながら、ICF（国際機能分類）で示されるように、「障害」とは環境との相互作用で生じるものであるため、障害そのものを変えるのではなく、環境に適応するためにどのような工夫をすればよいかということに焦点が当てられるようになってきました。

障害者を英語に訳すと“A Person with Disability”という言葉が用いられていましたが、米国では“A Person with Different Ability”という言葉が使われ始めています。すなわち、「～することができない人たち」ではなく、「異なった能力を持っている人たち」という意味を示します。これは、とても素晴らしい発想だと思います。健常といわれる人たちもそれぞれ個性があり、学習の仕方が多少なりとも異なります。障害のある人たちも同様に、彼らは彼らの学び方、感じ方があるのです。よって、われわれは彼らに教育をするという発想ではなく、“Person Centered Plan”、つまり彼らが中心であり、彼らが主体となる学習ができるように援助するという意識で関わっていければと考えます。

そのような意味で本書がお役に立てれば幸いです。

2019年8月　早稲田大学　梅永　雄二

目　次

みんなで考える特別支援教育

Let's talk about
Special Needs Education !

本書のコンセプトと使い方について（コアカリキュラムへの対応例）

本書は大枠として、「障害児者の処遇の歴史と現行制度での位置づけ（序章）」、「特別支援教育の制度・教育課程・アセスメント（第1～4章）」、「各障害の特性と学習指導（第5～15章）」、「（障害以外の）特別なニーズを必要とする子どもへの対応（第16章）」、「障害（おもに知的・発達障害）児に対する代表的な支援技法（第17～20章）」、「生涯発達を見据えた学齢期以外での支援（第21～23章）」の6部構成になっています。

今回の学習指導要領の改訂で「特別支援教育」が教職課程において必修科目になりました。それに伴い文部科学省からコアカリキュラムが提示され、科目中にコアカリキュラムの内容を網羅する必要が出てきました。コアカリキュラムの全体目標は、「通常の学級にも在籍している発達障害や軽度知的障害をはじめとする様々な障害等により特別の支援を必要とする幼児、児童及び生徒が授業において学習活動に参加している実感・達成感をもちながら学び、生きる力を身に付けていくことができるよう、幼児、児童及び生徒の学習上又は生活上の困難を理解し、個別の教育的ニーズに対して、他の教員や関係機関と連携しながら組織的に対応していくために必要な知識や支援方法を理解する」となっており、以下に示す（1）～（3）の主要目標が掲げられています。

＜３つの主要な各目標（1）～（3）＞

（1）特別の支援を必要とする幼児、児童及び生徒の理解

①一般目標：特別の支援を必要とする幼児、児童及び生徒の障害の特性及び心身の発達を理解する。

②到達目標

1） インクルーシブ教育システムを含めた特別支援教育に関する制度の理念や仕組みを理解している。

2） 発達障害や軽度知的障害をはじめとする特別の支援を必要とする幼児、児童及び生徒の心身の発達、心理的特性及び学習の過程を理解している。

3)　視覚障害・聴覚障害・知的障害・肢体不自由・病弱等を含む様々な障害のある幼児、児童及び生徒の学習上又は生活上の困難について基礎的な知識を身に付けている。

(2) 特別の支援を必要とする幼児、児童及び生徒の教育課程及び支援の方法

①一般目標：特別の支援を必要とする幼児、児童及び生徒に対する教育課程や支援の方法を理解する。

②到達目標

1)　発達障害や軽度知的障害をはじめとする特別の支援を必要とする幼児、児童及び生徒に対する支援の方法について例示することができる。

2)　「通級による指導」及び「自立活動」の教育課程上の位置付けと内容を理解している。

3)　特別支援教育に関する教育課程の枠組みを踏まえ、個別の指導計画及び個別の教育支援計画を作成する意義と方法を理解している。

4)　特別支援教育コーディネーター、関係機関・家庭と連携しながら支援体制を構築することの必要性を理解している。

(3) 障害はないが特別の教育的ニーズのある幼児、児童及び生徒の把握や支援

①一般目標：障害はないが特別の教育的ニーズのある幼児、児童及び生徒の学習上又は生活上の困難とその対応を理解する。

②到達目標

1)　母国語や貧困の問題等により特別の教育的ニーズのある幼児、児童及び生徒の学習上又は生活上の困難や組織的な対応の必要性を理解している。

これらの目標に併せ、15コマ分（2単位）と8コマ分（1単位）の場合の本テキスト使用案の例を以下に示しました。シラバス案作成時の参考等にしていただければ幸いです。

島田　博祐

講義計画（シラバス）案、対応するテキスト章及びコアカリキュラムの照合表（2単位・15コマ）

特別の支援を必要とする幼児、児童及び生徒に対する理解		項目	（1）			（2）				（3）	授業テーマと（対応するテキストの章）
		到達目標／授業回	1）	2）	3）	1）	2）	3）	4）	1）	
授業科目名及び授業回	特別支援教育（幼・小・中・高）	1	◎					○	○		特別支援教育の理念と制度（1）―歴史と制度（序章・1章）
		2	◎					○	◎		特別支援教育の理念と制度（2）―特別支援教育とインクルーシブ教育システム、特別の指導（1章・コラム1）
		3	◎				◎	○			特別支援教育における教育課程（1）―特別支援学校（2章）
		4	◎				◎	○			特別支援教育における教育課程（2）―特別支援学級、通級指導（3章）
		5						◎	○		個別支援とアセスメント（4章）
		6			◎	○					障害児の特性と指導（1）―視覚・聴覚・言語障害（5・6・7章）
		7			◎	◎					障害児の特性と指導（2）―肢体不自由・病弱虚弱・バリアフリー・ICT（8・11・17章）
		8			◎	○					障害児の特性と支援（3）―知的障害（9・10章・コラム3）
		9		◎		◎					発達障害児の特性と支援（1）―LD・ADHD・（12・13章）
		10		◎		◎					発達障害児の特性と支援（2）―ASD・DCD（14・15章）

		11		○		◎					発達障害、軽度知的障害児に対する支援技法（1）－応用行動分析・SST（19・20章）
		12		○		◎					発達障害、軽度知的障害児に対する支援技法（2）－TEACCHによる構造化・ICT（17・18章）
		13					○			◎	特別の教育的ニーズのある幼児児童及び生徒の学習上又は生活上の困難と対応（16章）
		14	◎						◎		就学前支援・就学移行・保護者支援（21章・コラム6）
		15	○						◎		卒業後の支援―就労、生涯学習、余暇支援（22・23章）

講義計画（シラバス）案、対応するテキスト章及びコアカリキュラムの照合表（1単位・8コマ）

特別の支援を必要とする幼児、児童及び生徒に対する理解		項目	（1）			（2）				（3）	授業テーマと（対応するテキストの章）
		到達目標／授業回	1）	2）	3）	1）	2）	3）	4）	1）	
授業科目名及び授業回	特別支援教育（幼・小・中・高）	1	◎					○	◎		特別支援教育の理念と制度（序・1章・コラム1）
		2	◎				◎	○			特別支援教育における教育課程―特別支援学校・特別支援学級、通級指導（2・3章）
		3						◎	○		個別支援とアセスメント（4章）
		4			◎	○					障害児の特性と指導（1）―視覚・聴覚・病弱（5・6・11章）
		5			◎	○					障害児の特性と指導（2）―肢体不自由・知的障害・バリアフリー・ICT（8・9・10・17章・コラム3）
		6		◎		◎					発達障害児の特性と支援（1）―LD・ADHD・応用行動分析・SST（12・13・19・20章）
		7		◎		◎					発達障害児の特性と支援（2）―ASD・DCD・TE-ACCHによる構造化（14・15・18章）
		8					○			◎	特別の教育的ニーズのある幼児児童及び生徒の学習上又は生活上の困難と対応（16章）

将来の自立を目指した障害児教育のために

point!

- 社会における障害児者の変遷について知る。
- 行政上の障害者、教育上の障害者などの基本的定義について知る。
- 学校教育を終えた後の自立を踏まえた進路指導の大切さを知る。

第1節　はじめに

1．障害児教育の現状

障害児教育とは、従来視覚障害児における盲教育、聴覚障害児における聾教育、肢体不自由児、知的障害児、病弱児における養護学校教育が中心であり、それぞれ軽度の場合は弱視学級、難聴学級、肢体不自由学級、知的障害学級、病弱学級、情緒障害学級などの特殊学級で行われていた。平成19年度から始まった特別支援教育では、養護学校（盲学校・聾学校を含む）が特別支援学校に、特殊学級が特別支援学級という名称になった。

特別支援学校では、児童・生徒数４名から８名くらいに対し２名の教諭が配置されており、特別支援学級では、教諭が１名となっている。教諭は大学の教育学部特別支援学校教員養成課程等の専門課程を卒業した教諭が望ましいが、現実には障害児教育に関する専門性を身につけている教諭ばかりとはいえず、とりわけ特別支援学級にはその傾向が強い。その結果、その児童生徒にマッチした教育プランを構築できていないため､学習効果が上がらないだけではなく、学校や学級そのものに対する嫌悪感を抱く児童生徒も存在する。

特別支援学級の場合は、音楽や体育、図工などで原学級との交流を実施しているところも多いが、それにプレッシャーを感じる子どももいる。子どもにとっては、自分よりもレベルの高い子どもたちの集団に入っていくことに抵抗こそあれ喜んでいくことはないであろう。

これらの教育の対象児以外にも、近年IQ的には知的障害の範疇には入らないものの、読み・書き・計算に困難を示すSLD（限局性学習症）児や集中力がなく多動で、時に衝動的な行動を取るADHD（注意欠如・多動症）児、さらには他の子どもや教師とうまくコミュニケーションを取ることができず、自分の好きなことに没頭するASD（自閉スペクトラム症）といった子どもたちは、通常の小・中学校に在籍しているが、彼らには彼らに合った教育が必要と考えられ、特別支援教育が実施されるようになってきた。

発達障害児における特別支援教育は、平成19年度から始められたが、小・中学校が中心であり、幼稚園や高校で特別なサポートを実施しているところはきわめて少ない。しかし、ようやく平成30年度から高校に通級による指導が導入された。障害は恒久的に継続するものであり、義務教育だけではないため、幼稚園や一般の高校、さらには大学・短大・高専等においても特別支援教育が実施されることが望まれる。

■2．自立を目指した特別支援教育とは

通常の子どもに対する教育課程は、文部科学省の指導要領に従って各学年で学習すべき内容が示されている。ここでの指導はいわゆる教えるべき内容が先にあり、児童生徒はその指導内容をクリアすべく学習することを促される。その結果、学年が進むにつれその内容はレベルアップし、高校生となり大学受験を目指す場合、大学によってはハイレベルの学習基準が要求される場合もある。

しかしながら、その学習内容は必ずしも現実社会で一般の人たちが必要とする内容とは一致するものではない。具体的な例を挙げると、国語であれば基本的には新聞や本などを読むこと、文章を書くことが中心であるにもかかわらず、古文や漢文が高校の学習課程に存在し、算数・数学においても一般の成人が社会で生活する上で必要ではない内容のものも多い。これらは、定員の定まっている大学においてはすべての受験生を入学させることは困難であるため、受験における相対評価の必要性から生じたものと考える。

自立を目指した教育とは、子どもたちが成人し社会に出た時に必要なスキルを身につけることであり、必ずしも画数の多い難しい漢字を読むことができることであったり、複雑な数式を解けることではない。文字や文章を読む際に日

常的に必要な漢字では、「危険」、「安全」、「禁止」、「横断歩道」、「歩行者優先」など生活上必要な漢字やよく使う駅名や店の名前、友人や教師、知人の名前、住所、商品名など地域に密着した内容のもので十分生活をまかなうことができる。算数・数学でいえば、買い物をする際に計算ができなくても電卓の使い方を学習すれば、どれくらいの買い物をしたかは分かる。

その他、日常的に生活する上で必要なスキルについて述べると、大人になって親元から離れて一人で生活をするようになった場合、「朝自分で時計をセットして時間通りに起きるスキル」、「服を着替えたり、顔を洗ったり歯を磨いたり、男性の場合はひげをそったりといった身の周りのことを行うスキル」、「就労した職場へ自分一人で行けるような移動スキル」、「外出する際に車や電車などの交通機関の危険性を察知できるスキル」、「買い物をしたり、自分で食事の用意をしたり、外食ができるスキル」、などが必要になるものと考える。その他に獲得できれば、「電話をかけるスキル」、「ATM を利用するスキル」、「映画やスポーツ、カラオケなど好きなことを楽しめる余暇スキル」なども地域社会では必要になろう。このように地域で生活する上で必要なスキルを学校在学中に獲得できていれば、学校から成人生活へのスムースな移行が可能となり、自立を目指した教育といえる。

第2節　障害児者に関する社会的処遇の歴史と現状

障害児者に対する歴史を振り返ると、ギリシャの都市国家時代には「美」が「善」とされ、男性であればヘラクレスのように筋骨隆々とした体形、女性であればミロのヴィーナスのように均整の取れたスタイルが美徳とされていた。逆に美しくないもの、すなわち障害者は「悪」と考えられ、テルベ川に流されるというきわめてむごい仕打ちを受ける場合もあった。中世ではサーカスなどの見世物や宮廷における道化役とされる時代があり、世界三大絵画で有名なベラスケスの「宮廷の侍女たち：ラス・メニーナス」では、マーガレット王女を引き立てるために障害のある侍女をマーガレット王女の隣に配置するなどの構図が取られている。近代においても、ヒトラーのナチスドイツでは障害者は優秀なアーリア人種にはありえないものと考えられ、ユダヤ人と同様にガス室に送られたり、T4作戦という薬で安楽死をさせられたりしたという事実も報告されている。

このように障害者の歴史は健常者による差別の中で長い歴史をたどってきたが、近年障害者を取り巻く環境は急激に変わりつつある。とりわけ、米国で1990年に成立したADA（American Disability Act：障害のあるアメリカ人法）では、障害があるからといって公共のレストランの使用や雇用などに差別をすることが禁止された。障害者の定義も以前のICIDH（国際障害分類）による一次的障害であるImpairment（機能障害）、二次的障害である活動が限定されるDisability（能力障害）、その結果三次的障害である社会参加に制限を伴うHandicap（社会的不利）という分類から、2001年のICF（国際機能分類）では、Disabilityが活動できるという意味のActivity、Handicapが社会参加可能という意味のParticipationに変更された。

これはすなわち、障害というものが、障害のある人個人の問題に帰するものという考えではなく、障害のある人と環境との相互作用で生じるものと考えるようになってきたからといえる。たとえば、交通事故やスポーツ、危険な仕事による事故などで脊髄損傷という障害を受けた場合でも、一次的な障害としての脊髄という機能の障害は存在するものの、歩行ができないというDisabilityではなく、車いすがあれば活動（Activity）ができる。そして、段差が解消され、エレベーターなどの環境が整備されると就労や余暇などの地域における社会参加（Participation）が可能になるというポジティブな思考に変わったわけである。実際、障害とは障害のある人と社会との間にある「壁」を意味する。よって、その壁が取り除かれれば障害ではなくなるわけである。

わが国では、視覚、聴覚、肢体不自由等の身体障害者が法制度の中心であったが、知的障害者や精神障害者に関しても法制度が改定され、いわゆる3障害といわれるようになった。さらに、これらの3障害だけではなく、2005年に発達障害者支援法の成立とともに、従来障害者と認められなかったアスペルガー症候群などのASD（自閉スペクトラム症）やSLD（限局性学習症）、ADHD（注意・欠如多動症）なども障害と認められるようになり、厚生労働省は全国に支所を含めると94カ所の発達障害者支援センターを設置し（30年4月現在）、また、平成18年度には全国47都道府県において発達障害者支援体制事業が始まった。

そして、支援の中身も保護的なものから、障害者総合支援法の成立に伴い、重度の障害者においても施設から出て働くことが推進されるようになってきている。

障害者総合支援法については、障害のある当事者からは現実の生活を顧みていないという厳しい批判がもたらされているものの、「税金によって保護を受ける立場から納税者へ」という発想は、就労という社会参加の面においては一定の評価はできる。しかしながら、すべての障害者が就労することは難しい現状から、障害者の立場を考慮した柔軟な対応も望まれる。

第3節　障害児者の法的定義と障害の捉え方

1. 行政上の障害者

わが国では、身体障害者手帳、療育手帳、精神障害者保健福祉手帳等（精神障害者の場合は診断書でも可）を所持しているいわゆる3障害が法的定義における障害者として規定されている。具体的には、身体障害者には視覚障害者、聴覚・言語障害者、肢体不自由者、内部障害者が該当し、最重度の1級から軽度6級の6段階に分類されている。

知的障害者は、IQ 値にしておおむね 70 を下回るものを指し、生育歴や社会性などをみて総合的に判断され、知的障害者であることの証明である療育手帳を取得することができる。療育手帳は地方行政によって A、B、C や A、B1、B2、1度～4度など分類の仕方は異なっているが、基本的には重度とそれ以外に分類される。精神障害者には精神障害者保健福祉手帳という手帳が交付され、1級は「日常生活が一人では出来ず、他人の援助や介護を受けないと生活が出来ない人」、2級は「日常生活に著しい困難があり、時に応じて他人の援助が必要な人」3級は「労働に著しい困難があり、社会生活に制限を受ける人」となっている。

これらの3障害は行政上のさまざまなサービスを受けることができる。具体的には障害年金制度や教育や交通・医療など各種公共機関その他のサービスがある。とりわけ、自立を目指す上で必要な就労における援助としては、「障害者の雇用と促進等に関する法律」における障害者に該当し、企業が雇うべき雇用率の対象となる。厚生労働省の報告によると、身体障害者は436万人（平成28年段階）、知的障害者は108.2万人（平成28年段階）、精神障害者は約392.4万人（平成26年段階）、合計約936.6万人となっている。これらの人数はわが国の障害者の約7.4%に該当する。

■2．教育上の障害者

（1）3障害以外の障害者

従来の3障害には、自閉症、アスペルガー症候群等のASD（自閉スペクトラム症）およびSLD、ADHD等の発達障害者は含まれていなかったが、これらの障害については平成17年の発達障害者支援法の成立とともに、医療、教育、福祉、労働の分野等で広く啓発活動が図られるようになってきている。とりわけ、教育の分野では平成19年4月から特別支援教育といった従来の盲・聾・養護学校および特殊学級における教育から、広く一般の小・中学校において発達障害のある子どもの教育サービスが広げられることになった。発達障害児に関しては、文部科学省の調査により一般の小・中学校に約6.5%の割合で存在することが報告されており、日本の人口から単純に計算すると、822万人以上の発達障害者が存在することになる（2012年度）。

教育上の障害者とは、一般の教育方法では対応が困難な子どもたちに対して行われる教育により、子どもの能力や興味・関心に沿って、個別に対応されるべき児童・生徒と考えられる。後の12章～15章で詳しく述べるが、彼らの障害は目に見えるわけではないので、さまざまな誤解を受ける。よって、彼らのニーズに応じた教育システムを構築すべきである。SLD者本人が提示した、授業で望むサポートを表序-1に示す。

表序-1　LD 当事者が望む学校における具体的なサポート（梅永，2007）

①宿題を出す際に前もって当てるところを教えてほしい 　こっそりと「明日の本読み、ここからここまでの範囲を当てるで。これだけでいいから、頑張ってきな。」と言ってもらえたら、何時間もかけなくても読めるようになったかもしれません。そして、みんなの前で恥をかかなくてすんだかもしれません。適量で適度の宿題を出してほしかったです。 ②自分なりに編み出した読む方法を認めてほしい 　誰でも一律この方法で学習しなさいと限定されてしまうと、より強い困り感を抱いてしまいます。いろんな覚え方、いろんな解き方があって良いのではないでしょうか。 ③レッテルを貼った見方をしないでほしい 　国語はダメでも数学ならと思っていても、文章題はつまずきます。 　そこで「あいつは勉強できんで……」と決めつけられると、どこでつまずいているのかも分かってもらえず、教えてもらえずに終わっていきます。そして、どの教科も落ちこぼれていきました。 　また、学年が変わった時などは、気持ちを入れ替えて「今年こそは」と意気込んでも、レッテルを貼られてしまっていると、その気持ちが覆い隠されてしまい生まれ変わることすらできませんでした。 ④勉強ができないと、「生きている資格がない」というような言い方をしないでほしい 　先入観で決めつけられることで何度も傷つきました。勉強ができないと「生まれてくるんじゃなかったかな」と思わされる言動を、教師、友だち、親などからされました。 　笑ってごまかすか、うつむいて耐えるか、切れてけんかするかでしか受け止められませんでした。 　勉強ができないと、気持ちの痛みも感じない劣った人間だと思われている自分の存在がいやで、消したかったです。 　勉強が苦手でも「学校に来て良いんだよ。」「生きてて良いんだよ。」という接し方をしてほしかったです。

（2）卒業後の自立を考えた学校教育

現在、わが国にはフリーターやニートという言葉が存在するが、このフリーターやニートの中にかなりの発達障害者が存在するのではないかといわれている。フリーターとは、フリー（free）という英語とアルバイト（Arbeit）というドイツ語をつなげた和製外国語で、一般に正規雇用の形態を取らずにアルバイトやパートタイムの仕事をしている 15 歳から 34 歳の人たちのことをいい、ニートとは、NEET（Not in Education, Employment or Training）の略語で、働いておらず、教育や職業訓練も受けていない若者のことで、働いて賃金を得ているかどうかが両者の違いといわれている。2014 年の段階でニートは約 56 万人、フリーターに至っては 179 万人（いずれも 15歳～34歳）と内閣府は報告している。

発達障害者は、その能力特性により適職が判断しづらい。また、本人たちにもどのような仕事が自分に向いているかについて判断する材料が限られている。よって、学校在学中から卒業後の職業的自立を果たすための教育を実施することが望まれる。具体的には、できるだけ早期からの職業情報の伝達、職場体験、就労と結びつく能力の育成などを指導すべきであると考える。米国では、３歳から21歳の間はIEP（Individualized Education Plan: 個別教育計画）に基づき特別支援教育が実施されるが、この中で16歳（州によっては14歳）までにITP（Individualized Transition Plan: 個別移行計画）といった「学校から成人生活を目指す」教育が実施されている。この対象者の多くはSLD等の発達障害者で、学校在学中に職業リハビリテーションカウンセラーやジョブコーチ、企業等を交えたミーティングを通して、卒業後の自立をプランニングしていく。

特別支援学校では、高等部において実際の職場における現場実習などが実施されているが、一般の高校では特別支援学校のような進路についての指導が少ない。よって、外部の専門家を交えた早期からの教育体制づくりが望まれる。

（梅永　雄二）

＊文　　献＊

厚生労働省「患者調査」 2014
厚生労働省「社会福祉施設等調査」 2015
厚生労働省「生活のしづらさなどに関する調査」 2016
内閣府『平成27年度子ども・若者白書』 2014
梅永雄二『こんなサポートがあれば！〈2〉LD、ADHD、アスペルガー症候群、高機能自閉症の人たち自身の声』エンパワメント研究所　2007
梅永雄二『障害者心理学』福村出版　2012

CHAPTER 01 特別支援教育の現状と課題について

point!
- ・特殊教育から特別支援教育への転換の流れを知る。
- ・特別支援教育の開始により学校で実施しなければならない具体的システムを知る。
- ・インクルーシブ教育システムの構築、合理的配慮と特別支援教育の推進に関する課題について学ぶ。

第1節　特別支援教育への転換

1．調査研究協力者会議の報告と全国調査結果

特別支援教育の名称が文部科学省の関与する公的な文書で最初に用いられたのは、2003（平成15）年3月に告示された特別支援教育の在り方に関する調査研究協力者会議の「今後の特別支援教育の在り方について（最終報告）」（以下、協力者会議最終報告と呼ぶ）であった。この機会が、特殊教育から特別支援教育への転換が図られた時期といえよう。

また、この協力者会議最終報告では、「通常の学級に在籍する特別な教育的支援を必要とする児童生徒に関する全国調査」（2002年）の、知的発達に遅れはないものの学習面や行動面で著しい困難を示す児童生徒の割合が全体の6.3％であったとする結果資料が公表され（図1－1参照）、教育現場に大きな反響を呼んだ。ただし、この割合については、10年後の2012（平成

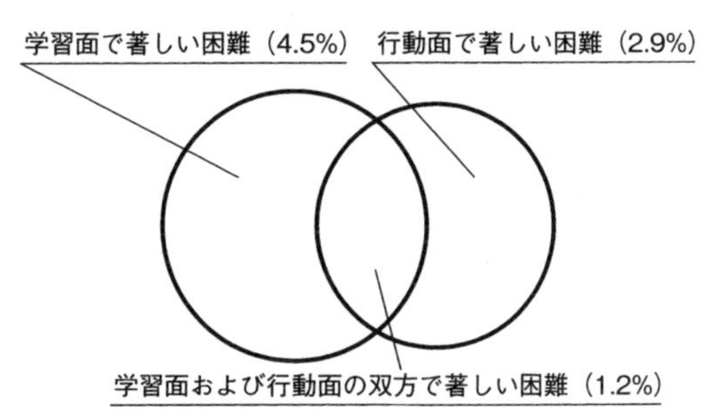

図1－1　全国調査の結果（協力者会議最終報告より）

24）年の再調査で6.5％という近似する結果が報告された。

■2．障害者基本計画の影響

前述の協力者会議最終報告が取りまとめられている間の2002（平成14）年12月に、次の10年間を見据えて策定された新しい「障害者基本計画」が、閣議決定されていた。その中の教育・育成の分野で、「障害のある子ども一人一人のニーズに応じてきめ細かな支援を行うために乳幼児から学校卒業後まで一貫して計画的に教育や療育を行うとともに、学習障害、注意欠陥／多動性障害、自閉症などについて教育的支援を行うなど教育・療育に特別のニーズのある子どもについて適切に対応する」という基本方針が示された。そして、それを基に重点施策実施５か年計画が策定され、教育機関に対して、「小中学校における学習障害（LD）、注意欠陥／多動性障害（ADHD）等の児童生徒への教育体制の整備のためのガイドラインを平成16年度までに策定する」ことや「盲・聾・養護学校において個別の支援計画を平成17年度までに策定する」ことが盛り込まれ、それらが、特別支援教育への転換の施策に大きな影響を与えたのである。

第２節　特別支援教育の法制化

■1．中央教育審議会の答申

2005（平成17）年12月に、文部科学省に置かれた中央教育審議会において「特別支援教育を推進するための制度の在り方について（答申）」（以下、中央教育審議会答申と呼ぶ）が以下の３点の内容に取りまとめられた。

１点目は、これまでの盲・聾・養護学校を特別支援学校に一本化して複数の障害種に対応できるようにするとともに、特別支援学校に対して地域における相談支援等のセンター的機能を発揮していくことが求められた。

２点目は、小・中学校における支援体制の要として、各学校に特別支援教室（仮称）を設置し、すべての児童生徒が通常の学級に在籍しながら、障害のある児童生徒においてはそれぞれの特別な教育的ニーズに応じて指導支援ができるようにすることが求められた。

3点目は、特別支援学校教員の免許状に関する改正で、今後の免許状には、科目の修得状況に応じて特別支援教育領域（視覚障害者、聴覚障害者、知的障害者、肢体不自由者、病弱者）を表すことが示され、教員養成系の大学等には、それぞれの障害の部門の専門性を保ちつつ、特別支援教育全般の幅広い見識を与えるための新しいカリキュラムが求められた。

■2．通級による指導の対象についての政令改正

前述の中央教育審議会答申の提言を受けて、翌2006（平成18）年3月には、まずは、LDおよびADHDの児童生徒を通級による指導の対象とするために学校教育法施行規則の一部が閣議決定により改正された。改正されたのは、学校教育法施行規則第73条の21で、それまでの、言語障害者、情緒障害者、弱視者、難聴者、その他心身に故障のある者の5項目に、新たに、学習障害者と注意欠陥多動性障害者が加わった。さらに、これまでの情緒障害に含まれていた自閉症を新たに自閉症者と併記した（表1－1）。また、これまでの指導時間については、障害の克服や改善のための時間と教科指導の補充のための時間を別に定めていたが、LDやADHDの児童生徒については、指導上の効果が期待できるということから、月1単位時間の指導を下限とする柔軟な設定が図られた。

表1－1　学校教育法施行規則第73条の21の改正

旧	新
一　言語障害者 二　情緒障害者 三　弱視者 四　難聴者 五　その他心身に故障のある者で、本項の規定により特別の教育課程による教育を行うことが適当なもの	一　言語障害者 <u>二　自閉症者</u> 三　情緒障害者 四　弱視者 五　難聴者 <u>六　学習障害者</u> <u>七　注意欠陥多動性障害者</u> 八　その他心身に故障のある者で、本項の規定により特別の教育課程による教育を行うことが適当なもの

（下線部は新しく規定された部分）

■3．学校教育法等の一部改正

2006（平成18）年６月に学校教育法等の一部を改正する法律が国会で制定、交付され、翌2007（平成19）年４月１日から施行されたことから、以後この年を「特別支援教育元年」と呼ぶようになった。この改正のおもな点は、前述の中央教育審議会答申で求められた、特別支援学校制度の創設に関することと小・中学校における特別支援教育の推進に関すること、さらに、それに伴う特別支援学校免許状に関することの３点である。

ただし、これまでの小・中学校の「特殊学級」が「特別支援学級」に改められ、特別支援学級と通常の学級における交流および共同学習が促進されるとともに、特別支援学級担当教員の活用によるLD、ADHD等の児童生徒への支援を行うなどの弾力的な運用が進められることとなったが、中央教育審議会答申で提起されていた特別支援教室（仮称）構想の実現は見送られた。

■4．改正学校教育法の下での学習指導要領の改訂

先の学校教育法の一部改正後、はじめての各種学校の学習指導要領等の改訂では、2008（平成20）年３月に小学校と中学校の学習指導要領が告示され、それらの総則の中で、次のような特別支援教育に関する内容が記されることとなった。つまり、小学校では総則の第４「指導計画の作成等に当たって配慮すべき事項」の２（7）において、中学校では同じく２（8）において、「障害のある児童（中学校では生徒）などについては、特別支援学校等の助言又は援助を活用しつつ、例えば指導についての計画又は家庭や医療、福祉等の業務を行う関係機関と連携した支援のための計画を個別に作成することなどにより、個々の児童（中学校では生徒）の障害の状態等に応じた指導内容や指導方法の工夫を計画的、組織的に行うこと。（後略）」が記された。これらの「例えば指導についての計画」は、後で述べる「個別の指導計画」を指し、「家庭や医療、福祉等の業務を行う関係機関と連携した支援のための計画」は、「個別の教育支援計画（後述）」を示すものであり、事実上、小学校と中学校の学習指導要領において一人ひとりの教育的ニーズに応じて適切に支援するという特別支援教育の考え方が明記され、教育史上において画期的な改訂となった。

さらに、その翌年の2009（平成21）年３月、特別支援学校の学習指導要領が

告示された。この改訂で特に注目される点は、自立活動の内容に新たに「人間関係の形成」という区分が設けられて、これまでの５区分から６区分になったことである。自立活動における人間関係の形成という新区分は、自閉症などの発達障害のある子どもの多くが有する対人関係や社会性の課題に応じる内容とみられ、通常の学級での特別支援教育の運用を視野に入れた改訂といえる。

第３節　特別支援教育の学校システム

1．個別の教育支援計画の策定

前述の協力者会議最終報告で、特別支援教育を支える新たなツールとして提案されたのが、「個別の教育支援計画」で、「教育、福祉、医療、労働等が一体となって乳幼児から学校卒業後まで障害のある子ども及びその保護者等に対する相談及び支援を行う体制の整備の１つで、適切な教育的支援を効果的かつ効率的に行うため教育上の指導や支援の具体的な内容、方法等を計画、実施、評価（Plan-Do-See）して、より良いものに改善していく仕組み」と紹介されている（図１－２）。

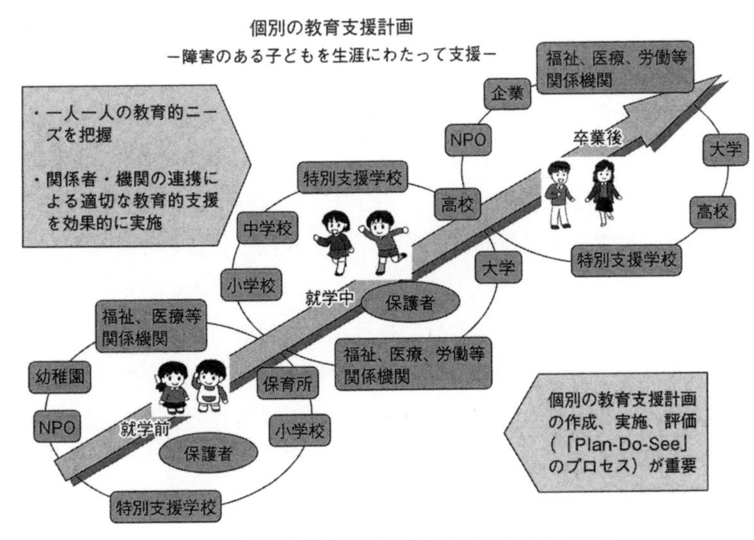

図１−２　乳幼児から卒業後までの個別の教育支援計画

■2．特別支援教育コーディネーターの指名

協力者会議最終報告では、今後の特別支援教育の推進のためのキーパーソンに「特別支援教育コーディネーター」という役割が提起された。この特別支援教育コーディネーターは、特別支援学校および小・中学校に求められたが、両者には、自ずと立場や役割に違いがあるとみるべきである。

特別支援学校におけるコーディネーターは、自校の在校生に対する個別の教育支援計画の策定に関する企画や調整に中心的に携わる他、特別支援学校が担う地域におけるセンター的機能の推進、調整を行うものであるのに対し、小・中学校の特別支援教育コーディネーターは、校内における特別支援教育の体制や整備を推進するために、保護者や学級担任の相談の窓口になったり、事例の検討や研修会のために地域の関係機関との連絡や調整を行ったりする役割が中心となるものである。

■3．校内委員会の設置

小・中学校における特別支援教育の推進は、特別支援教育コーディネーターの努力だけでは難しい。それには、校内組織の共通理解や協力体制が不可欠であり、その有効策として、特別支援教育の体制整備を図る校内委員会の設置が挙げられている。小・中学校の校内委員会のおもな役割は、特別な教育的ニーズのある児童生徒の早期発見と実態把握、および支援策を検討することであり、保護者や関係機関、校内関係者と連携して、個別の教育支援計画や個別の指導計画を作成することと記されている。

文部科学省は、2008（平成20）年、全国の公立の小学校・中学校を対象に実施した特別支援教育体制整備状況調査の中で、校内委員会の設置状況などとともに、個別の指導計画の作成状況と、個別の教育支援計画の作成状況を調査項目に挙げて、これらが特別支援教育の推進に欠かせない要素であることを示した。この調査は、その後、国私立の小・中学校や国公私立の幼稚園や高等学校および中等教育学校も対象に加えて毎年実施され、各校の支援体制づくりの推移が注目されている。

第4節　インクルーシブ教育システム構築のために 

1．障害者権利条約と障害者差別解消法の影響

わが国で特別支援教育に関する改正学校教育法がまさに始まろうとする頃、世界では、2006（平成18）年12月に国際連合総会において「障害のある人の権利に関する条約」（以下、障害者権利条約という。）が採択され、世界各国の締結・批准の手続きを経て2008（平成20）年5月に発効された。この障害者権利条約の教育に関する第24条には、インクルーシブ教育システム（inclusive education system）として、障害者が障害を理由として教育制度一般から排除されないことや、障害のある児童が障害を理由として無償の義務教育から排除されないことなどが記された。わが国は、2007（平成19）年にこの条約への署名を行い、2014（平成26）年1月には批准書を提出した。この間には、わが国の国内法等が国際基準に達するための体制整備が行われたとされる。

そうした国内法整備の集大成として2013（平成25）年に「障害を理由とする差別の解消の推進に関する法律」（以下、障害者差別解消法という。）が公布（平成28年4月1日施行）されて、障害を理由として、正当な理由なくサービスの提供を拒否したり、制限したり、条件をつけたりするような行為と、合理的配慮の不提供が禁止されることになった。こうして、この障害者権利条約および障害者差別解消法が、わが国の特別支援教育の体制において大きな影響を与えることになったのである。

2．すべての学校、すべての学級で行う特別支援教育

障害者権利条約の発効後、中央教育支援議会中等教育分科会では、障害者権利条約に示されたインクルーシブ教育システムの理念を実現するために、「特別支援教育のあり方に関する特別委員会」を設置して審議を行い、2012（平成24）年7月に「共生社会の形成に向けたインクルーシブ教育システム構築のための特別支援教育の推進（報告）」をまとめた。

そこには、インクルーシブ教育システムを構築するために、「それぞれの子どもが、授業内容が分かり学習活動に参加している実感・達成感を持ちながら、充実した時間を過ごしつつ、生きる力を身に付けていけるかどうか」をもっと

も本質的な視点とした上で、障害のある者とない者とが同じ場でともに学ぶことを追求するとともに、個別の教育的ニーズのある子どもに対し、自立と社会参加を見据え、その時々で教育的ニーズにもっとも的確に応える指導を提供できる、多様で柔軟な仕組みを整備することが重要であるということなどが示された。また、学校教育における合理的配慮について、「障害のある子どもが、他の子どもと平等に『教育を受ける権利』を享有・行使することを確保するために、学校の設置者及び学校が必要かつ適当な変更・調整を行うことであり、障害のある子どもに対し、その状況に応じて、学校教育を受ける場合に個別に必要とされるものであり、学校の設置者及び学校に対して、体制面、財政面において、均衡を失した又は、過度の負担を課さないもの」と示した。

そして2017（平成29）年3月に、新たに幼稚園教育要領、小学校学習指導要領及び中学校学習指導要領が告示され、同年4月には、特別支援学校幼稚部教育要領と特別支援学校小学部・中学部学習指導要領が告示された。

この改訂では、ついに、小・中学校の学習指導要領の総則の中に「個別の指導計画」と「個別の教育支援計画」の名称が使用された。前述の、内容こそこれらの2つの計画を示唆しながらもそれらの語句が記されなかった前回の改訂時と比べると、このことは、通常の教育の中で進められてきたこれまでの特別支援教育の推進の成果ともいえよう。

さらに、「障害のある児童（生徒）などについては、学習活動を行う場合に生じる困難さに応じた指導内容や指導方法の工夫を計画的、組織的に行うこと」とし、各教科等の指導のすべてに個々の困難さに対する指導上の工夫の意図や手立ての例が具体的に記載されたことは特記に値する。

第5節　今後の課題

1．インクルーシブ教育システム構築に向けて

特別支援学校の各学部では、教育課程や指導計画の中で「交流及び共同学習」がさらに重要な学びの場となってきた。個別の教育支援計画や個別の指導計画を充実させて、個々のニーズに沿った多様な学びの場を試みるための方法や制度などが焦点の一つとなるであろう。

また、かつての盲・聾・養護学校は、2007年度から特別支援学校となり、地域の実情に応じることによって複数の障害種を対象とする学校が増えてきた。これまで、子どもの主障害はその子どもが在籍する学校種で識別されることが通例であったが、今後、いくつかの障害の重複化、多様化が進み、そのおもな障害種の判断や教育課程の選択が難しいケースも増えてくるだろう。特別支援学校では、これに対応した個別の指導計画や個別の教育支援計画のシステム改善の検討が求められるであろう。

小・中学校では、インクルーシブ教育システム構築のための「連続性のある多様な学びの場」の一環として、以前の学校教育法の一部改正では反映されなかった特別支援教室（仮称）構想が再注目されるであろう。例えば､東京都では、全国に先駆けてこれまでの情緒障害等通級指導学級の体制から「子供が動く」から「教員が動く」へをスローガンにした独自のモデル校の成果を踏まえて、「特別支援教室」の設置に踏み切った。2016（平成28）年度から3年をかけて都内全ての公立小学校に「特別支援教室」が設置され、さらに2018（平成30）年度からは中学校への導入が開始された。この試みは､今後多くの自治体での｢特別支援教室」の設置方法のモデルとなろう。

また、高等学校では、2016（平成28）年に学校教育法施行規則および文部科学省告示が改正され、2018（平成30）年度から通級による指導が実施できるようになった。文部科学省初等中等教育局特別支援教育課では、モデル校での実践を積み上げて、高等学校における「通級による指導」実践事例集をまとめ、今後の各自治体の取り組みに期待が集まっている。

2．合理的配慮と特別支援教育の関連について

学校教育における合理的配慮については、個に応じる点で自立活動と共通するところもあるが、実践の中で自立活動の指導内容との区別とその関係に留意が必要である。「特別支援学校教育要領・学習指導要領解説自立活動編」の第2章「今回の改訂の要点」の中には、「合理的配慮と自立活動とのかかわり」と題して、自立活動は、幼児児童生徒自身が活動しやすいように主体的に環境や状況を整える態度を養うためのものであることを改めて記しており、両者の関わりが分かりやすく示されている。

今後、インクルーシブ教育システム構築に向けて、それぞれの学びの場で自立活動の目標が正しく理解され、適切な指導、支援が実施されていくためには、この自立活動の指導内容と合理的配慮の考え方との関連性についての正しい理解と区別が肝要となるであろう。

（安永　啓司）

＊文　　献＊

文部科学省「通常の学級に在籍する発達障害の可能性のある特別な教育的支援を必要とする児童生徒に関する調査結果について」 2012
http://www.mext.go.jp/a_menu/shotou/tokubetu/material/1328729.htm

「共生社会の形成に向けたインクルーシブ教育システム構築のための特別支援教育の推進（報告）」 2012

文部科学省「発達障害を含む障害のある幼児児童生徒に対する教育支援体制整備ガイドライン――発達障害等の可能性の段階から、教育的ニーズに気付き、支え、つなぐために――」 2017
http://www.mext.go.jp/component/a_menu/education/micro_detail/__icsFiles/afieldfile/2017/10/13/1383809_1.pdf

文部科学省「特別支援学校教育要領・学習指導要領解説総則編（幼稚部・小学部・中学部）」 2018

文部科学省「特別支援学校教育要領・学習指導要領解説自立活動編（幼稚部・小学部・中学部）」 2018

文部科学省初等中等教育局特別支援教育課「高等学校における「通級による指導」実践事例集――高等学校における個々の能力・才能を伸ばす特別支援教育事業――」 2017
http://www.mext.go.jp/component/a_menu/education/micro_detail/__icsFiles/afieldfile/2018/01/09/1395301_5.pdf

東京都教育委員会ホームページ／特別支援教室の導入
http://www.kyoiku.metro.tokyo.jp/school/primary_and_junior_high/special_class/

CHAPTER 02 特別支援学校における教育課程の特徴

point!
・特別支援学校における教育課程の特徴について知る。
・特別支援学校の教育課程の中で特徴的な「自立活動」「生活単元学習」「作業学習」等の内容を学ぶ。
・一貫性を重視した特別支援学校の教育課程の基本を知る。

第1節　教育課程の意義と編成の基本

1．教育課程の意義と編成の基本的考え方

特別支援学校の教育課程は、学校教育法第72条に規定された特別支援学校の目的を達成するために法令及び学習指導要領の大綱的基準に基づき編成される。しかし、特別支援学校に在籍する幼児児童生徒の障害の実態や多様なニーズに対応し学校や地域の実態に応じて教育活動を効果的に展開するためには、学校や教師の創意工夫に負うところが大きい。したがって各学校は責任をもって教育課程を編成、実施し、教育委員会は学校の主体的取組を支援することに重点を置くことが大切である。

特別支援学校の教育課程には、各教科、特別活動等の通常の小学校等に設けられている教育内容とともに「障害による学習上又は生活上の困難を克服し自立を図るために必要な知識技能を授けること」(学校教育法第72条) に関わる「自立活動」が設定されている。そのため、教育課程の実施にあたっては、幼児児童生徒の障害の状態や特性および心身の発達の段階等を十分配慮し、必要に応じて指導内容の精選等を行う必要がある。

特別支援学校学習指導要領では、視覚障害者、聴覚障害者、肢体不自由者又は病弱者 (身体虚弱者) に対する各教科等の目標および内容等は、通常の小学校等に準じている (いわゆる「準ずる教育課程」)。その上で、それぞれの障害に応じて留意すべき事項を示している。

■2．知的障害及び重複障害のある児童生徒のための教育課程

知的障害者である児童生徒を教育する特別支援学校の各教科等は、通常の小学校等の目標及び内容等とは別建てで示されている。その特徴は以下の諸点である。

①各教科等の目標および内容は、学年ではなく段階別に示している。小学部では3段階、中学部では2段階、高等部では2段階である。知的機能の障害が同一学年であっても個人差が大きく、学力や学習状況も異なることに対応したものである。また実態に応じて各学部段階を越えて目標および内容を設定することも可能である。

②小学部の教科は、生活、国語、算数、音楽、図画工作、体育の6教科であり、それらを6年間通して履修するよう構成されている。また2020年から全面実施される新学習指導要領では外国語活動を小学部3学年以上に必要に応じて設けることとしている。

③中学部の教科は、国語、社会、数学、理科、音楽、美術、保健体育と職業·家庭の8教科と学校判断で外国語科を設けることができる。また他に特に必要な教科を設けることもできる。

④教科別に指導するだけでなく、教科等を合わせて指導することも可能である。たとえば、中学部で社会や理科の授業時間を設定せず、「教科等を合わせた指導」の一形態である「生活単元学習」の中でその目標および内容を扱うということができる。また道徳や自立活動の目標及び内容もその指導のための時間を設けずに「教科等を合わせた指導」の中で指導することができる。

重複障害者である児童生徒の教育課程は、その実態に応じて弾力的に編成できる。たとえば、障害の状態により特に必要がある場合は、各教科及び外国語活動の目標及び内容に関する事項の一部を取り扱わないことができる、あるいは各教科の各学年の目標および内容の全部または一部を当該学年の前各学年の目標及び内容の全部又は一部によって替えることができる。また、「各教科、道徳科、外国語活動若しくは特別活動の目標及び内容に関する事項の一部又は各教科、外国語活動若しくは総合的な学習の時間に替えて、自立活動を主とし指導を行うことができる」という取り扱いによって、教育課程を自立活動中心に編成することも可能である。

以上のように、特別支援学校では、児童生徒の障害の状態や特性、発達、さらには卒業後の進路や生活に必要な資質・能力等に応じた教育課程が編成できるようになっている。

第2節　自立活動

1. 自立活動の目標と内容

特別支援学校には、視覚障害、聴覚障害、知的障害、肢体不自由または病弱の児童生徒や障害を複数併せ有する重複障害の児童生徒が在学している。それらの障害にてんかん、言語障害、情緒障害、自閉スペクトラム症、限局性学習症（SLD）、注意欠如多動症（ADHD）、発達性協調運動症（DCD）等を併せ有する場合がある。これらの児童生徒は、その障害によって、日常生活や学習面においてさまざまなつまずきや困難が生じることから、通常の小学校等の児童生徒と同じように心身の発達段階を考慮して教育するだけでは十分とはいえない。そこで、個々の障害による学習上または生活上の困難を改善・克服するための指導が必要となる。このため、特別支援学校では、通常の小学校等と同様の各教科等の他に、特に「自立活動」の領域を設定し、その指導を行うことによって、児童生徒の人間としての調和の取れた育成を目指すこととしている。

特別支援学校の新学習指導要領には、自立活動の内容として、6つの区分のもとに27項目が示されている。指導にあたっては、これらの中から一人ひとりの子どもに必要とされる項目を選定し、それらを相互に関連づけて具体的に指導内容を設定する必要がある。

なお、今回の改訂では、合理的配慮と自立活動とのかかわりも明確化されており、一人ひとりに応じた指導の充実を図るという位置づけで新項目として「障害の特性の理解と生活環境の調整に関すること。」が加えられている。内容としては、自己の特性の理解を深め、自ら生活環境に主体的に働きかけ、より過ごしやすい生活環境を整える力を身につけるために必要な項目とされている。どのようにして主体的に環境を整える力を育むことができるのか、という視点で他の項目との関連づけを考えることが求められている（表2-1）（表2-2）。

表２－１　新学習指導要領における自立活動の目標と内容

目標:個々の児童または生徒が自立を目指し、障害による学習上または生活上の困難を主体的に改善・克服するために必要な知識、技能、態度および習慣を養い、もって心身の調和的発達の基盤を培う。
内容 1　健康の保持 (1) 生活のリズムや生活習慣の形成に関すること。 (2) 病気の状態の理解と生活管理に関すること。 (3) 身体各部の状態の理解と養護に関すること。 (4) 障害の特性の理解と生活環境の調整に関すること。 (5) 健康状態の維持・改善に関すること。 2　心理的な安定 (1) 情緒の安定に関すること。 (2) 状況の理解と変化への対応に関すること。 (3) 障害による学習上又は生活上の困難を改善・克服する意欲に関すること。 3　人間関係の形成 (1) 他者とのかかわりの基礎に関すること。 (2) 他者の意図や感情の理解に関すること。 (3) 自己の理解と行動の調整に関すること。 (4) 集団への参加の基礎に関すること。 4　環境の把握 (1) 保有する感覚の活用に関すること。 (2) 感覚や認知の特性への対応に関すること。 (3) 感覚の補助及び代行手段の活用に関すること。 (4) 感覚を総合的に活用した周囲の状況の把握に関すること。 (5) 認知や行動の手掛かりとなる概念の形成に関すること。 5　身体の動き (1) 姿勢と運動・動作の基本的技能に関すること。 (2) 姿勢保持と運動・動作の補助的手段の活用に関すること。 (3) 日常生活に必要な基本動作に関すること。 (4) 身体の移動能力に関すること。 (5) 作業に必要な動作と円滑な遂行に関すること。 6　コミュニケーション (1) コミュニケーションの基礎的能力に関すること。 (2) 言語の受容と表出に関すること。 (3) 言語の形成と活用に関すること。 (4) コミュニケーション手段の選択と活用に関すること。 (5) 状況に応じたコミュニケーションに関すること。

表２－２　障害種別自立活動の指導内容例

障害種	指導内容の設定（例）
知的障害	・空間・時間の概念の形成・場に応じた行動やコミュニケーション
情緒障害	・自傷・他害・多動などの改善 ・状況の理解、環境の把握、人間関係の形成
言語障害	・構音学習・コミュニケーションの学習
視覚障害	・歩行指導、触覚の弁別学習、点字指導・弱視レンズの活用指導
聴覚障害	・聴覚活用・発音・発語指導、言語指導
肢体不自由	・姿勢作り、姿勢保持、歩行練習・補助器具による意思伝達学習
病弱・身体虚弱	・生活リズムの形成（睡眠・食事等） ・病気の状態の自己管理の仕方

■2．指導内容を設定する際の配慮事項

①指導内容の設定：指導の目標の設定にあたっては、個々の児童生徒の実態把握に基づいて、長期的な観点からの目標とともに、短期的な観点に立った目標を設定し、必要な指導区分・内容を組み合わせて段階的に指導することが大切である。

②主体的に取り組む指導内容：児童生徒が興味をもって主体的に取り組み、成就感を味わうことができるような指導内容を取り上げることが大切である。

③改善・克服の意欲を喚起する指導内容：児童生徒が、障害による学習上または生活上の困難を主体的に改善・克服しようとする意欲を高めることができるような指導内容を重点的に取り上げることが大切である。

④遅れている側面を補う指導内容：児童生徒の発達の進んでいる側面をさらに伸ばすことによって、遅れている側面を補うことができるような指導内容も取り上げることが大切である。

自立活動の指導にあたっては、児童生徒一人ひとりの実態に基づいた個別の指導計画を、「自立活動の時間」の設定の有無にかかわらず作成して指導する。

この個別の指導計画では、指導の目標や指導内容を明確にしておくことが大切である。また、効果的な指導となるように各教科、道徳、特別活動及び総合的な学習の時間と自立活動の指導内容との関連を図る必要がある。

第3節　各教科等を合わせた指導

1．各教科等を合わせた指導について

知的障害のある児童生徒については、各教科等を合わせて指導を行うことができる。これらは､「日常生活の指導」「遊びの指導」「生活単元学習」「作業学習」であるが、これまでの教育実践の中で効果的なものとして生み出されてきた。

各教科等を合わせて指導を行うことに関わる法的な根拠は、学校教育法施行規則第130条第2項に、特別支援学校で知的障害者を教育する場合において特に必要がある場合は、各教科、道徳科、特別活動及び自立活動の全部または一部について合わせて授業を行うことができるとされていることである。なお、中学部においては、総合的な学習の時間を適切に設けて指導をすることに留意する必要がある。各学校において、各教科等を合わせて指導を行う際は、児童生徒の実態に即し、以下の説明を参考とすることが有効である。

2．日常生活の指導

日常生活の指導は、児童生徒の日常生活が充実し高まるように、日常生活の諸活動を適切に指導するものである。日常生活の指導は、生活科の内容だけでなく、広範囲に、各教科等の内容が扱われる。それらは、たとえば、衣服の着脱、洗面、手洗い、排せつ、食事、清潔など基本的生活習慣の内容や、あいさつ、言葉遣い、礼儀作法、時間を守ること、きまりを守ることなどの日常生活や社会生活において、習慣的に繰り返される、必要で基本的な内容である。

日常生活の指導にあたっては､以下のような点を考慮することが重要である。

①日常生活の自然な流れに沿い、その活動を実際的で必然性のある状況下で行うものであること。

②毎日反復して行い、望ましい生活習慣の形成を図るものであり、繰り返しながら、発展的に取り扱うようにすること。

③できつつあることや意欲的な面を考慮し、適切な援助を行うとともに、目標を達成していくために、段階的な指導ができるものであること。

④学校と家庭等とが連携を図り、児童生徒が学校で取り組んでいること、また家庭等でこれまで取り組んできたことなどの双方向で学習状況等を共有

し、指導の充実を図るようにすること。

■3．遊びの指導

遊びの指導は、遊びを学習活動の中心に据えて取り組み、身体活動を活発にし、仲間とのかかわりを促し、意欲的な活動を育み、心身の発達を促していくものである。遊びの指導では、生活科の内容をはじめ、各教科等に関わる広範囲の内容が扱われ、場や遊具等が限定されることなく、児童が比較的自由に取り組むものから、期間や時間設定、題材や集団構成などに一定の条件を設定し活動するといった比較的制約性が高い遊びまで連続的に設定される。また、遊びの指導の成果が各教科別の指導等につながることもある。遊びの指導にあたっては、次のような点を考慮することが重要である。

①児童が、積極的に遊ぼうとする環境を設定すること。

②教師と児童、児童同士のかかわりを促すことができるよう、場の設定、教師の対応、遊具等を工夫すること。

③身体活動が活発に展開できる遊びを多く取り入れるようにすること。

④自ら遊びに取り組むことが難しい児童には、遊びを促したり、遊びに誘ったりして、いろいろな遊びが経験できるよう配慮して、遊びの楽しさを味わえるようにしていくこと。

■4．生活単元学習

生活単元学習は、児童生徒が生活上の目標を達成したり、課題を解決したりするために、一連の活動を組織的に経験することによって、自立的な生活に必要な事柄を実際的・総合的に学習するものである。生活単元学習では、広範囲に各教科等の内容が扱われる。生活単元学習の指導では、児童生徒の学習活動は、生活的な目標や課題に沿って組織されることが大切である。また、小学部において、児童の知的障害の状態等に応じ、遊びを取り入れた生活単元学習を展開している学校もある。生活単元学習の指導計画の作成にあたっては、以下のような点を考慮することが重要である。

①単元は、実際の生活から発展し、児童生徒の知的障害の状態等や生活年齢及び興味・関心を踏まえたものであり、個人差の大きい集団にも適合する

ものであること。

②単元は、必要な知識・技能の獲得とともに、思考力、判断力、表現力等や学びに向かう力、人間性等の育成を図るものであり、生活上の望ましい態度や習慣が形成され、身につけた内容が生活に生かされるようにすること。

③単元は、各単元における児童生徒の指導目標を達成するための課題の解決に必要かつ十分な活動で組織され、その一連の単元の活動は、児童生徒の自然な生活としてのまとまりのあるものであること。

④単元は、各教科等に係る見方・考え方を生かしたり、働かせたりすることのできる内容を含む活動で組織され、児童生徒がいろいろな単元を通して、多種多様な意義のある経験ができるよう計画されていること。

生活単元学習の指導を計画するにあたっては、一つの単元が、2、3日で終わる場合もあれば、1学期間など長期にわたる場合もあるため、年間における単元の配置、各単元の構成や展開について組織的・体系的に検討し、評価・改善する必要がある。

■5. 作業学習

作業学習は、作業活動を学習活動の中心にしながら、児童生徒の働く意欲を培い、将来の職業生活や社会自立に必要な事柄を総合的に学習するものである。作業学習の成果を直接、児童生徒の将来の進路等に直結させることよりも、児童生徒の働く意欲を培いながら、将来の職業生活や社会自立に向けて基盤となる資質・能力を育むことができるようにしていくことが重要である。作業学習の指導は、おもに中学部、高等部で行われ、中学部では職業・家庭科の目標及び内容が中心となる他、高等部では職業科、家庭科及び情報科の目標及び内容や、主として専門学科において開設される各教科の目標及び内容を中心とした学習へとつながるものである。取り扱われる作業活動の種類は、農耕・園芸・紙工・木工・縫製・織物・金工・窯業・セメント加工・印刷・調理・食品加工・クリーニング・事務・販売・清掃・接客など多種多様である。作業活動の種類は、生徒が自立と社会参加を果たしていく社会の動向なども踏まえ、地域や産業界との連携を図りながら、学校として検討していくことが大切である。作業学習の指導にあたっては、以下のような点を考慮することが重要である。

①児童生徒にとって教育的価値の高い作業活動等を含み、それらの活動に取り組む喜びや完成の成就感が味わえること。

②知的障害の状態等が多様な児童生徒が、相互の役割等を意識しながら協働して取り組める作業活動を含んでいること。

③作業内容や作業場所が安全で衛生的、健康的であり、作業量や作業の形態、実習期間などに適切な配慮がなされていること。

④作業製品等の利用価値が高く、生産から消費への流れと社会貢献などが理解されやすいものであること。

中学部の職業・家庭科に示す「産業現場等における実習」(一般に「現場実習」や「職場実習」とも呼ばれている)を、他の教科等と併せて実施する場合は、作業学習として位置づけられる。その場合、「産業現場等における実習」については、現実的な条件下で、生徒の職業適性等を明らかにし、職業生活ないしは社会生活への適応性を養うことを意図して実施するとともに、各教科等の広範な内容が包含されていることに留意する必要がある。

「産業現場等における実習」は、これまでも企業等の協力により実施され、大きな成果が見られるが、実施にあたっては、保護者、事業所およびハローワークなどの関係機関等との密接な連携を図り、綿密な計画を立てることが大切である。また、実習中の巡回指導についても適切に計画する必要がある。

第4節　教育課程の連続性の確保とキャリア教育

1．学部および学校段階等間の接続について

教育課程の編成にあたっては、障害のある子どもの幼児期から児童期、青年期までの生活全般の育ちを支え、それぞれの時期に身につけたい資質・能力の育成を図るために12年間を見通した計画的かつ継続的な教育課程編成が大切である。そのためには、各学部間の接続に配慮する必要がある。たとえば、各教科の内容を精選したり自立活動の内容を選定したりする際には、小学部段階で学んだ学習内容を踏まえて、中学部の教育に引き継ぐ等の学部間連携が重要である。

また、障害のある幼児児童生徒がその実態やニーズ、地域の実情等の変化に応じて多様な学びの場が選択できるようにすることも今後の特別支援教育の重

要な視点であることを踏まえると、学校種別を横断的に接続する仕組みを作ることも必要である。2020年全面実施の新学習指導要領では、知的障害者である児童生徒を教育する特別支援学校の各教科等の改訂で、通常の小学校等との各教科等の目標や内容との連続性・関連性を整理し、充実・改善を図っている。また小学部3段階、中学部2段階の目標を達成した児童生徒については、通常の小学校等の各教科の内容を一部取り入れて指導できるように規定している。

こうした「学びの連続性を重視した対応」のためには、カリキュラム・マネージメントによる教育課程の組織的・計画的編成と実施が大切である。また一人ひとりの児童生徒の的確な学習評価と個別の教育支援計画・指導計画の絶えざる見直し更新と、その学部、学校間における引き継ぎのシステム化が必須である。

■2. 自立と社会参加に向けたキャリア教育

児童生徒が、学ぶことと自己の将来とのつながりを見通しながら、社会的・職業的自立に向けて必要な基盤となる資質・能力を身につけていくことが求められている。このために、特別活動を要としつつ、早期からの「自分の好き嫌いをはっきり主張する」「自分のことは自分で決める」などの主体的な態度を育むキャリア教育の充実が必要である。そして中学部、高等部段階では、生徒自ら生き方を考え主体的に進路選択できるような進路学習・進路指導が学校教育活動全体を通じて行える教育課程を編成する必要がある。

さらに、児童生徒が、学校教育を通じて身につけた知識および技能を活用し、もてる能力を最大限伸ばすことができるよう生涯学習への意欲を高めるとともに、社会教育その他さまざまな学習機会に関する情報の提供に努めること、生涯を通じてスポーツや芸術文化活動に親しみ、豊かな生活を営むことができるような教育課程が望まれる。

（榎本清紀・中田正敏・平井威）

＊文　献＊

文部科学省　特別支援学校教育要領・特別支援学校学習指導要領解説　総則編（幼稚部・小学部・中学部）2018

文部科学省　特別支援学校学習指導要領解説　各教科等編（小学部・中学部）2018

文部科学省　特別支援学校教育要領・特別支援学校学習指導要領解説　自立活動編（幼稚部・小学部・中学部）2018

CHAPTER 03

特別支援学級・通級の指導における教育課程の特徴

point!

・特殊学級から特別支援学級への転換を知る。
・特別支援学級の種類、指導形態を知る。
・通級における指導の概要を知る。
・「通級による指導」の特徴的な内容について知る。

第1節　特別支援学級における指導

1.「特殊学級」から「特別支援学級」へ

日本で最初の特殊学級は、1890年長野県の松本尋常小学校に設置された「落第生学級」であるといわれている。学級名の通り、障害児のみならず、学業不振児をおもな対象とした学級で、指導が困難で短期間で閉鎖された記録がある。

1947年、学校教育法が制定され、「特殊学級」が法的に位置づけられた。特殊学級には比較的障害が軽度の児童生徒が在籍することとなった。学級には「あすなろ学級」「すずかけ学級」等のさまざまな名称がつけられ、通常の学級との差別化が図られていた。全体的には略称として「特学」とも呼ばれることもあった。

2006（平成18）年学校教育法改正により、これまでの「特殊学級」という名称が「特別支援学級」に改められた。学校教育法第81条第2項には、「小学校・中学校・義務教育学校・高等学校及び中等教育学校には、次の各号のいずれかに該当する児童及び生徒のために、特別支援学級を設置することができる」と定められている。対象者は以下の通りである。

1.知的障害者　2.肢体不自由者　3.身体虚弱者　4.弱視者　5.難聴者　6.その他の障害のある者で、特別支援学級において教育を行うことが適当である者

法律的には高等学校にも特別支援学級が設置できることになっているが、高等学校は義務教育ではないこと、選抜制を取る学校が多いこと、学校間に大き

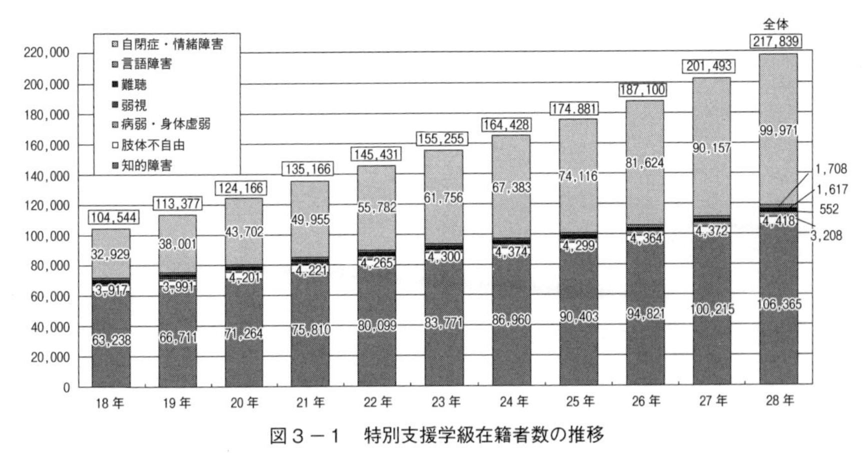

図３－１　特別支援学級在籍者数の推移

（文部科学省初等中等教育局特別支援教育課資料　平成 29 年 5 月現在）

な能力差があること等の理由で、現状では実際に設置されている例はほとんどない。

特別支援学級に在籍する児童生徒は、年々増加傾向にある。「障害者の権利に関する条約」によって、障害のある者とない者がともに学ぶ仕組みを作ることが提起されるようになっても、子どものニーズに専門的に応える場として特別支援学級に期待を寄せる本人・保護者が多いことが分かる。（図３-１参照）

2. 特別支援学級の種類

特別支援学級には、７つの種別がある。それぞれの学級への対象児は学校教育法施行令第 22 条の３で次のように示されている。

①知的障害特別支援学級：知的発達に遅滞があり、他人との意思疎通に軽度の困難があり、日常生活を営むのに一部援助が必要で、社会生活への適応が困難である程度のもの。

②肢体不自由特別支援学級：補装具によっても、歩行や筆記等日常生活における基本的な動作に軽度な困難がある程度のもの。

③病弱・身体虚弱特別支援学級：慢性の呼吸器疾患、その他の疾患の状態が、持続的または間欠的に医療または生活の管理を必要とする程度のもの。身体虚弱の状態が持続的に生活の管理を必要とする程度のもの。

④言語障害特別支援学級：口蓋裂、構音器官のまひ等、器質的または機能的な構音障害のあるもの、吃音等話し言葉におけるリズムの障害のあるもの、話す聞く等言語機能の基礎的事項に発達の遅れのあるもの、その他これに準ずるもの（これらの障害が主として他の障害に起因するものでない者に限る）でその程度が著しいもの。

⑤弱視特別支援学級：拡大鏡の使用によっても通常の文字、図形等の視覚による認識が困難な程度のもの。

⑥難聴特別支援学級：補聴器の使用によっても、通常の話声を解することが困難な程度のもの。

⑦自閉症・情緒障害特別支援学級：自閉症又はそれに類するもので、他人との意思疎通及び対人関係の形成が困難である程度のもの。主として心理的な要因による選択性緘黙等があるもので、社会生活への適応が困難である程度のもの。

■3．特別支援学級の学級編成と担任

通常の学級は1学級40人（小学校1年生は35人）であるのに対し、特別支援学級の1学級の人数は8人と規定されている。特別支援学級はすべての学校に設置されているわけではなく、学区外から通学する児童生徒もいる。特別支援学級が設置されている学校を「設置校」と呼ぶことがある。

特別支援学級を担任する教員は、特別支援学校教諭の教員免許状を保有していることが望ましいが、現状では保有していなくても担任することが可能である。障害のニーズに応えた指導が求められる特別支援学級において、この免許状の保有率を上げることは、指導における専門性の向上とも関連している。各都道府県では、特別支援学校教諭の免許状の保有率を上げるためにさまざまな取り組みを行っている。また、特別支援学級には担任の他に支援員、講師等と呼ばれる指導補助を担当する人員が配置されている場合が多い。

■4．特別支援学級の教育課程の編成

特別支援学級の教育課程は、学校教育法施行規則第138条において「小学校若しくは中学校または中等教育学校の前期課程における特別支援学級に係る教

育課程については、特に必要がある場合には、第50条第1項、第51条及び第52条の規定並びに第72条から第74条までの規定にかかわらず、特別の教育課程によることができる」と示されている。この条文のために、「特別の教育課程」を編成して教育を行う特別支援学級でも、学校教育法に定める小学校及び中学校の目的・目標を達成する必要がある（「準ずる教育」の必要性）。

さらに、「特別の教育課程」を編成する場合には、障害による学習上または生活上の困難の改善・克服を目的とした指導領域である「自立活動」を取り入れたり、各教科の目標・内容を下学年の目標・内容に変更したり、教科の一部を知的障害特別支援学校の各教科に変えたりして、子どもの実態に応じた教育課程を編成することが求められる。知的障害特別支援学校の教育課程を使う場合、教科別の指導の他、「教科・領域を合わせた指導」を行うこともできる。使用する教科書も、文部科学省検定済み教科書及び著作教科書を使用することが発達段階において適当でないと判断された場合、特別支援学級設置者の決めた適切な教科用図書を使用できることが、学校教育法附則第9条及び学校教育法施行規則第139条に明記されている。

■5．特別支援学級の特徴的な指導内容

特別支援学級の特徴的な指導として、「日常生活の指導」「生活単元学習」「作業学習」などがある。これらが教科と領域を合わせた指導の形態といえる。

（1）日常生活の指導

児童生徒の日常生活が充実し、日常生活に必要な知識や技能を適切に指導するために設定される。具体的には、衣服の着脱、食事、排せつ、身のまわりの整理など基本的生活習慣の内容、健康管理、危険防止などの健康・安全に関する指導、社会で必要なあいさつ、礼儀作法、ルール・マナーの習得等が含まれる。日常生活の指導は、個々の実態に合わせ、学校生活の流れに沿って繰り返し行い、望ましい生活習慣の形成を図ることが大切である。

（2）生活単元学習

生活単元学習とは『児童生徒が生活上の課題処理や問題解決のための一連の目的活動を組織的に経験することによって、自立的な生活に必要な事柄を実際的・総合的に学習する「各教科等を合わせた指導」の一つの指導形態』と特別

支援学校指導要領解説に示されている。生活単元学習には、「行事単元」「季節単元」「生活課題単元」「制作・生産単元」などがある。指導においては、実際の生活に活かせる単元の組み立て、児童生徒が生活する社会や地域とつながりのある単元設定等、子どもの実態や生活年齢を考慮した上で、活動そのものが興味・関心の広がりを促し、活動が楽しみと達成感を味わわせることのできる工夫が求められる。

(3) 作業学習

作業活動を学習活動の中心に置きながら、児童生徒の働く意欲を培い、作業を通じて責任感や協調性、根気強さを身につける等、将来の職業生活や社会的自立に必要な要素を総合的に学習する活動である。作業学習においては、単に作業するだけではなく、各教科との横断的な広範囲の内容が包括的に取り扱われている。指導においては、子どもの能力に応じた活動が保障されること、段階的な指導ができるものであること、地域に根差した特色が反映できるものであることが望ましい。卒後の一人一人の社会的自立を見通し、ニーズに応じた活動となるように、内容を精選し熟達度の向上が目指せる活動の組み立てが意図的に計画されることが大切である。

6. 交流及び共同学習

2004年、障害者基本法の一部改正により、「障害のある児童生徒と障害のない児童生徒との交流及び共同学習を積極的に進めること」が追記された。それを受けて、2005年、中央教育審議会では、「特殊教育学級を担当する教員と通常の学級を担当する教員の連携の下、特殊学級に在籍する児童生徒が通常の学級で学ぶ機会が適切に設けられることを一層促進するとともに、その教育内容の充実に努めるべきである」と答申している。これまでも、行事交流や給食交流等の取り組みは実施されてきていたが、今後は教科学習においても、子どもの発達段階に応じて、できるだけ通常の学級で学ぶ機会を増やす工夫が、すべての教員に求められる。こうした取り組みは、今後の「共生社会」を形成するために、多様な子どもたちの存在を認め合う機会につなげていくことが期待されている。通常の学級の子どもたちが障害のある児童生徒の特性を理解し、互いに支え合う豊かな経験を積むことができるように、基礎的環境の整備を整えていくことがすべての教員に求められるといえる。そのためにも特別支援学級の担任と通常の学級の担任の連携と情報の共有、学校全体での支援の「協働」がより充実していくことが大切である。

第2節　通級における指導

1．通級による指導の制度化

「通級による指導」とは、学校教育法施行規則第140条及び141条に基づき、小学校・中学校の通常の学級に在籍している障害のある児童生徒が、障害に応じた「特別の指導」を「特別の場」で行う指導形態を指す。1993年、「学校教育法施行規則の一部を改正する省令」と「学校教育法施行規則第73条の21第1項の特別の教育課程について定める件」が告示され、その年の4月から通級指導が始まった。開始時の対象児は、肢体不自由、病弱・身体虚弱、弱視、難聴、言語障害、情緒障害とされていた。

その後、2005年、「特別支援教育を推進する制度の在り方について（答申）」で、通級による指導は、より弾力的な対応ができるようにする必要があると提言され、2006年、学校教育法施行規則の一部改正が行われ、学習障害者（LD）、注意欠陥多動性障害者（ADHD）が指導の対象児となり、これまでの情緒障害は、情緒障害と自閉症にきちんと区分されるようになった。注目すべきことは、知的障害者は、通級による指導の対象者ではないことである。現在の通級による指導を受けられる対象児を整理すると、以下のようになる。

1. 肢体不自由者　2. 病弱・身体虚弱者　3. 弱視者　4. 難聴者　5. 言語障害者　6. 情緒障害者　7. 自閉症者　8. 学習障害者（LD）　9. 注意欠陥多動性障害者（ADHD）

2．通級による指導を受ける児童生徒の増加

通級による指導を受ける児童生徒は増加傾向にある（図3－2参照）。増加率は、小学校は通級による指導が始まった年に比べ約8倍に増え、中学校は約40倍に増えているが、利用者数は小学生が圧倒的に多い。中学生の利用者数が少ない原因として、思春期に入り、授業を抜けて支援を受けることに対する抵抗感

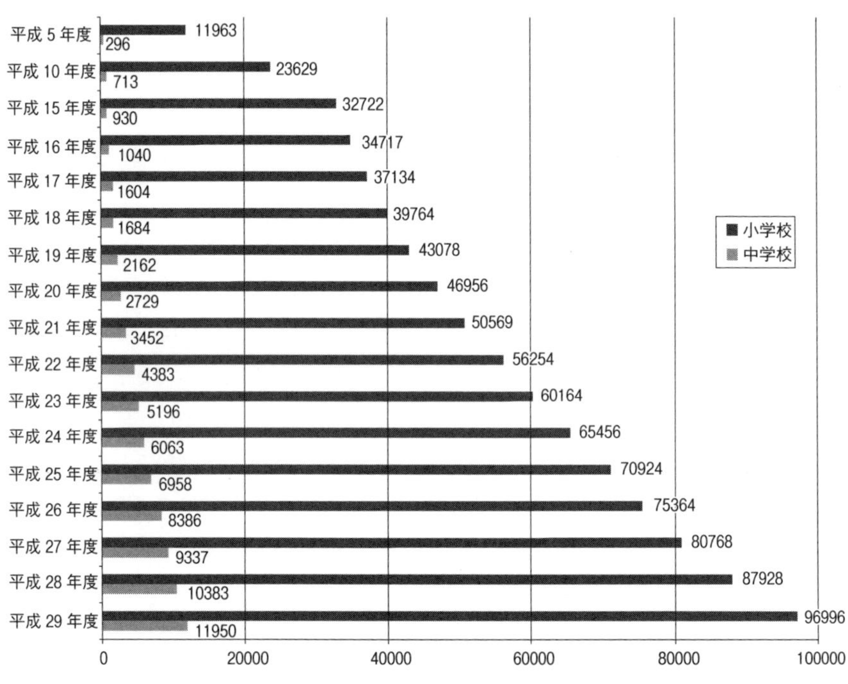

図３－２　通級による指導を受けている児童生徒数の推移（公立小・中学校別）

（平成29年度通級による指導実施状況調査結果について　文部科学省平成29年）

や授業を抜けることでの学習上のデメリット等が影響していると考えられる。

3．通級による指導を受ける児童生徒の障害種の変化

通級による指導を受けている障害種別の推移表（図3－3）を見ても分かる通り、平成18年度に通級による指導の対象となった学習障害者、注意欠陥多動性障害者の利用率が、増加の一途をたどっている。情緒障害に含まれていた自閉症も、単独障害として区分されたことで、大幅に増加していることが分かる。これらの結果から、特別支援教育の開始とともに、支援を受ける必要があるにもかかわらず通常の学級内支援、もしくは支援を受けることができなかった児童生徒が、通級による指導という適切な指導・支援を受けられるようになったわけである。これは特別支援教育制度の大きな成果といえる。こうした目に見えにくい障害のある児童生徒に対する指導・支援の必要性を、通常の学級担任

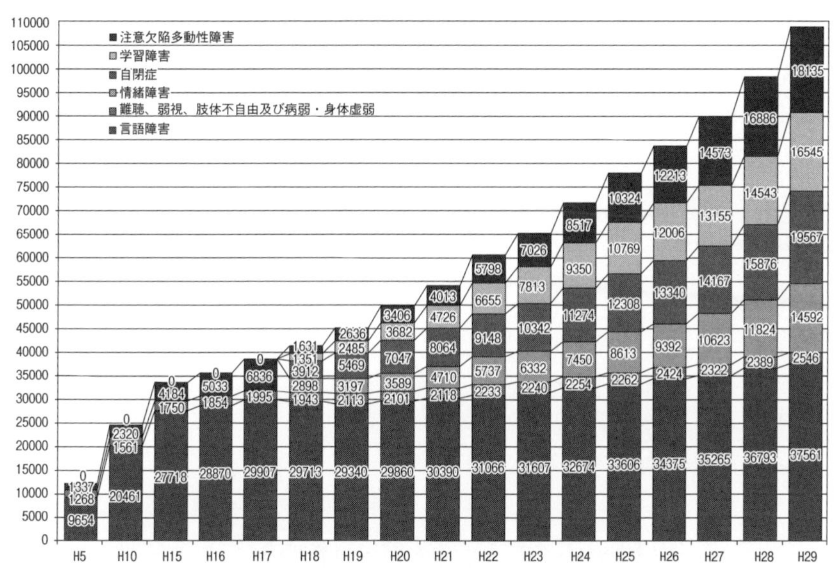

図３－３　通級による指導を受けている児童生徒数の推移（障害種別／公立小・中学校合計）
（平成29年度通級による指導実施状況調査結果について　文部科学省　平成29年）

や本人や保護者が「気づく」ようになったことも、通級による指導を活用する児童生徒の増加につながっている。支援が必要な子どもたちが「自己理解」を深め、自分に合った学び方や行動のコントロールが可能になるためにも早期支援につながる「気づき」がより推進されることが期待されている。

4．通級による指導の指導時数

通級による指導の時間数は、年間35単位時間（週1単位時間）から年間280単位時間（週8単位時間）までが標準である。ただし、学習障害（LD）、注意欠陥多動性障害（ADHD）の指導時数については、年間10単位時間（月1単位時間）から年間280単位時間（週8単位時間）と児童生徒の実態に合わせた幅広い選択が可能な基準となっている。通級による指導が、児童生徒が在籍する学校で指導を受ける「自校通級」「特別支援教室」形態に変化してきている自治体では、支援を受ける希望者が増加し指導の待機待ちが出ていることもあり、実際の指導時間が一人当たり2時間前後という状況も生じている。

■5．通級による指導の教育課程の編成

通級による指導を受ける場合、通常の学級の教育課程と特別の教育課程の両方を利用することができる。小学校・中学校の通常の学級の教育課程に加え、特別の教育課程を利用できるため、自立活動の指導、必要に応じた教科の補充を受けることが可能である。注意すべきは小学校2020年度、中学校2021年度から全面実施される新学習指導要領では、通級による指導を「障害の状況に応じた特別の指導（自立活動の指導等）を特別の指導の場（通級指導教室）で行うことから、通常の学級の教育課程に加え、またはその一部に変えた特別の教育課程を編成することができるようになる」と定めていることである。今までの教科の補充という文言がなくなり、自立活動を中心とした指導を行うことを求めている。自立活動の中で必要に応じた教科の補充を行うことは可能であるが、並列した指導項目ではなくなっている。現状の中学校等の通級指導学級では、高等学校への進学に向けての教科の補充的な指導が優先される傾向がみられるが、今後は自立活動を中心とした個のニーズに応じた指導への転換が急務である。

■6．通級による指導の特徴的な指導内容

小学校学習指導要領第1章4－2の（1）のウに、「障害のある児童に対して、通級による指導を行い、特別の教育課程を編成する場合には、特別支援学校小学部・中学部学習指導要領第7章に示す自立活動の内容を参考とし、具体的な目標や内容を定め、指導を行うものとする。その際、効果的な指導が行われるよう、各教科等と通級による指導との連携を図るなど、教師間の連携に努めるものとする。」と記載されている（中学校及び高等学校の学習指導要領においても同様記載あり）。通級による指導の中心となる「自立活動」とは、障害による学習上又は生活上の困難の改善・克服を目的とする指導である。自立活動は、新学習指導要領では「健康の保持」「心理的な安定」「人間関係の形成」「環境の把握」「身体の動き」「コミュニケーション」の6つの区分と27項目により構成されている。以前は6区分26項目であった。「健康の保持」の(4)に「障害の特性の理解と生活環境の調整に関すること」という新しい項目が加わり、通級による指導においても障害の自己受容と環境や他者を意識した自己コントロールの

指導が重要であることを示している。通級による指導では、個々の児童生徒の実態を把握し、必要な項目を取り上げ、指導の目標を明確にした上で、相互に関連づけた指導内容を決定すべきである。そのためには、個別の教育支援計画、個別の指導計画を作成し、段階を踏んだ指導を行うことが重要である。

通級による指導は「取り出しによる指導」と「教室内指導」の2つの方法が考えられる。「取り出しによる指導」では通常の学級の授業の一部を抜けて個別指導を受ける。必要に応じて同じ課題のある児童生徒が小集団で授業を受ける場合もある。「教室内支援」は支援を受ける対象児は通常の学級で指導を受け、通級の教員が教室に入り様子を見ながら必要な言葉かけや具体的な対応方法を即時的に指導したり、次の個別指導のための情報の収集をしたりする指導方法である。通級における指導の目的は、1対1の取り出し指導で改善した学習上・行動上の課題が、通常の学級に戻った時に実践できる（般化する）ことである。そのためにも取り出しによる指導だけでなく、教室内支援とのバランスを考え、一人一人のニーズに応じた指導実践が大切だといえる。

■7．通級による指導の場の変化

通級による指導を受ける場合は、学校教育法施行規則第141条により児童生徒が在籍する学校を離れて、学区外の学校に通って指導を受けうることが教育課程上の特例として認められている。近年は発達障害の児童生徒はすべての学校に在籍しているという考え方から、支援が必要な子どもたちが在籍している学校で支援が受けられるようにする巡回による指導教室構想が推進される地域が増えている。今までの通級とは逆に、教員が児童生徒の在籍校に巡回指導を行うシステムである。そこにはより多くの児童生徒が支援を受けられるようになる、担任と巡回教員との連携が密になり指導の充実が図れる等の期待がある。

■8．高等学校の通級による指導

文部科学省は2018年「高等学校における通級による指導の制度化及び充実方策について」（高等学校における特別支援教育の推進に関する調査協力者会議報告）を受けて「学校教育法施行規則140条の規定による特別の教育課程について定める件の一部を改正する告示」を公布し2019年から高等学校および中等教育学

校の後期課程においても通級による指導が実施できることになった。特筆すべきは、障害に応じた特別の指導に係る習得単位数を、年間７単位を超えない範囲で全課程の修了を認めるために必要な単位数に加えることができるということである。単位認定にあたっては個別の指導計画に従って通級による指導を履修し、その成果が個別に設定された目標から見て成果があったと認められる必要がある。指導の成果が問われている中で、思春期の生徒の心情と実態、自立への方向性を見通した専門性の高い指導・支援をどのように保障していくかが大きな課題となることが予想される。

（森下　由規子）

＊文　　献＊

独立行政法人　国立特別支援教育総合研究所『特別支援教育の基礎基本』ジアース教育新社　2015

小林倫世他『教員と教員になりたい人のための特別支援教育のテキスト』教育ジャーナル選書　学研　2018

文部科学省「特別支援学校教育要領・学習指導要領解説　自立活動編（幼稚部・小学部・中学部）」　2018

文部科学省「学校教育法施行規則の一部を改正する省令等の交付について」（通知）　2018

文部科学省「平成 29 年度通級による指導実施状況調査結果について」　2017

吉田武男監修『特別支援教育：共生社会の実現に向けて』ミネルヴァ書房　2018

コラム１：「合理的配慮」と「社会的障壁」について考えてみましょう

＜合理的配慮の考え方＞

合理的配慮とは、「障害者が他の者と平等にすべての人権及び基本的自由を享有し、または行使することを確保するための必要かつ適当な変更及び調整であって、特定の場合において必要とされるものであり、かつ、均衡を失したまたは、過度の負担を課さないものをいう」と障害者権利条約の第２条に提起されています。すなわち合理的配慮は、一人一人の障害の状態やニーズに応じて、支援を行う側と受ける側とが「合意形成」を図った上で決定し､提供されるべきものです。合理的配慮は常に柔軟な対応と、一人一人になくてはならない適切な配慮をどのように保障するかということが大切になります。

教育における合理的配慮の基本は､「誰もが分かる授業」が土台となります。分かる分量や分かるための手順は一人一人異なるかもしれません。それでも、その子なりの発達段階に応じた理解が深まることが求められます。そのためには授業の構造化、狙いの焦点化、発問の工夫等を行って、子どもの反応を予測した授業展開が必要です。基礎的環境の整備も欠かせません。個別の教育支援計画や個別の指導計画に基づいた教材の工夫、課題の量の調整や変更等、一人で解決できないこともたくさんあるでしょう。校内外の先生方や専門機関との連携を図り、一人で悩まず､情報を共有し「連携型支援」に努めることを学校全体で考えていけると支援は進みます。学校に合理的配慮を希望する場合は、本人または保護者が申請しなければなりません。学校は申請された希望のすべてを行うことが、さまざまな理由で困難な場合、「過度の負担」になる理由を説明し、学校側と本人・保護者が配慮や支援の実際について「合意形成」を図りながら、常に評価と新しい支援プランを考えていくサイクルが効果的な支援につながります。文部科学省は「学校が行うべき合理的配慮の対応指針」も示しています。一例として、抽象的な言葉を避けて具体的な言葉を使う、タブレットの使用、視覚情報の活用、時間の確保等があります。一度確認しておくことが望ましいと思います。

＜社会的障壁と学校文化＞

障害者差別解消法の一文に、「負担になりすぎない範囲で『社会的障壁』を取り除くために合理的配慮を行う」という記述があります。社会的障壁とは、①社会における事物（物理的バリアフリー）②制度（活用しにくい制度）③慣行（障害のある人の存在を意識していない習慣、文化等）④観念（障害のある人への偏見、思い込み等）の４つがあります。学校文化の中で考慮しなければならない障壁は、特に③慣行④観念であると言えます。

○慣行：慣行とは障害のある人の存在を意識していない習慣や文化のことを指しています。学校には、たくさんの守るべき基本的なルールが存在しています。たとえば、手をあげて発言する、授業中は基本的に椅子に座って授業を受ける、一斉指示を聞いてみんなと一緒に行動する等は、学年にかかわらず求められるべき学校の文化であり「暗黙の了解」ともいえます。「暗黙の了解」とは「直接教わったことはほとんどないが、当然その年齢なら知っている一連のルールやガイドライン」（ガーネット1984）のことです。大多数の子どもたちが理解して実行できることであっても、支援が必要な多様な特性や個性のある子どもたちにとっては、「教えてもらわないと分からないことがある」という現実を意識した学校文化が、わが国はまだ未成熟なところがあります。「6年生なのに、そんなことも分からないの！」という考え方を、子どもの特性に合わせて柔軟に変えていくことが「合理的配慮」のスタートラインかもしれません。

○観念：観念とは障害のある人への偏見、思い込みのことを指しています。何かをやる前から「あの子には、できるはずがない」という観念的な考え方で教師が役割を決めたり、本人の意思を尊重せずに物事を進めたりする指導のあり方をいいます。インクルーシブ教育システムの根本には、本人が活動するためにどうすれば参加できるかを考えていくICF（国際生活機能分類モデル）の障害者観があります。「できない」ではなく、どう工夫したら少しでもできるようになるだろうか、という「発想の転換」が求められています。

これからの特別支援教育の推進のためには、いずれは目指すべき姿（今までの学校文化）と、今身につけさせたい力を一人一人の子どもの発達段階に合わせて、ステップを丁寧に重ねていく学校文化に転換していく勇気が必要な気がします。これは障害の有無にかかわらず、すべての子どもたちを大切にする視点と重なるのではないでしょうか。

（森下　由規子）

個別支援とアセスメント

point!
・アセスメントの意義と目的について知る。
・フォーマルアセスメントとインフォーマルアセスメントの柔軟な活用による実態把握の大切さについて知る。
・アセスメントを活用した個別の指導計画の作成について知る。

第1節　学齢期のアセスメントと個別の指導計画

1．アセスメントの意義と目的

本来、アセスメント（assessment）は、直接的には「評価・評定・診断等」を意味する。教育や発達支援の現場においては「子どもの状態（学習、行動、心理等）を適切に捉え、子どもの発達課題を見定めること」と整理することができるだろう。指導や支援の目標を立てる場合においても、方略を立てる場合においても、また一定期間の指導の成果を評価する際にも、アセスメントは常に重要な役割を果たすものである。

筆者は、アセスメントは「謎解き（疑問の解決）」と「宝探し（探求心）」のために行うものと考えている。「なぜ○○するのか」「どうして○○が困難なのか」といった、その子をもっと知りたいと思う気持ちからアセスメントは始まる。また、その子の強みや気づかれなかった頑張りに目を向けるからこそ、アセスメントが活用されるものになる。ともすると、目標設定や指導方略の選択のためにアセスメントをどう活用するかという方法論に目を奪われてしまいがちだが、子ども理解こそがアセスメントの最大の意義であるという視点を大切にしたい。近年、WISC等のフォーマルアセスメント（詳細は後述する）が積極的に用いられるようになり、子どものつまずきの背景要因への理解を促し、適切な支援につなげられる事例が増えてきている。ただその一方で、現状としては、種々のアセスメントを「問題点の発掘作業」のように捉える傾向もいまだに根強い。

■2. 発達を語るための「物差し」としてのアセスメント

アセスメントの多くは「発達の状況」を読み解くものである。「発達」という話になると、教育現場ではいぶかしく思う人もいる。「できた・できないという個々の事象にとらわれてしまうと、子どもの全体像を見失う」とか、「子どもの内面的な成長を大切にしているのだから、アセスメントのような数値化は障害のある子の指導には馴染まない」といった意見を耳にすることもある。

たしかに、つまずきのある子どもの行動の意図を、指導者・支援者が注意深く読み取り、その子の気持ちに寄り添いながら指導を行うことはとても大切である。しかし、子どもから発信される信号の意味を読み解く時に、何も物差しや手掛かりがないとしたらどうだろうか。もしかしたら、関係者の「個人的な思い込み」や「大人の都合」で、「こう伝えたいに違いない」という勝手な解釈が横行してしまうかもしれない。指導者・支援者の独善に陥らないようにするためには、解釈の基盤となる「発達の物差し」を通して子どもを見る必要が生じる。アセスメントは、子どもの側に立って、発達の程度や障害の状況に配慮した学習場面を確実に提供するために行うべきものである。

■3. フォーマルアセスメントの意義と領域・内容

フォーマルアセスメントは、尺度が標準化されており、信頼性と妥当性が確保されている。また、マニュアルに従うことで誰にでも検査を実施することができ、結果は数量化され、数値に基づいた評価を行うことができる。つまり、実施者の主観が入りにくいということが最大の特徴である。

子どもの実態をより正確に把握し、教育的ニーズを導出するために、数種類の検査を実施することがある。こうすることにより、多面的に子どものつまずきを捉えることができる。しかし、ただ単に多くの検査を行えばよいというものではない。心理検査は、簡易なものでも数十分、長いものであれば２時間程度かかり、子どもへの心理的負担は大きいものとなっている。したがって、どの検査を選択するかを決める時点で、すでに検査者の資質が問われているといえるだろう。実施する検査を正しく選択するためには、それぞれの検査が、どのような発達領域をどの程度測定することを目的としているのかを熟知しておかねばならない。表４－１は、おもなフォーマルアセスメントの領域と検査方法・具体的な検査名称について整理したものである。

表４－１　アセスメントの領域と内容

領域	内容	検査方法・代表的な検査名称
行動・環境	①子どもの行動（授業・休み時間等）を直接観察し、情報を集める。 ②子どもの製作物を通して能力を把握する。 ③子どもを取り巻く環境の中での援助資源を把握する。	①行動観察記録 ②作品や理科観察カードなどの記録 ③ ICF（国際生活機能分類）も環境因子を本人の活動や参加の状態と関連づけて考えている。
学力	①標準化された学力テストで相対的な位置を把握する。 ②観点別に学習状況を把握する。 ③他の検査の一部を活用して、学習習得度を把握する。 ④特定の領域に特化した検査を用いて、その力を把握する。	① NRT（Norm Referenced Test） ② CRT（Criterion Referenced Test） ③ KABC-Ⅱの習得尺度検査 ④ STRAW 小学生の読み書きスクリーニング検査
知能・認知特性	①子どもの知的発達の全体像を把握する。 ②子どもの知的発達の全体像や認知面の特性（強みや弱さ）などを把握する。 ③子どもの情報処理の特性等を把握する。	①田中ビネー知能検査Ⅴ（２才～成人まで） ②ウェクスラー式知能検査 ・WPPSI-Ⅲ（２才６カ月～７才３カ月） ・WISC-Ⅳ（5才～16才11カ月） ・WAIS-Ⅳ（16才から90才） ③・KABC-Ⅱ ・DN-CAS
社会性	①社会性の能力を把握する。 ②学級での満足度や適応状態等を把握する。 ③社会性を構成する要素である「心の理論」の発達状況を把握する。	①新版 S-M 社会生活能力検査 ② Q-U ③心の理論課題検査（TOM）
発達の諸側面	①保護者や保育者が質問項目にチェックし、発達の全体像を把握する。 ②子どもに課題を与えて、その反応をもとに発達の全体像を把握する。	①津守式乳幼児精神発達診断法 ②・新版Ｋ式発達検査 2001 ・遠城寺式乳幼児分析的発達検査
その他	①人物画の描画課題を通して、ボディイメージの発達や動作性知能を把握する。 ②視覚認知の発達の詳細を把握する。 ③感覚異常等の問題を客観的に把握する。	① DAM グッドイナフ人物画検査 ②フロスティッグ視知覚発達検査 ③ SP 感覚プロファイル

第2節　WISC-Ⅳの概要

フォーマルアセスメントの中で、現在わが国でもっとも広く活用されているのはWISCであろう。そこで、ここではWISCについて詳述する。

1. WISCとは

WISCは、アメリカのウェクラー（Wechsler,D.）によって開発された個別の知能検査の1つで、幼児･児童を対象としている（適用年齢は5才～16才11カ月）。日本で用いられている最新の第四版は、WISC-Ⅳ（ウィスクフォー）と呼ばれている。全般的な知的能力の水準を把握することができ、かつ、その特性（個人内差）についても具体的に把握できるのが特徴である。

WISC-Ⅳは、10の基本となる下位検査（必ず行う検査）と5つの補助的な下位検査（状況に応じて行い、基本検査の代替が可能な検査）で構成されている。具体的な検査の内容は公開されないのが原則であるが、大まかに言うと、質問に言葉で答えてもらったり、指さしで回答してもらったり、ルールに従って記号を書いてもらったりする。検査時間は、被検査者である子どもの年齢や、考えている時間の長さなどによって多少の差はあるが、おおよそ1時間～1時間45分程度かかる。前述の10の基本となる下位検査の合計の結果により、子どもが同年齢の中でどの程度の知的発達水準にあるかを知ることができ、FSIQ（Full Scale Intelligence Quotient）という数値で示される。

また知能は、多くの独立した能力の集まりと考えられている。それらの能力を4つの大きなグループに分け、また、それぞれの得点（指標得点と呼ぶ）間のばらつきの特徴によって特性を把握することができるようになっている。表4－2は、この検査を通して知ることができる4つの領域（指標と呼ぶ）と、それぞれが測るおもな能力について整理したものである。

4つの指標は、言語理解（言語を理解する能力）、知覚推理（視覚情報を取り込み、互いを関連づけて全体としてまとめる能力）、ワーキングメモリ（聴覚情報を正確に取り込み、一時的に保持し、また処理する能力）、処理速度（視覚情報を数多く、正確に処理する能力）である。それぞれの指標間のばらつきを通して、次の2点の視点について分析することができる。

表４－２　WISC- Ⅳの４つの指標と測っている能力

指標の名前	測っているおもな能力	下位検査
言語理解指標 (VCI)	・言葉でまとめて考える力 ・言葉による推理力や思考力 ・言葉による知識の習得能力	・類似 ・単語 ・理解 ・(知識) ・(語の推理)
知覚推理指標 (PRI)	・視覚情報に対する推理力や思考力 ・空間を把握する力 ・目で見て手で表現する力	・積木模様 ・絵の概念 ・行列推理 ・(絵の完成)
ワーキングメモリ指標 (WMI)	・聴覚的なワーキングメモリ ・注意や集中する力	・数唱・語音整列 ・(算数)
処理速度指標 (PSI)	・視覚情報を速く正確に処理する能力 ・視覚的な短い記憶力・目で見て書く力	・符号・記号探し ・(絵の抹消)

下位検査の（　）は、補助検査を示す

① 個人間比較：同年齢集団から得られた得点と個人の得点を比較する。
② 個人内比較：個人の得点間の差（ディスクレパンシー）を比較し、測定する能力が他の能力と比べて「強い」「弱い」を分析する。

■2. 合成得点と記述分類

FSIQと４つの指標は、それぞれ「合成得点」と「記述分類」によって表される。合成得点は具体的な数値が示されるが、検査には誤差がつきものなので、数値を絶対的なものとせず、信頼区間という幅をもって捉えていく必要がある。合成得点と記述分類は、表４－３のように整理される。たとえば、FSIQ：92、90%信頼区間（87-99）であれば、全般的な知的水準は「平均の下～平均」の範囲となる。

表４－３　合成得点と記述分類

合成得点	記述分類
130 以上	非常に高い
120 ～ 129	高い
110 ～ 119	平均の上
90 ～ 109	平均
80 ～ 89	平均の下
70 ～ 79	低い（境界域）
69 以下	非常に低い

■3. 検査実施中の行動観察

子どものつまずきの背景を読み解くには、数値化された検査結果だけにとらわれるのでなく、検査中の質的な情報も併せて

表4－4　回答時の行動特徴とそこから読み取れる背景

回答時の行動特徴	考えられる背景
「わかりません」が多い	・能力の不足 ・失敗恐怖や不安があるため間違えを防ぐ ・探索や検索方略の乏しさ ・粘り強さに欠ける　　　　など
無反応が多い	・社会的スキルの不足 （「わからない」と言えない） ・自信の不足、高度の不安 ・反抗的な態度　　　　など
自己修正が多い	・衝動的に反応し、その後に回復 ・セルフモニタリング能力が成熟していることも
「もう一回言ってください」が多い	・聴覚的な情報処理の問題 ・注意の持続の問題 ・よりよい得点を得たいという意欲のことも
しばしば促しが必要	・時間をかけて理解する傾向 ・外的刺激に対し気が散りやすい　など

総合的に解釈を行う必要がある。特に、集中できているか、解けない問題に直面した時にどのような行動の特徴が見られるか、回答のパターンはあるか、どのような方略を用いて課題解決したかなどの情報は、子ども理解についてさまざまな示唆を与えてくれる。表４－４は、回答時に見られやすい行動の特徴から考えられるつまずきの背景について整理したものである。

第3節　インフォーマルアセスメントの意義と課題

インフォーマルアセスメントは、行動観察やチェックリストなどに代表されるような、コストや時間がかからない「見取り」のことをいう。個人的に考察した方法やツールを用いることができるため簡便ではあるが、信頼性・妥当性が保証されていないので、主観が含まれやすいという課題がある。

表４－５は、学校における子どもの行動観察のポイントを整理したものである。ただ、これらの姿を観察することで何が把握できるのかを理解しておかねば、誤った理解につながる危険もある。チェックリスト等の活用の際は、その背景理論の理解や深い洞察力が必要であり、安易なチェックリスト化には十分

表４－５　学校における行動観察のおもなポイント（名越，2015より作成）

文字	字の大きさ・バランス、線の滑らかさ、筆圧、形の正確さ、表記の正確さ、消し方
作文	長さ・量、内容（テーマ、文法、語い、表現技法、展開）、紙の扱い方（折り方や貼り方など）
絵・作品	テーマ、形の取り方、構成、作業の正確さ・丁寧さ、色彩
姿勢・運動	姿勢の正しさや持続、身体の動きの滑らかさ、道具（筆記用具・楽器・はさみなど）の扱い方、運動技術、他者との距離
身だしなみ	洋服の着方、靴や靴下の履き方、髪型、名札のつけ方
持ち物管理	ロッカーや机の中の状態、机の上の物の状態、持ち物や提出物の管理
意欲・積極性	自発的な取り組みの程度、指示への対応の程度
注意・集中	注意の向け方、持続の程度
教師との関係	教師からの働きかけに対する反応、子どもから教師への働きかけの内容や様子
友だちとの関係	友だちの言動に対する反応の内容や適切さ、相手へのかかわりの内容や適切さ、班やチームでのやりとりや協力の様子、
学習中の様子	指示や内容の理解、記憶の保持の程度、発言（発音、内容、説明の仕方）、音読の流暢さ・正確性、筆算の位取り、計算の際の様子（指を使うかなど）、手順や段取りなど

に注意する必要がある。

第４節　学齢期における実態把握から個別の指導計画へ

図４－１は、実態把握から個別の指導計画の作成までの流れをイメージ化したものである。

まず、事前の情報収集を行う。診断名や生育歴などの基礎的な資料、過去の指導記録、前任者からの引き継ぎ資料、家庭訪問の記録などを丁寧に読み込み、教育的ニーズの導出につなげる。事前に各種の心理検査（狭義のアセスメント）のデータや報告書が手元にあれば、それも参考にする。

第２に、主訴を整理する。主訴とは、医学分野の用語で患者が訴える自覚症状の中心的な事柄をいい、転じて、特別支援教育では、本人・保護者等にもっとも強く感じられている教育的ニーズと捉えなおすことができる。主訴の内容は、個別の指導計画の立案に大きな影響を与えるが、本人・保護者の願いや前任者の思いが必ずしも子ども自身の教育的ニーズとはならない場合もあるので注意が必要である。

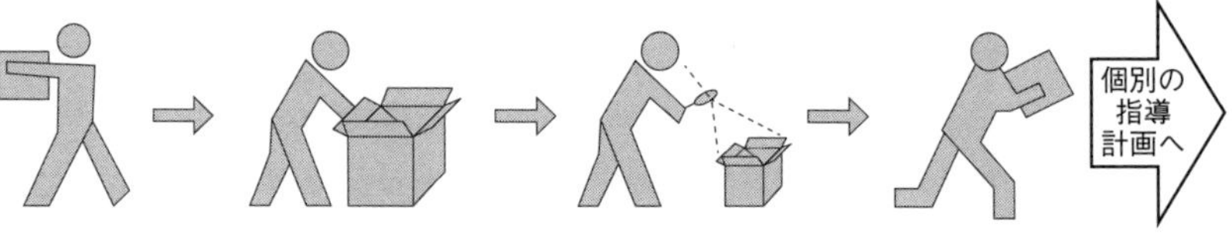

①事前情報
・診断名・性別・年齢
・各種発達検査のデータ
・前年度からの引き継ぎなど
②主訴
・本人、保護者のねがい
・前任者の思いなど

③状態把握
・行動観察
・追加の検査データ
など

④仮説立て
・つまずきの背景
・関連づけ
・優先順位と焦点化
⑤指導の見通し
・何をどこまで
改善できるか

⑥課題の設定
・長期目標
・短期目標
・指導内容
・指導方法
・指導（教員）体制
⑦指導場面の設定
・実際の授業との関連

広義のアセスメント
子どもの状態を丁寧に把握し、子どもの発達課題を見定めること

図４－１　アセスメントから個別の指導計画の作成まで

第３に、行動観察や子どもの実態に合わせた諸検査のデータ、追加のアセスメントのデータ等を基に、状態像についてまとめる。行動観察においては、バイアスが入りやすいため、客観的な記述（推論をできる限り含めないようにした文章表記）を心がけるようにする。

第４に、列挙された認知特性や行動特徴、障害の状況等を関連づけ、「なぜ、このような状況なのか」を仮説立てする。指導の優先順位や、指導すべき課題の焦点化についての仮説の導出も、そうした分析を経て行われる。

第５に、どのような指導を加えると何をどこまで改善できるのかという視点で分析し、指導の見通しを立てる。こうすることで方針を関係者間で共有したり、手立てを整理したりすることができる。

第６に、具体的な課題設定を行う。ここでは、長期目標に加えて、短期目標とそれを実現する指導内容・指導方法、そして指導（教員）体制などの手段や方法などを整理する。

そして第７に、実際の授業と関連づけながら、具体的なプランを作成する。一定の期間（おおむね学期ごと）に形成的評価（取り組みや子どもの変容の状況を評価すること）を行い、次の指導計画の作成に役立てるようにする。これらすべての流れを「広義のアセスメント」と呼ぶ。

最後に、アセスメントは「万能薬」でも「絶対的な存在」でもないことを付記しておきたい。特に、「まず検査ありき」という姿勢だけは厳に慎まねばならない。適切なアセスメントによって豊かな子ども理解が広がり、子どもたちの笑顔が増えることを切に願う。

（川上　康則）

＊文　　献＊

安住ゆう子編著『子どもの発達が気になるときに読む心理検査入門』合同出版　2014　pp.46-49

川上康則「授業づくり入門」下山直人編著『障害の重い子どものための授業作りハンドブック』全国心身障害児福祉財団　2008　pp.59-100

小林玄「子ども理解のための多角的アセスメント」『実践障害児教育』2014 年 9 月号　学研教育出版　2014　pp.26-29

名越斉子「つまずきに気づく」石塚謙二・名越斉子・川上康則・冢田三枝子編著『発達障害のある子どもへの指導　どの子もわかる授業づくりと「つまずき」への配慮』教育出版　2015　p.12

第５節　成人期のアセスメント

1．就労上の現状と課題

近年、障害者を取り巻く就労および福祉等に関する制度の多くが改正され、就労支援と職場定着を中心に各ライフステージへの対応に向けた施策の充実がみられるなど、障害者の就労生活の広がりと安定が図られてきている。一方、発達障害者および軽度知的障害者の就労上の課題をみると、コミュニケーションや社会性の課題が周囲に理解されにくいこと、支援者の職場への介入による職務と環境とのマッチングや障害理解への助言が十分でないこと、職場の定式化されたルールや暗黙のルールを理解することが困難であることなど、対人関係面や職場環境面などにおける支援の必要性が数多く報告されている。

また、生活面においても、生活経験の拡大や生活技術の向上、余暇の過ごし方、さらには老後に向けた生活設計等が課題として挙げられている。このようなことから、成人期の生活を豊かで充実したものにするためには、自分自身の障害特性を理解し強みを活かすことや、将来に向けたライフプランがデザインできるなどの具体的な支援が求められる（清水，2018）。

人が仕事をする上で必要な能力には、仕事を進める上で必要な技能であるハードスキルと、人との関わりの能力であるソフトスキルがある。就労上の課題に対するハードスキルとソフトスキルの割合はソフトスキルが全体の８～９割となることから、成人期の職業生活を充実させるためにも、ソフトスキルを学校在学中に獲得できるように個別の指導計画や個別の教育支援計画等に位置づけるなど計画的に準備をする必要がある。

2．アセスメントの現状と課題

適切なジョブマッチングを行い、安定した就労につなげるためには、適切なアセスメントが必要である。現状では、WISC-IV、WAIS-IV 等の知能検査で、知的発達の様相をより多面的に把握したり、指標や群指数等のばらつきによる特性を把握したりすることはできるが、就職に向けた具体的な指導方針を示すには限界があるとされている。また、知的能力の高い者の方が離職するケースや問題行動等が多いこと、さらに、IQ が低く、知的障害が重度の者の方が就労状況や職場適応等がよいなど、知能検査を就労に結びつけるアセスメントとして活用すること等への課題も挙げられている。

以上のような課題に対して、職場に適応するために必要となる支援内容や方法を検討するためには、単に IQ やハードスキルのみではないソフトスキルのアセスメントが必要である。なぜなら、職場適応をするためには、対人関係のアセスメントの実施とその調整方法の検討、余暇活動のスキルやコミュニケーション、対人行動など、実際の現場でのソフトスキル面を中心とした職業生活上必要と考えられる課題のアセスメントが重要となるからである。

第６節　TTAP を活用したアセスメントの実際

1．TTAP の概要

成人になってからの活動を考えたアセスメントでは、現在 ASD（Autism Spectrum Disorder：以下「ASD」）に特化したアセスメントとして、米国ノースカロライナ TEACCH 部で開発された学校から成人生活への移行のための評価法である TTAP（TEACCH Transition Assessment Profile、以下「TTAP」）がある（梅永ら，2009)。TTAPは、知的障害を伴うASDの生徒が学校を卒業後、社会に参加する上で必要な教育サービスを提供するためのITP（Individualized Transition Plan：個別移行計画）を策定するために使用されており、ASD生徒の強みを活かし、就労に向けたより具体的な指導内容および方法等を明らかにすることが可能になる。構成は、TTAPフォーマルアセスメントと、TTAPインフォーマルアセスメントの二つからなる。

■2．TTAPフォーマルアセスメント

フォーマルアセスメントは、スキルの直接アセスメント（直接観察尺度)、居住場面（家庭尺度）や学校／職業場面（学校／事業所尺度）の3つの尺度から、職業スキル、職業行動、自立機能、余暇スキル、機能的コミュニケーション、対人行動の6領域を「合格」、「芽生え」、「不合格」で評価する。この際、「芽生え」は、一部できるスキル、指導すれば獲得できるスキルとして指導目標に設定することができるなど、評価の中でも特に重要となる。また、この評価を基に、個別の支援計画を立て、実践・再構造化し、スキルアップしていくことも可能となる。具体的には、直接観察尺度で、生徒のスキルに焦点を当てた観察とアセスメント、家庭尺度と学校／事業所尺度では、親や教員、事業所の上司への聞き取り等をそれぞれ行うことで、各領域における生徒の強みと弱みに関する情報を得ることができる。さらに、3つの尺度のアセスメントが終了したら、図4－2（TTAPフォーマルアセスメント結果）のようにプロフィールを作成する。

■3．TTAPインフォーマルアセスメント

発達障害者の就労と居住を成功に導く準備をするためには、地域に存在するさまざまな就労現場において、どのように行動するのかを実際の現場で評価し、さらに詳細な情報を得ることが必要である。また、ASD児者は、ある状況でできる課題について、よく似た状況であっても別の場面では同じ課題を遂行することができないという特性があるが、これはASD児者が学校で学んだスキルを実際の地域場面へ般化することの困難さを示唆している。

インフォーマルアセスメントでは、こういった般化の問題もアセスメントすることができ、さらに、より多彩な場面にわたって自立を促進するための効果

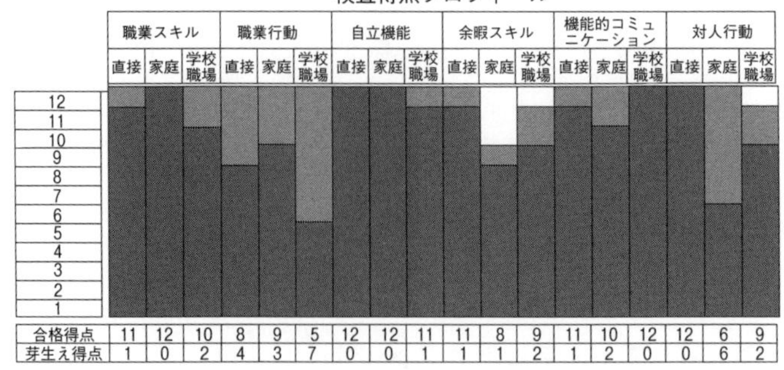

スキル・尺度平均プロフィール

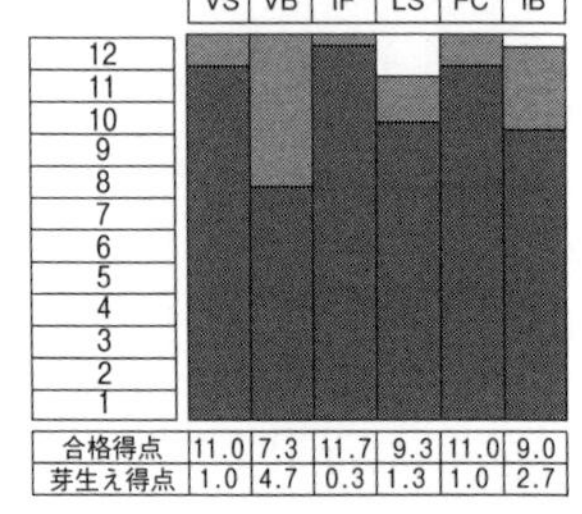

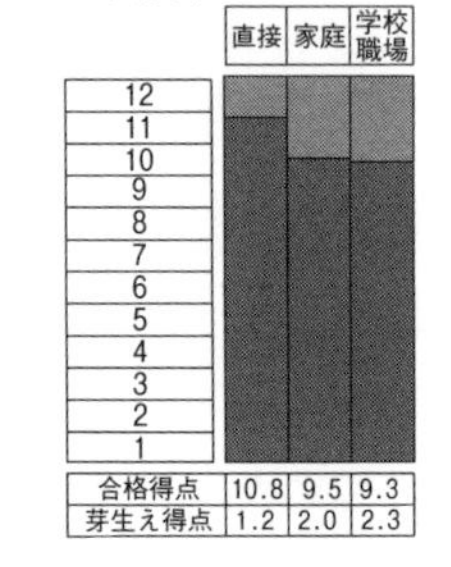

VS＝職業スキル　VB＝職業行動　IF＝自立機能　LS＝余暇スキル　FC＝機能的コミュニケーション　IB＝対人行動

図４－２　TTAP フォーマルアセスメント結果

的な支援方略を打ち立てることも可能となる。具体的には、①スキルの累積記録（CRS：Cumulative Record of Skill）、②地域での実習現場アセスメントワークシート（CSAW：Community Site Assessment Worksheet）、③地域でのチェックリスト（CSC：Community Skills Checklist）、④地域行動チェックリスト（CBC：Community Behaviors Checklist）、⑤毎日の達成チャート（DAC：Daily Accomplishment Chart）の5つから構成されている。

表４－６は、地域での実習現場アセスメントワークシートの結果である（合格＝手助けを必要としない／自立している　芽生え（高か低）＝手助けがあってできる　不合格＝作業のどの部分も完成できない）。

地域での実習現場アセスメントワークシートは、実習での初日の達成状況と実習が終了する最終日の達成状況をまとめたものである。このアセスメントを行うことで、ソフトスキルの課題をより明確にし、それに対応した構造化のア

表４－６　地域での実習現場アセスメントワークシート結果

目標（作業が目標かどうかチェック）	仕事の内容（作業）	実行レベル			芽生えスキルに関して行ったあらゆる作業の修正点、視覚的構造化、指導方法についての記述
		合格	芽生え（高か低で記述し、その基準も明記）	不合格	
✓	オーダー票をみて引き出しから肉を出す。		高 グラムを間違えることがあり、確認が必要であった。		オーダー表にグラム数で書かれており、肉がグラムごとに分かれて引き出しに入っていて視覚的に分かりやすい。
	右側の鉄板で片面を120秒焼く。	✓			時間のカウントは、肉を鉄板に置いたときにタイマーに触れることで始まる。 10秒ごとにランプが点灯したり、120秒経つと音が鳴ったりするので、分かりやすい環境である。
✓	鉄板のこげ取り作業。		高 道具の持ち方。		道具の持ち方については、視覚的な支援が必要である。
✓	秤でサラダの重さを量り、マヨネーズやゴマ、トマトのトッピングをする。		高 通常のメニューにおいてはできていたが、特別な場合の対応。		「マヨネーズなし」というメニューにはないオーダーが入ることがあった。この時、言葉による指示だけでなく、視覚的に分かる物が必要。
✓	食洗機の使用。		高 洗う順番の変更を求められた時の対応。		店の状況で洗う順番が変わることがある。この時の指示の仕方。

イデアを提供することが可能となる。実習終了後は、新たに達成できたスキルやその際に使用した構造化などの支援方法等についてまとめ、職場の同僚・上司に分かりやすく説明できるサポートブックを作成したり、個別移行支援計画に位置づけたりすることができる。このように、TTAPは、インフォーマルアセスメントとして現場実習や地域での行動が含まれており、より多彩な場面にわたって自立を促進するための効果的な支援方略を打ち立てることも可能となる。

第7節　今後の課題

発達障害者および軽度知的障害者が就労を継続し、さらに充実した生活を送るためには、就労への移行期に課題となる点を丁寧に分析し、適切な支援を行うことが求められる。その具体的な支援を見つけるためにも、中学校の段階で職場体験学習、高校や大学で職場研修学習（インターンシップ）、特別支援学校で現場実習などの職場体験がとても大切になる。特に、般化が難しいという特性に対し、数多くの実習先での現場実習の体験が必要となるが、その際、TTAP等のフォーマルアセスメントとインフォーマルアセスメントを柔軟に活用した、より適切な実態把握を行い、発達障害者および軽度知的障害者と職場環境との相互作用の中で必要な支援を見極め、適正な移行支援につなげることが、教員や支援者には求められる。

（清水　浩）

＊文　　献＊

清水浩「TTAP 実践事例集特別支援学校のキャリア教育――希望の進路を叶える」田研出版　2018
梅永雄二他『自閉症スペクトラムの移行アセスメントプロフィール TTAP の実際』川島書店　2009

視覚障害

point!
・視覚障害の定義と特性について知る。
・視覚障害における学習指導における合理的配慮の内容について知る。
・視覚障害の教材・教具の工夫について知る。

第1節　障害の定義と分類

1．視覚障害の定義

視覚障害とは、未熟児網膜症や白内障などの視覚の疾患に伴って、メガネなどによる矯正では回復しない永続的な視覚機能（視力・視野など）の低下があり、活動や社会生活上に制約のある状態、と定義される。学校教育においては、盲学校や弱視学級、弱視通級指導学級で学ぶことが適切な子どもについて、以下のように示している。

①盲学校（学校教育法施行令22条の3にある就学基準）：両眼の矯正視力がおおむね0.3未満のもの又は視力以外の視機能障害が高度のもののうち、拡大鏡等の使用によっても通常の文字、図形等の視覚による認識が不可能又は著しく困難な程度のもの。

②弱視学級（障害のある児童生徒等に対する早期からの一貫した支援について　25文科初第756通知）：拡大鏡等の使用によっても通常の文字、図形等の視覚による認識が困難な程度のもの。

③弱視通級指導学級（障害のある児童生徒等に対する早期からの一貫した支援について　25文科初第756通知）：拡大鏡等の使用によっても通常の文字、図形等の視覚による認識が困難な程度の者で、通常の学級での学習におおむね参加でき、一部特別な指導を必要とするもの。

2．視機能の程度と視覚障害の分類

視機能の程度の側面から視覚障害は、「盲」と「弱視」に大別される。「盲」は、主として聴覚や触覚を活用して学習し、光もまったく感じない視力0の子どもから視力0.02程度の子どもが含まれる。「弱視」は、通常の文字を用いた学習が可能であるが、文字の拡大や拡大鏡などを活用して学習し、視力は0.02程度から0.3未満の子どもが含まれる。

第2節　身体・心理的特性

1．盲児の心理的特性

「一目瞭然」、「百聞は一見に如かず」という言葉に象徴されるように、視覚は一見して外界（物の形や色、その場の状況など）を捉えることのできる感覚である。一方、盲児は触覚、すなわち「指先を動かして」外界を捉える必要がある。触覚は手や指先を動かして物を触り、その物の情報を集めるため、その物の情報は触った指先の範囲からしか入ってこない。このため、視覚に対し、触覚は情報を得るために多くの時間を要する。

また、触っている対象の全体像を知るためには、時間をかけて指先を動かさなくてはならない。すなわち触覚は、指先の限られた範囲から継時的に順を追って入ってくる情報を頭の中で再統合してイメージする必要がある。そのため、全体と部分の関係把握が非常に困難であり、部分と部分を切り離した認知が起こりやすい。このように、視覚情報は、特別に意識しなくても自分の視野に入ってくるのに対し、触覚は自ら指先を能動的・探索的に動かさなければ情報が得られないため、積極的かつ効率的に指先を動かして触る方法を十分に指導する必要がある。

2．弱視児の心理的特性

（1）弱視児の見え方の特性

弱視児は、一般的に視覚的に物を捉える時に、細部まで明確に見えにくい状況にある。また、遠くの物がよく見えない、大きい物では全体把握が困難、認知に時間を要する、目と手の協応動作が難しい、運動している物の認知が難し

い、などの特性が一般に挙げられる（佐藤, 1974）。視覚障害の原因となる疾患はさまざまであり、見え方には千差万別があるため、個々の視覚障害児の見え方を踏まえた対応が必要である（表5－1）。

（2）弱視児の接近視

「目とノートの間に鉛筆の先を入れて書く」、「弱視児が字を書くと鼻の頭が黒くなる」というように、弱視児は5cm程度の極端に近い視距離で物を見る。これを接近視と呼んでいる。このため、把握することのできる視野の範囲が狭くなり、盲児と同様に全体と部分の関係把握が困難である。数m離れた文字や人の顔が分からない、月や星などは認知できないといった特徴もある。

表5－1　弱視児の見え方と眼疾患・対応について

正視	状態
	視野障害もなく、ピントも合っている状態

ピンぼけ状態	状態	眼疾患	対応	求心性視野狭窄	状態	眼疾患	対応
	カメラのピントが合っていない状態。弱視児の屈折異常を矯正するのは大変難しいため、ピンぼけ状態で見ている者は多い。	未熟児網膜症等	文字の拡大などが有効。		周辺部から視野が狭くなっていき、薄暗い所で見えにくい夜盲も現れる。中心の視野が残っている場合、明るい場所では視力が保たれていることもある。	網膜色素変性症・視神経萎縮・緑内障等	歩行の際、障害物等への注意が必要。
混濁状態	状態	眼疾患	対応	中心暗点	状態	眼疾患	対応
	すり硝子を通して見ているような状態。眼球の中で光が乱反射してしまうため、まぶしがる者が多い。	小眼球・虹彩欠損・網膜色素変性症等	まぶしさを軽減する遮光眼鏡の使用。白黒反転が効果的。		視野の一部が見えない状態を暗点と言い、中心に暗点があると良好な力が得られない。色の見え方等に異常が生じることもある。	黄斑部変性・視神経萎縮等	視線をずらして周辺の視野を使ってみる「偏心視」を理解する。
暗幕不良状態	状態	眼疾患	対応	光源不足状態	状態	眼疾患	対応
	眼球内を暗室状態に保てず、周囲が明るすぎて映像がきれいに見えない状態。	小眼球・虹彩欠損・白子症等	まぶしさを軽減する遮光眼鏡の使用。白黒反転が効果的。		うす暗い所で外界がよく見えなくなる、夜盲の状態。	小眼球・虹彩欠損・網膜色素変性症等	夜間の歩行に注意が必要。

■3．視覚障害と発達

視覚障害児は、他者の動作や行動を視覚的に模倣することや、外界の視覚的刺激を得ることが困難である。このため、外界に向かうモチベーションが自然に生起しにくく、探索行動や運動発達、概念形成などの発達に二次的な影響を及ぼす。たとえば、視覚障害のない乳児では生後4カ月半頃から視覚的刺激を手がかりとした外界へのリーチング（物に手を伸ばす行動）が見られるのに対し、盲乳児が音のする物に手を伸ばす行動が出現する時期は生後10カ月頃になる。粗大運動発達では、座位（一人座り）が平均8カ月、独歩が20カ月と、かなり遅れる（山本・岩田, 1971）。

盲児の言語面の特徴として代表的な特徴として、バーバリズム（verbalism；言語主義）がある。バーバリズムとは、体験的に裏づけられていない言葉の上だけで発せられる言語と行動であり（五十嵐, 1993）、視覚障害児は直接体験に制限があることから、バーバリズムに陥りやすい。表出言語の豊富さに惑わされず、経験的背景を伴って言語を理解しているかどうかを捉えることが重要である。

第3節　学習や生活指導における合理的配慮と支援

■1．視覚障害児の教育課程について

視覚障害教育における教育課程は、通常の教育に準ずる各教科等と、視覚障害に起因する困難に応じた自立活動の指導からなる。視覚障害教育における自立活動の指導内容は、盲児では触覚の活用・点字指導・歩行・日常生活動作、弱視児では視知覚能力の向上・視覚補助具の活用などが挙げられる。

視覚障害と知的障害を併せ有する重複障害児で、知的発達段階がおおむね6歳を越える程度である場合は、準ずる教育課程の一部または全部を下学年適用し学習能力の実態に応じた教科の内容を選定する。また、知的発達段階が5歳以前の重複障害児では、自立活動を主とした教育課程を編成し、感覚や認知、歩行、日常生活動作などを中心に、発達段階に応じて指導内容を配列する。

■2．学習や生活指導における合理的配慮・支援の基礎

（1）直接経験の重要性

視覚障害児の場合、発達や学習の基本である視覚的模倣が困難であるため、学習や生活指導上の工夫・配慮が必要である。盲児にとって具体的に概念やイメージを作りにくいものとしては、大きすぎるもの（山、海等）、小さすぎるもの（アリ、微生物等）、遠くにあるもの（太陽、月等）、こわれやすいもの（クモの巣、シャボン玉等）、危険なもの（熱湯、火、花火等）、気体の状態のもの（雲、霧等）、動いているもの（電車、動いている動物等）などが挙げられている（香川, 2016）。これらのものは触って捉えることが難しいため、その認知が困難になる。一方、目で見ただけでは分からなくても触ってこそ分かることもあり、温度や触感（つるつる、ざらざら）などを感じること、表と裏を同時に触って把握すること、手にのせたり持ち上げたりして重さを把握することなどは、視覚よりも触覚の方が分かりやすい。こうした経験に基づく学習の困難さと、触覚を通した認知の特徴があるため、いかにして直接体験に基づいて指導をするかということが、視覚障害教育のもっとも重要な点である。これらは弱視児にもおおむね共通していると考えてよい。

なお、視覚障害児の触覚や見えにくい目を通しての学習では、事物や状況の認知・把握に時間を要するため、はじめてのことに時間がかかるという特徴がある。しかし、基礎・基本を習得すれば、その後の学習は早く習得しやすい。そのため、学ぶ内容を精選して、基礎・基本の習得のために、時間を保証することが重要である。

（2）言葉による的確で具体的な説明の重要性

視覚障害児が体験を通して学習する際には、言葉も大切な役割を果たす。触ったイメージや見えにくい目で見たイメージは時として不確かであるため、感じたことを言葉にさせて、適切な言語表現に修正するなどして、体験と言葉が結びつくようにする。地図や模型教材等を触ったり見たりして、触察および観察をしている学習の際には、「それでいいんだよ」と伝えて見通しや安心を得られるようにする。言葉かけをする時には、「そこ」「あそこ」などの指示代名詞は避け、位置・方向や状況を、「今右手の人差し指で触っているところ」「左にあと2歩」などと具体的に表現することが重要である。

■3. 盲児の学習指導

（1）触覚の活用と文字の指導

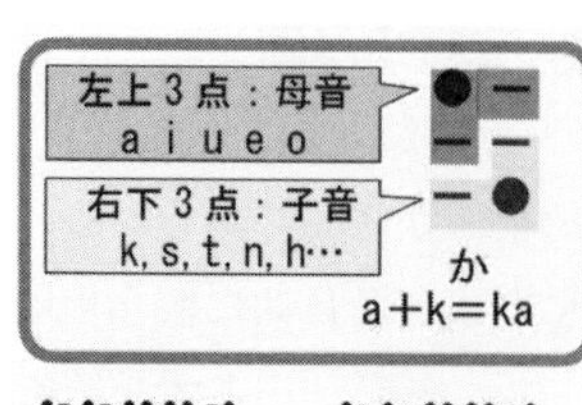

あいうえお　はひふへほ
かきくけこ　まみむめも
さしすせそ　や　ゆ　よ
たちつてと　らりるれろ
なにぬねの　わ　を　ん
長音符（ー）　促音符（っ）

図５−１　点字50音一覧（凸点：読む時の向き）

触覚はもともと皮膚に何か刺激のあったことを把握する感覚であり、形の把握をするために発達した感覚ではない。このため、触って形を理解する力を育てるためには系統的な指導が必要である。視覚障害教育では、触って観察することを「触察」という。上手な触察の方法として、①両手を使って触る、②すみずみまでまんべんなく触る、③基準点を作って触る、④全体と部分を行き来して繰り返し触る、⑤触圧をコントロールして触る、などの方法を身につけさせることが重要である。

盲児が使用する点字は、6点の組み合わせで、ひらがな、数字、アルファベット、各種の文章記号、数学・理科の記号、楽譜なども表す（図5−1）。すべて横書きで左から右へと読む。点字を書く器具には、点字盤と点字タイプライター（図5−2）がある。点字盤では点筆で紙に1点ずつ点字を打ち出すため、読みとは左右が反転し、導入期には難しい。これに対し、点字タイプライターは、6点に対応したキーを同時に押すことにより、一度に1文字ずつ点字を打ち出すため、点字盤に比べて速く書くことができる。また、読みと書きが同方向であるため点字導入期には有効である。文字の読み書きは、教科学習などにおける学習手段の獲得である。このため、導入期から集中的・系統的な指導を効果的に行うことが重要である。

図５−２　点字タイプライター

(2) 探索・歩行の指導

盲児にとって探索・移動・歩行の指導は自立活動の中心的指導内容である。視覚障害者の歩行は orientation and mobility（定位と移動）といわれるように、自分の空間的位置の定位・把握ができなくては、移動できない。したがって幼児期からの主体的な探索行動、教室内や校内を自分の手・身体で確かめながら移動する経験の積み重ねが非常に重要である。小学校中学年以降から白杖の導入と校外歩行の体験、中学校以降は単独歩行や援助依頼などを視野に入れた指導へと発展させ、将来の自立した歩行の基礎を作る指導を系統的に行う。

(3) 触ることに対応した教材・教具と学習環境の工夫

触ることに対応した教材・教具には、①各種の点字図書や録音テープ・読み上げソフト、②実物・模型・標本、③凸線で描かれた地図などの触覚教材、④点字教科書、⑤ボールペンで描くと線が浮き上がる表面作図器（レーズライター）、⑥そろばん・定規・時計・音声測りなどの各種盲人用計測器、⑦立体コピー・3Dプリンター、⑧光の明暗の変化を音で表す感光器などさまざまなものがあり、それらを有効に活用することが重要である。

4. 弱視児の学習指導

(1) 視覚の活用と文字の指導

弱視児にとっては漢字の読み書き以上に、地図学習、ミシンやのこぎりなどの道具の使用、採集・観察・実験・計測・計量・作図・グラフ作成などの正確な認知を必要とする学習、動作・運動を伴った認知が必要な活動はもっとも苦手とする活動である。弱視教育においては、こうした困難さを踏まえて、自立活動において弱視児が保有する視覚を活用する指導を系統的に行うと同時に、教科学習では見やすい工夫をして最適な学習環境を準備するという視点が重要である。

弱視児は細かいものが見えにくいため、似ている字を間違えたり、読みの速度が遅かったりするため、読みに苦手意識をもつことがある。同じ文章で時間を計りながら複数回読み、読速度を向上させる指導を行うことが重要である。文字の書きにおいては、はじめて学ぶ時に正しい文字の形と書き方を身につけさせることが重要である。特に筆順は、その文字を書く時に無駄なく形を整えて書ける順番であり、多少バランスが崩れていても間違いなく読める文字が書けるよう、正しい筆順を身につけさせることは重要である。

図5−3　近用レンズ（左）、単眼鏡（右）

（2）補助具活用の指導

弱視児の見えにくさを補う補助具として、弱視レンズや拡大読書器、タブレット型情報端末などがある。弱視レンズには、読書・観察・携帯電話の文字などの近くのものを見る時に使う近用弱視レンズ（ルーペ）と、黒板や掲示板、壁の時計などの遠くのものを見る時に使う遠用弱視レンズ（単眼鏡）がある（図5−3）。どちらも活用するためには習熟が必要であり、早い段階からの系統的な指導が重要である。拡大読書器は、視力がかなり低い（0.02〜0.05程度）弱視児にとって、拡大率が高いことにより有効である。タブレット型情報端末は、近くや遠くの対象物の写真を撮って、手元で拡大して見たり、データとして保存したりするなどの弱視レンズのような使い方や、デジタル図書やデジタル教科書の読みなどの使い方ができる。

（3）見えにくさに応じた教材・教具と学習環境の工夫

見えにくさに応じた教材・教具には、①拡大コピー・拡大教材、②拡大教科書、③書見台・手元を照らすライト、④マス目が大きく罫線が太いノート、⑤数字が大きく見やすい定規・分度器（図5−4）などのさまざまなものがあり、それらを有効に活用することが重要である。また、照明の確保とコントロールなど、学習環境の整備が

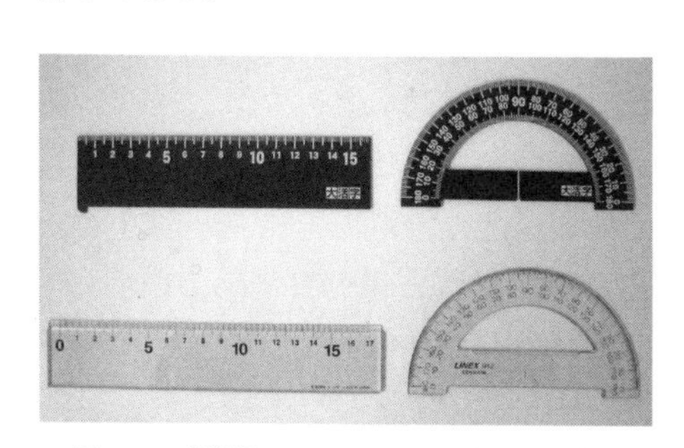

図5−4　弱視児にとって見やすい定規・分度器

＊上の定規と分度器は白黒反転になっており、白内障など混濁のある疾患の弱視児は特に見やすい。

＊分度器は紙面上の線と合わせやすい形になっている。

＊左下の定規は数字がゴシックで大きめで、光が反射しにくい。

（上：大活字社製、左下：LION社製、右下：LINEX社製）

非常に重要である。それぞれの弱視児の見え方やその時々の天気等に応じ、カーテンやブラインド、座席の位置などを調整することが必要である。

（福田　奏子）

＊文　献＊

五十嵐信敬『視覚障害幼児の発達と指導』コレール社　1993

香川邦生編著『視覚障害教育に携わる方のために　五訂版』慶應義塾大学出版会　2016

大河原潔・香川邦生・瀬尾政雄・鈴木篤・千田耕基編『視力の弱い子の理解と支援』教育出版　1999

佐藤泰正『視覚障害児の心理学』学芸図書　1974

山本裕子・岩田圭子『0歳児盲児の発達について』　東京都心身障害者福祉センター研究報告集　1971

コラム2：視覚障害者への声かけと誘導法

駅や街の中で視覚障害者が立ち止まって考えていたり、交差点で困っていたりする場面に出会ったら、「どちらに行かれますか？」「信号が青になりましたよ」などと声をかけてください。視覚障害者は、道に迷って困っていても誰がどこにいるのか分からないために自分から声をかけにくいからです。また、視覚障害者が電車やバスの中で、空いている席を探したり、混雑した中で手すりや吊り革を見つけたりすることはなかなか簡単なことではありません。「前方の席が空いていますが座りますか？」「手を伸ばすと正面に手すりがあります」などと一言声をかけてもらえると、視覚障害者からも「席まで案内してもらえますか？」などと援助依頼がしやすくなります。

誘導をする際は、視覚障害者の半歩前に立ち、後ろから誘導者の肘の辺りを握ってもらいます。誘導者は握られた腕を自然に下ろします。段差や階段、エスカレーターなどの前には「下りの階段です」などと予告をして状況を共有するとより安全に誘導することができます。

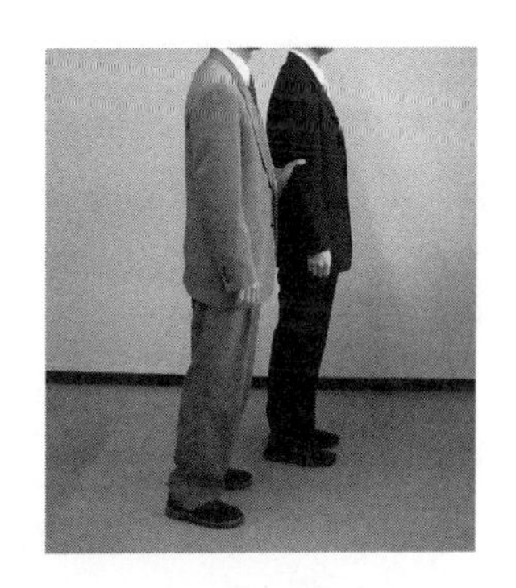

（福田　奏子）

聴覚障害

point!

・聴覚障害の定義と特性について知る。
・聴覚障害における学習指導における合理的配慮の内容について知る。
・聴覚障害の教材・教具の工夫について知る。
・障害の早期発見と言語指導法について知る。

第1節　障害の定義と分類

聴覚障害とは、聞こえ能力に障害がある状態をいう。耳（外耳、中耳、内耳）、聴神経、脳のいずれかに器質的または機能的な問題があり、結果として聞こえない、あるいは聞こえにくいという症状を呈する。聴覚障害は、その原因となる部位、聞こえの程度、障害が発生した時期により以下のように分類される。

①障害の部位による分類：聴覚器のうち伝音系（外耳、中耳）に病変、損傷、奇形がある場合を伝音性難聴と呼ぶ。医療的措置により聞こえの状態が改善される可能性があり、補聴器などで音を大きくすれば比較的よく聞こえるようになる。内耳、聴神経、大脳皮質に至る感音系に問題がある場合を感音性難聴という。音が歪んだり響いたりしていて、特に言葉の聞き取りに大きな支障が生じる。補聴器などで音を大きくして伝えるだけではうまく聞こえない。伝音性難聴と感音性難聴の両方の原因をもつ場合を混合性難聴という。

②聴力による分類：身体障害者福祉法では聴覚障害について表6－1の等級分類がなされている（身体障害者福祉法施行規則別表第5号）。聴力と関係した就学措置については、表6－2の通りである。

③失聴原因による分類：1）先天性：出産前の障害。聴覚組織の奇形や、妊娠中のウイルス感染などで聴覚系統がおかされた場合。遺伝性を含む。2）後天性：突発性疾患、薬の副作用、頭部外傷、騒音、加齢などによって聴

表６－１　身体障害者福祉法による障害程度等級

２級	両耳の聴力レベルがそれぞれ 100 デシベル以上のもの（両耳全ろう）
３級	両耳の聴力レベルが 90 デシベル以上のもの（耳介に接しなければ大声語を理解し得ないもの）
４級	1．両耳の聴力レベルが 80 デシベル以上のもの（耳介に接しなければ話声語を理解し得ないもの） 2．両耳による普通話声の最良の語音明瞭度が 50%以下のもの
６級	1．両耳の聴力レベルが 70 デシベル以上のもの（40cm 以上の距離で発声された会話語を理解し得ないもの） 2．一側耳の聴力レベルが 90 デシベル以上、他側耳の聴力レベルが 50 デシベル以上のもの

表６－２　聴力等の障害程度による就学先

就学先	障害の程度	法律等
特別支援学校（聾学校）	両耳の聴力レベルがおおむね 60 デシベル以上のもののうち、補聴器等の使用によっても通常の話声を解することが不可能又は著しく困難な程度のもの	学校教育法施行令第 22 条３
特別支援学級（難聴学級）	補聴器等の使用によっても通常の話声を解することが困難な程度のもの	障害のある児童生徒の就学について（通知）（平成 14 年５月 27 日）
通級による指導	補聴器等の使用によっても通常の話声を解することが困難な程度の者で、通常の学級での学習におおむね参加でき、一部特別な指導を必要とするもの	同上

覚組織に損傷を受けた場合。

ろう（ろうあ）者、難聴者、中途失聴者に分けられる。どれに該当するかは、その人自身のアイデンティティに拠り、聴力の障害程度による法的な分類とは異なる場合もある。

①ろう（ろうあ）者：おもに音声言語を習得する前に失聴し、手話を、コミュニケーション手段としてだけではなく、自己のアイデンティティの象徴として重視する人々。

②難聴者：補聴器、人工内耳により聴覚を活用し、もっぱら音声によるコミュニケーションを行う人々。近年は手話を使用する難聴者も多い。

③中途失聴者：音声言語を獲得した後に失聴した人々。おもに青年期以降に失聴または聴力低下した人々を指す。

第2節　身体・心理的特性

音が聞こえない、または聞こえにくいという状態は、話し言葉の聞き取りと言葉を話すことを困難にするが、話し言葉によるコミュニケーションの制約は言語能力や言語を基盤とした認知面の発達に大きな影響を及ぼし、話し言葉が土台となって培われる読み書きの能力の遅れにも通じる。このことは児童期以降の教科学習にも支障をきたす。

また通常学級などでコミュニケーションや音声情報の伝達に関して、特別な配慮がない環境に置かれた聴覚障害児の中には、学習面の問題のみならず人間関係にも齟齬が生じ、心理的ストレスを抱える場合も少なくない。このような事態は、子どもの心理的発達や社会性にも大きく影響する。

一方、早期に障害が発見され適切な教育が施されれば、社会自立に足る諸能力を身につけることが十分に可能で、近年においては高等教育機関への進学者数も増加している。このことから聴覚障害は、個人の発達に対して教育の担う役割が非常に大きな障害であるといえる。

第3節　教育課程と学習・生活支援のおもな方法

1．障害の早期発見と診断、補聴器の装用

医療機関では、生後２～４日にAABR（自動聴性脳幹反応）、OAE（耳音響放射）による新生児聴覚スクリーニング検査を実施している。生後１カ月から３歳頃までに行われる乳幼児健康診断は心身障害児の早期発見に成果を上げているが、特に３歳児検診では聴覚スクリーニング項目が含まれている。これらの検査、検診で聴覚障害の可能性が示された場合はさらに精密検査が行われる。

５～６歳以降は、もっとも一般的な聴力検査法である標準純音聴力検査を実施することが可能となる。この検査では、気導聴力（外耳道から中耳を経て得られる音の聞こえ）と骨道聴力（頭蓋骨を通して直接内耳に伝わる音の聞こえ）を測定し、オージオグラムに周波数ごとの閾値（ようやく聞こえる強さの音）を記入する。気導による聞こえの程度は聴力レベル（dBHL）で表され、500Hz、1,000Hz、2,000Hzの各聴力レベルの平均値（1,000Hzのみ２倍する）は平均聴力レベル（四分法）と

して障害等級等を決定する際の数値として用いられる。

上記の聴力検査は、純音などの検査音の聞こえを測定するものであるが、言葉の聞こえを測定するのが語音聴力検査である。数詞、単音節、単語、文などの材料を用いる。単音節を材料とした検査では語音明瞭度を、単語や文章を材料とした検査では単語了解度、文章了解度を算出し、聴力レベルとあわせて聴覚活用の程度を評価する。

聴力検査の結果をもとに補聴器、人工内耳の装用が検討される。補聴器は、耳かけ型、耳あな型、箱形に大別される。人工内耳は日本耳鼻咽喉学会の小児人工内耳適応基準に則り装用が検討される。適応年齢は原則1歳以上で、手術前から術後の療育に至るまで、家族および医療施設内外の専門職との一貫した協力体制が取れていることが前提条件となる。

2. 教育課程

(1) 早期教育

早期教育は、聴覚障害児の言語、認知、コミュニケーション、社会性等の発達に重要な役割を果たす。特に言語学習には臨界期または適時期があり、できるだけ早期に聴覚障害を発見し、適切な療育、教育を施すことが肝要である。

特別支援学校（以下、ろう学校）では乳幼児教育相談として、医療機関等において聴覚障害と診断された0～2歳の子どもを対象とした指導、支援を実施している。ただしこの年齢期には子どもへの指導より両親教育（おもに育児を行う人物）に重点が置かれる。

聴覚障害児の多くは、日常、聴覚障害児・者と接する機会のない健聴の両親のもとに生まれるため、親の育児への不安は大きく、また聴覚障害に関する対応方法も分からない。このため、まずは育児の中心的な役割を果たす母親等の障害理解を促し、子どもとのコミュニケーションや聴覚管理などの具体的方法についての知識を提供する。また子どもに対しては音遊び、リズム遊び、ごっこ遊び、遊戯等の活動などを通して、音に対する関心を高め、音の意味や言葉のはたらきに対して意識づけをしていく。

(2) 幼児期の教育

学校教育法第72条に則り、ろう学校幼稚部では3歳以上の就学前幼児に対して3年間の「準ずる教育」と「障害に即した教育」を行っている。なお後者に関して、特別支援学校幼稚部教育要領では自立活動の内容を6つに分類しているが、ろう学校においてはこのうちコミュニケーションを通した言語習得に特に重点が置かれる。

幼稚部段階における言語指導の基本は、子どもが直接体験したことの言語化である。教師は、学校生活のあらゆる場面で子どもに話しかけ、見えるもの、聞こえること、考えていること、やり取りされていることを言葉に置き換えて示す。話しかけにおいては、子どもの興味をひくように心がけ、表情や身振りなどの視覚的な情報を十分に与えながら語る。そして子どもから引き出した発話を場面に即した適切な言葉に修正し、子どもの心情を理解しながら言葉による表現を強化していく。また日常生活のトピックなどを題材にした話し合い活動を通して、概念の言語化と言語的な思考を培っていく。この活動は、コミュニケーションの基本的な態度の育成にもつながる。ろう学校幼稚部では年間を通して多彩な行事が行われるが、これらのねらいとして体験を通して子どもの心を豊かにするとともに、体験を通した生きた言葉を学習することが含まれている。

文字は4歳頃から導入される。話し合い活動の中で使われた言葉の一部を文字で示すことから始め、絵日記など子ども自身が書くことに結びつけていく。親子で書いた絵日記は翌日以降の話し合い活動の題材として扱われ、他児に対して言葉と絵を通して経験した出来事を理解させ、あるいは他児の経験を理解するという学習が行われる。

自立活動では、絵カードや文字カード等を用いた言葉の学習、聴力検査と補聴器の調整、発音指導などが個別に行われ、個々の子どもの障害や発達に即した対応が施される。また交流教育として定期的に近隣の幼稚園園児との交流が行われる。

(3) 児童期の教育

児童期の教育の場は多様で、ろう学校、特別支援学級（難聴学級）、通常の学級のいずれかに在籍することになる。幼児期に難聴幼児通園施設や医療機関で指導を受けた子どもの多くは一般の小学校に入学するが、ろう学校幼稚部から小学校に入学する者も多い。難聴学級は、そのクラスで教科指導も受ける固定式（特別支援学級）と、普段は通常の学級で学び週１～２回程度定期的に通う通級式（通級指導教室）がある。

各教科において学年対応の学習が目標となるが、３～４年生頃から学習に困難を呈する子どもが少なくない。この「9歳レベルの峠」と呼ばれる状況の背景として、教科の内容が難しくなることに加え、いずれの教科においても読みの力が求められることが挙げられる。読みについては、話し言葉を基盤とした書き言葉への移行における発達的課題と捉えることができる。また児童期以降は、文脈に即した言葉の使用と理解、言葉による行動調整能力が求められるようになるが、音声情報の受容に制約がある聴覚障害児は文脈情報そのものを得ることが困難であるため、コミュニケーション上の齟齬から、いじめなどの問題が生じることがある。また通常の学級の授業では教師の話が聞き取れず、学校の勉強についていくためには学校以外の場で学習する必要に迫られる。このような問題に対応するため、授業時にはFM補聴器を使用する（教師がFMマイクを装着する）、主要教科ではノートテーク（ノートテーカーが聴覚障害児の隣に座り教師等の音声を文字化して示す）を行う等の措置が講じられる。ろう学校では各児童の学習状況に即した指導が可能であるが、少人数であるゆえに子ども同士が競争しあるいは切磋琢磨する環境が得られにくいという問題がある。一般校における情報伝達やコミュニケーション上の問題、あるいはろう学校における狭い人間関係という環境は、児童・生徒の心理的発達にも影響を及ぼすと考えられる。

（4）青年期の教育

ろう学校高等部または高等学校を卒業した者の40％程度は進学する。進学者の内訳は、ろう学校専攻科、専修学校、職業訓練校が約20％、大学、短期大学が約20％となっている。また聴覚障害者、視覚障害者を対象とした大学である筑波技術大学が毎年度50名の聴覚障害者を受け入れている。

3．教育体制

就学前の教育は、ろう学校、難聴幼児通園施設、医療機関、障害児療育センターなどで行われている。ろう学校では、３歳未満児に対しては乳幼児教育相談というかたちで定期的な指導を行っている。難聴幼児通園施設は児童福祉法に基づいて設置、運営されており、おもに言語聴覚士、保育士が指導、相談を行っている。病院やクリニックの言語治療室などの中にも、聴覚障害がある乳幼児の療育を積極的に行っている機関がある。

小学校段階は、ろう学校小学部、小学校難聴学級（特別支援学級）、小学校の通常学級のいずれかに在籍する。学校の選択については本人と保護者の意向が尊重され、聴力の損失程度にあまり拠らなくなっているのが現状である。また最近の傾向として、小学校の通常学級に在籍し難聴学級または言語学級に週1日程度通級するというケースが増えている（通級指導教室）。中学校以降は難聴学級の数が少ないため、ろう学校か中学校・高等学校の通常学級のいずれかで学ぶことになる。

この他、学校教育とは別の場として聴覚障害児を対象としたフリースクールが一部地域で活動するようになり、これに参加する子どももいる。各組織は成人聴覚障害者が中心となって活動しており、聴覚障害児が集団で活動する場を提供している。

4．言語コミュニケーションの方法

①口話（聴覚口話）:聴者、聴覚障害者の双方が、口をはっきり開けて声を出し、音声を聞き口形を読み取る（読話）という方法である。子どもは補聴器、人工内耳を介して可能な限り聴覚を活用し、読話を併用することによって相手の発話を理解する。狭義には、聴覚口話法は聴覚障害教育における言語指導の理念あるいは方法を指す。聴覚口話法による言語指導では、口声模倣（子どもの発話を教師や親が適切な語、文に置き換えて発話し、これを子どもに復唱させる）を通して言葉を獲得させていく。

②手話・指文字：手話は音声言語と同様に国により異なり、基本的には国ごとに独自の手話が使用されている。わが国で使われている手話は、日本語とは異なる言語的特徴をもつ日本手話と、日本語の発話に対応させて使用する日本語対応手話に大別される。ただし両者の間には明確な境界があるわけではなく、また相手や場面により日本手話と日本語対応手話を使い分ける聴覚障害者も多い。指文字は日本語の一つひとつの音節を手指で表すものである。

わが国では、聴覚障害教育の創成期に手話による指導が行われた経緯がある

が、その後、口話法、聴覚口話法がろう学校における主要なコミュニケーション手段となってきた。昭和40年代以降に、栃木県立聾学校における同時法など、聴覚口話と併せて手話を用いるという実践がみられ、近年においては幼稚部段階から手話を使用するろう学校が多くなっている。

③キュードスピーチ：音声による発話と併せて用いる方法で、各音節の子音を手指で示し母音を口形と音声で表すものである。わが国では昭和40年代から一部のろう学校に導入され、現在でも言語指導やコミュニケーションの手段として用いられている。

第4節　まとめ・今後の課題

聴覚障害においては、聞こえの障害に起因した言語、認知面の発達に遅れが生じがちである。しかし早期発見と最早期からの適切な教育的支援により、障害のない子どもと同様の発達を遂げることが十分に可能である。今後の課題としては、以下の事柄が挙げられる。

1．ろう学校（特別支援学校（聴覚障害））の役割

特別支援教育の枠組みの中で、ろう学校は地域の聴覚障害教育のセンター的な役割を果たすことが求められている。ほとんどのろう学校では、特別支援教育コーディネーターの教員が中心となり、医療機関や難聴学級との連携、通級児童の受け入れ、巡回指導等に着手しているが、一方で在籍児の減少、重複障害児への対応、学科再編などへの対策を迫られている学校も多い。このような学校内外のニーズ、課題に対処していくためには、教師一人ひとりの専門性を高めていかなければならず、そのための研修体制を整備していくことが必要であろう。

特に人工内耳を装用する子どもの数は年々増加しており、また低年齢からの装用が進んでいる（日本耳鼻咽喉科学会では小児人工内耳適応基準として原則1歳以上としている）。これに伴い、ろう学校、難聴学級の中にも人工内耳を装用する幼児、児童、生徒は増加しており、学校と医療機関との連携、連絡の体制をいっそう充実させていく必要があろう。

教育の場における言語コミュニケーション方法として、手話と口話（聴覚口話）を対立させた論議は従前よりあり、現在も続いている。しかし一人ひとりの子どもの障害および発達の特性、これに関連した教育的ニーズ、彼らを取り巻く環境は多様であり、指導におけるコミュニケーション方法はこれらの状況に即して検討されなければならないだろう。またいずれの方法で指導するにせよ、教師は使用するコミュニケーション方法の特性を十分に理解し、そのコミュニケーション方法に熟達することが肝要である。

■2．一般校で学ぶ聴覚障害児者への支援

インクルーシブ教育が普及する中、一般校で学ぶ聴覚障害児者の数は増加傾向にある。これらの児童生徒に対しては、補聴援助システム（FM補聴システム等）の利用やノートテーク等による情報保障が必要となる。情報保障の方法や体制は、対象となる児童、生徒の実態に即して判断されるが、この際に在籍校がろう学校に相談をすることが適切な判断に結びつく。

（石原　保志）

＊文　献＊

我妻敏博『聴覚障害児の言語指導――実践のための基礎知識』田研出版　2003

石原保志『みんなで考えよう　障がい者の気持ち２　聴覚障がい』学研教育出版　2010

日本聴覚障害学生高等教育支援ネットワーク

http://www.tsukuba-tech.ac.jp/ce/personal/shirasawa/file/introduction.htm

障害のある子どもの教育の広場（独立行政法人国立特別支援教育総合研究所）

http://www.nise.go.jp/portal/index.html

ターキントン、キャロル著、中野善達監訳『聾・聴覚障害百科事典』明石書店　2002

言語障害

point!
・言語障害の定義と特性について知る。
・言語障害の学習指導における合理的配慮の内容について知る。
・言語障害の早期発見・早期療育の大切さについて知る。

第1節　障害の定義と分類

1．言語障害とは

生後1年に満たない乳児においても、いまだ聞いたことのないであろう未経験の音素の聞き分けが可能なことが知られている。この能力は母国語の言語体系を獲得する以前の生得的な能力であり、誕生からすでに「言葉」を獲得するための複雑な機序が働いていることを示している。このような言葉の獲得過程およびその使用過程において何らかの制限を被る場合がある。言語障害とはこのような言語獲得のための機序に何らかの障害が生じた場合に円滑なコミュニケーションが困難になることをいう。

一般に、言語障害は「発話（speech）の障害」と「言語（language）の障害」に大別すると分かりやすい（図7－1）。「発話の障害」は、肺からの呼気に振動を加え作られた喉頭原音をもとに発語発声器官を巧みに調整することによって語音を産生する過程で生じる障害である。さらに、「発話の障害」の中で喉頭で作られた音源に異常を認めるものを「音声障害」、発語発声器官の動きや調音に異常があるものを「構音障害」と呼ぶ。本章では「発話の障害」の中で構音障害を中心に概説する。

一方、「言語の障害」は、大脳皮質の言語野に関連する機能的障害により「聴く」、「話す」、「読む」、「書く」の言語モダリティのいずれかが障害を呈する状態を指す。言語障害では、中枢神経系である脳の果たす役割は非常に大きく、後天性の言語障害である小児失語症や、先天性の発達性ディスレクシア

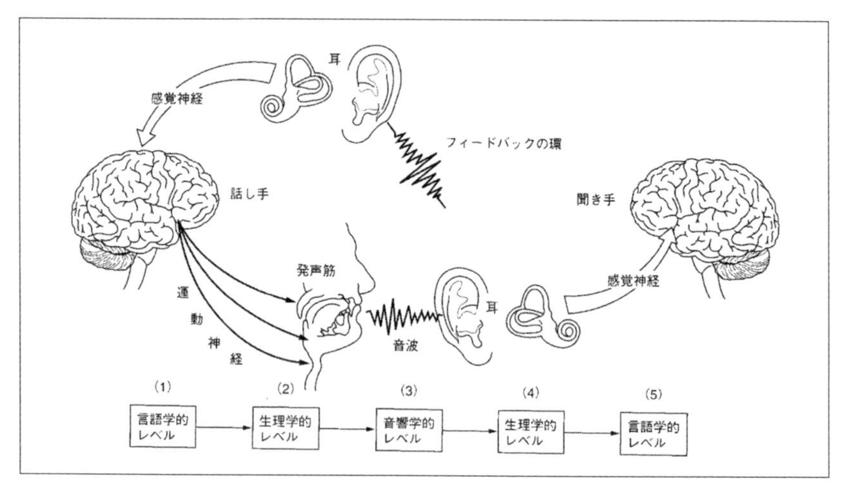

図7－1　ことばの鎖（話し言葉によるコミュニケーションの図式）（切替，藤村，1966より）

(Developmental Dyslexia)、特異的言語障害（Specific Language Impairment；SLI）などが挙げられる。通常、「言語の障害」は成人の脳機能障害による失語症などと言語症状の関連が強く、中枢神経系（大脳）の基本的な機能的役割を知ることによって言語の障害を多面的に理解することができる。

2．言語障害の定義と分類

文部科学省のホームページを見ると「言語障害とは、発音が不明瞭であったり、話し言葉のリズムがスムーズでなかったりするため、話し言葉によるコミュニケーションが円滑に進まない状態をいう」と記されている。つまり、言語障害とは、円滑なコミュニケーションに何らかの支障をきたした状態を指す。このような言語障害を呈する疾患は多岐にわたるが（表7－1a)、言語障害の診断には知的障害の有無が鑑別点となる場合がある（表7－1b)。特に、発達障害である学習障害は、全般的な知的発達に問題がないこと、かつ確定診断が就学後に可能になるという特徴をもつ。それ以外の障害は、就学前から評価診断が可能であること、また、知的障害の有無により言語障害に対する処遇が異なること、また 知的障害に併存する言語発達障害といったように重複障害を呈する場合が多いことに気をつけなければならない。

表７－1a　言語障害を呈する疾患の診断名

診断名
知的障害
自閉症
脳性麻痺
高次脳機能障害
学習障害
聴力障害
その他

表７－1b　言語障害の分類と知的発達の関係

言語障害の分類	知的発達
機能的構音障害	正常
器質的構音障害	正常～遅滞
言語発達遅滞	遅滞
吃音	正常
小児失語症	正常～遅滞
発達性ディスレクシア	正常
特異的言語障害	正常
その他	

第２節　身体・心理的特性

１．言語発達遅滞

言語発達遅滞は、簡潔に表現するならば知的障害に伴う言語発達の遅れであり、話し言葉のみならず言葉の理解や語彙の獲得、社会的なコミュニケーション全般にも遅れを認める症候といえる。しかし、これまでは乳幼児期の確定的な鑑別が難しい時期に漠然とした言葉の遅れを表すためのあいまいな用語として表現されることが少なくなかった。たとえば、１歳６カ月健診では知的発達などの精神機能を厳密に鑑別診断することは困難である。そのために平均的な１歳６カ月児の発達段階を規準値としたり、絵カードを利用した言葉の理解力が十分に獲得されていない場合などに言語発達遅滞の疑いとして評価診断を行っている。同様に、３歳児健診では二語文の表出が可能か、また言語理解は可能かという鑑別点から言語発達遅滞の診断を行うことになる。一般に、乳幼児期の言語発達遅滞は、知的障害のみならず聴覚障害や自閉症、さらに環境要因などによっても言語障害を呈する。しかしながら、通常、就学以降の言語発達遅滞は併存する知的障害の影響が言語発達の遅れの前景に認められなければならない。

また、気をつけなければならない点として知的発達障害を診断する場合には、言語発達の遅れがあることから言語理解指標である言語性検査が通常よりも低く得点化される傾向にあることが挙げられる。そのため質問紙法による発達検査の活用や知覚推理指標といった動作性課題などの精神機能尺度を参考にしながら客観的な知的発達の診断を行うことが必要である。そして、言語発達遅滞が知的発達や精神発達の遅れのためか、環境要因などの個人差の問題なのかを確定することが求められる。

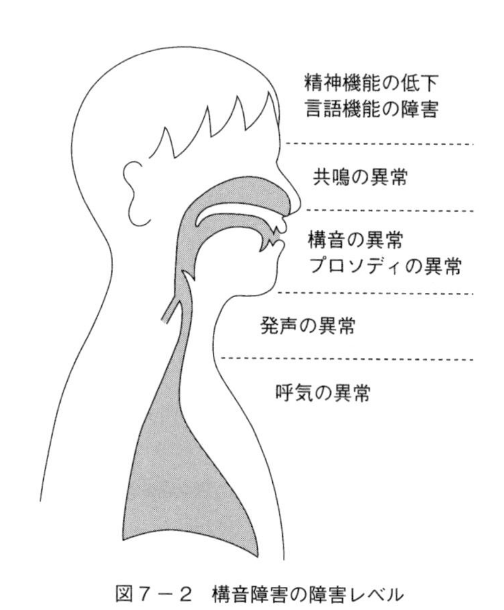

図7－2 構音障害の障害レベル

表7－2 機能性構音障害の構音の誤り

機能性構音障害の構音の誤り
か行→た行への置換
が行→だ行への置換
さ行→た行、か行、が行への置換
ず→だ行、ざ行への置換
ちゃ、ちょ→た、と への置換
ざ、ぞ→だ、ど への置換
ら行の破裂音化、破擦音化
子音の省略など
側音化構音

■2. 構 音 障 害

構音障害は「発話の障害」の中核であり、広義には喉頭で作られた音源を呼気とともに発語発声器官を巧みに調整する過程である共鳴、構音、発声、呼気に生じる障害である（図7－2）。特に、乳幼児期から就学前児では言葉の習得途上にあるために、この過程に障害が生じると構音障害を呈することになる。構音障害はその原因によって以下の2つに大別される。

①機能的構音障害：構音障害の原因となる明らかな異常や障害は認められないにもかかわらず、構音の障害を呈する場合をいう。乳幼児期における機能的構音障害とは、通常の言語音とは異なった発語を産生する仕方が習慣化してしまった場合をいう。機能性構音障害にみられる構音の誤りを表7－2に示した。舌の使用による構音点の位置が誤っている場合などは比較的短期間で正しい構音を獲得できる場合が少なくない。また、声門破裂音や側音化構音の誤りは、正しい構音の獲得に時間がかかる場合もある。

②器質性構音障害：構音器官の形態や機能異常によって生じる構音障害をい

う。図７－３は新生児にみられる口唇口蓋裂である。乳幼児期の器質性構音障害の中核は、口唇口蓋裂によるものが多い。口唇口蓋裂の手術は形成外科的な要素を含むために、手術治療は発達の節目節目に行われ複数回に及ぶことも少なくない。そのために器質的構音障害では、口唇、舌、歯列、口蓋などの状態を十分に観察する必要がある。構音の訓練は、通常、治療的な期間を含め就学後にも及び長期間を必要とする。

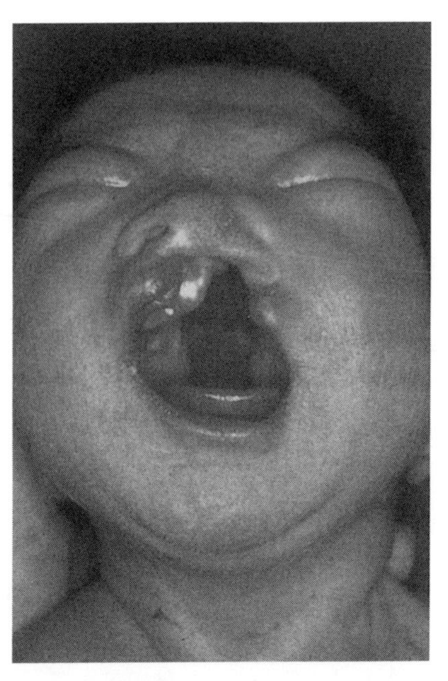

図７－３　新生児の口唇口蓋裂（中嶋敏子氏　写真提供）

■3．小児失語症

小児失語症は、言語発達期にある就学前後の小児が交通事故などにより大脳に損傷を受けた結果生じる小児期における失語症である。小児失語症の臨床像は大きく変化しており、多様な臨床像を呈することが分かっている。小児失語症では高次大脳機能障害による言語障害という見方が必要である。成人の失語症に近似する点が多いことで臨床的知見は一致している。表７－３に小児失語症の臨床像を示した。

表７－３　小児失語症の伝統的臨床像と現代の臨床像（宇野，2004 を改変）

	伝統的臨床像	現代の臨床像
発話	発話量の減少、非流暢、緘黙から構音の問題ありまで電文体。新造語、ジャルゴン、語漏はない。	非流暢型発話に加えて正常な発話の長さやプロソディは正常など流暢型に相当する発話で新造語、ジャルゴン、語漏を認める。
聴覚的理解力	大きく保たれている。	軽度から重度までさまざま。
損傷部位	損傷部位と症状は無関係	成人での損傷部位と症状との関係に類似
改善	速い（急激）、完全にまで回復	長期にわたって改善する。完全には回復しない。学業の遅れ、言語機能障害の残存。
右大脳半球	右半球損傷による失語症はよくある	右利き右半球損傷による失語症は稀

小児失語症のような高次大脳機能障害では、言語障害のみならず視覚認知障害、発達性協調運動障害に近縁の失行症などを伴うことが少なくない。そのため知的発達評価に際しては言語性および動作性検査課題に得点が低くなる傾向がある。単純なポインティング課題などの検査が知的機能面を評価するのにふさわしい場合が多い。このような検査の1つにレーヴン色彩マトリシス検査（RCPM）がある。小児失語症では知的障害による影響を客観的に捉えておくことが言語訓練に結びつけるために重要である。

■4．発達性ディスレクシアと特異的言語発達障害

発達性ディスレクシアは学習障害（LD）の中核症状である。選択的に読み書きが障害されている状態であるが、文字は読めなければ書くことができないために、読字障害があれば必然的に書字障害を伴うことを忘れてはならない。

発達性ディスレクシアは全般的な知能が正常であること、読み書きの到達度が健常児童と比べて2学年以上低いこと、通常の学習方法で練習しても学習効率が非常に低いこと、他の言語機能が正常に発達していることなどが評価診断上で必要である。その特徴は正確かつ（または）流暢な単語認識の困難さであり、綴りや文字記号音声化の拙劣さである。全般的な知能に関しては、WISCなどの知能検査や前述したRCPM検査などを用いる。また、到達度に関しては「標準―読み書きスクリーニング検査」などを利用できる。

特異的言語障害（SLI）は、全般的な知能は正常であり、言語発達のみに特異的な遅れがある場合を指す。音読や復唱は可能であっても意味が把握できないのが特徴である。言語発達の特異的な遅れとは、言語性意味理解障害、つまり本質的な言葉の理解が難しいことが特徴である。原因としては多くの仮説があり文法の障害説や言葉の規則を学習することの障害説、認知面の偏り説などさまざまな仮説が認められるが、意味理解障害を呈する点で共通である。自閉症スペクトラム障害（ASD）にみられる意味理解障害と共通する症状と考えることもできる。SLIは社会生活上にも困難をきたす場合が多く結果的に学校での学習にも支障をきたすことから広い意味での学習障害と捉えられる。

■5. 吃　　音

吃音（きつおん）、いわゆる「どもり」はおよそ２歳から５歳の間に発吃するといわれている。吃音のほとんどが就学前までに現れる発達性の吃音である。成人の吃音は脳損傷などがきっかけになる場合と心理社会的な要因による吃音が考えられる。発吃の症状は、軽度では音や音節の引き伸ばしや繰り返し、あるいはブロック化（中断）、中度では閉眼、開口、首や手足を動かす、足で床を

表７－４　吃音の症状（森山，1992）

進展段階　Name　Date　・　・

	吃音症状	変動性（波）	困難な場面	困難な語音	自覚および情緒性反応
第１層	●音節や語の部分の繰り返し ●引き伸ばし	●一過的に吃る ●変動性が大きい	●コミュニケーション上の圧力下 ●特に興奮時や長い話をする時	●文頭の語	●吃音としての意識（－） ●情緒性反応（－） ●恐れ・困惑（－） ●すべての場面で自由に話す ●まれに瞬間的なもがき
第２層	●繰り返し ●引き伸ばし（緊張＋持続、長くなる） ●ブロック ●随伴症状	●慢性化 ●一時的な消失あり	●家・学校・友人との場面など同じように吃る ●特に、興奮時や速く話す時	●話し言葉の主要な部分	●吃音であると思っている ●自由に話す ●非常に困難な瞬間には、吃音を意識し、「ボクハ話セナイ！」などと表明することあり
第３層	●回避以外の症状が出そろう ●緊張性にふるえが加わる ●解除反応・助走・延期を巧みに使う ●語の置換	●慢性的	●いくつかの特定の場面が特に困難でそれを自覚している	●困難な語音がある ●語の置換をする ●予期の自覚が生ずることあり	●吃音を自覚し、欠点・問題として把握する ●吃音に憤り、いら立ち・嫌悪感・フラストレーション ●恐れ、困惑（－）
第４層	●繰り返しや引き伸ばしは減る ●回避が加わる ●解除反応・助走・延期・回避を十分発展させる	●慢性的	●困難な場面への持続的なはっきりした予期 ●種々の特定の場面・聴き手に特に困難	●種々の特定の音・語が特に困難	●深刻な個人的問題とみなす ●強い情緒性反応 ●特定場面の回避 ●恐れ・困惑

蹴るなどの随伴症状の出現がみられる。重度では場面回避が出現する（表7－4）。小児期の吃音では、話し始めの時期に短期間出現したりする場合もみられ自然治癒も多い。吃音の原因については不明な点が多いが、男性の発吃率が女性より高いことが知られている。

第3節　教育課程と学習・生活支援のおもな方法

1．言語発達遅滞の支援

言語発達遅滞では、知的障害の程度により就学時の対応が異なる。ある程度の社会生活上の適応が認められるのであれば、一般小学校内にある特別支援学級へ通級する。また、適応が難しければ知的障害特別支援学校へ就学し、知的発達段階に合った教育課程を組むことになる。図7－4は言語発達遅滞児3例の言語理解と発話の訓練経過をまとめたものである。知的発達障害の程度により比較的軽度例の症例K.K.や18歳時点で3語連鎖訓練を行っている症例K.S.や症例N.H.など知的障害とコミュニケーション能力の関係は多様である。

2．構音障害の支援

機能性構音障害は、改善する可能性が高い障害ではあるものの言語聴覚士による適切な評価診断が重要である。軽度な機能性構音障害は、普通小学校に併設されている通級指導教室（ことばの教室）の担任と連携を組み、対象児に合った指導計画を組むことが重要である。学校内で難しい場合は、医療機関等の専門的治療を受けることも必要である。教育臨床的には、文字と音の対応関係である読

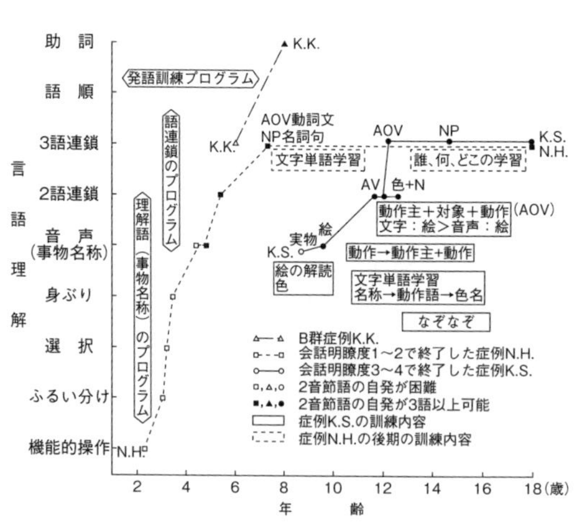

図7－4　言語発達遅滞児3例の言語理解と発語の訓練経過

み書きの規則が身につくと構音すべき音が明確となり、機能性構音障害は改善する傾向にある。

器質性構音障害は、すでに専門医療機関などに通院している場合が多い。教育と医療が連携を取ることは周知のことであるが、１日のうち学校内で過ごす時間の大きさを考えると、学校教育の場での影響力と役割の重みを再認識する必要がある。効率的な学校内での教育指導を実践するためにも医療施設との的確な情報交換が重要である。

■3．小児失語症

基本的に小児失語症の回復は成人に比較してより回復する傾向にある。しかし、改善した小児失語症例にも言語障害が残存している可能性があり、大脳機能障害による後遺症として専門機関との連携が重要となる。リハビリテーションと学校教育との総合的な取り組みが求められる。

■4．発達性ディスレクシアと特異的言語発達障害

全般的な知的発達は保たれているために普通学級に在籍しながら「ことばの教室」などへ通級する場合も多いが、通常の学習方法で時間をかけても学習の成果が上がらないことが多い。したがって、通常行われる指導方法とは異なる対応を早期に試みる必要がある。早期の対応によって自己肯定感を育み２次障害の低減につなげることが可能となる。

発達性ディスレクシアで見落としやすい点は、小学校低学年のうちにひらがなやカタカナの読み書きを正しく習得していることを確認しないまま、漢字中心の学習に移行していく点である。特殊音節を含むかな102文字がきちんと読み書きできることを確認するべきである。かなの読み書きは通常とは異なる指導法を工夫することで確実に書くことが可能となる。

特異的言語発達障害は学年が上がるにつれて語彙獲得に遅れが生じ、話し言葉などの理解や推論に食い違いが生まれやすい。作文を書くなど、少しずつ語彙力を高める工夫が必要となる。

読み書きや語彙理解の支援は、言語聴覚士など専門家との連携を取りながら客観的な診断を受けて、基礎的な読み書き能力を獲得する訓練プログラムを検

討することが必要である。

■5．吃　　音

吃音の原因は千差万別であり、重度な吃音は言語聴覚士などの専門家による評価診断を受けることが必要である。軽度ならば小中学校の「ことばの教室」において指導を受けることが可能であるが、吃音の専門家指導は必須となる。

第４節　今後の課題

発達障害への新たな対応や特別支援教育への合理的配慮が動き出しても言語障害に対するアプローチは変わらない。個々の対象児が有する言語障害はみな異なることを忘れずに、客観的な学習到達度や知的発達の程度を常に把握する努力を忘れてはならない。この基本的な役割を担う専門家が特別支援教育に携わる教師であり、言語聴覚士などの専門家である。言語障害の原因はさまざまであり、多面的な見識と経験が重要となるために、医療、福祉、教育の連携を常に心がけることが望まれる。

（金子　真人）

＊文　　献＊

鹿島晴雄他編『よく分かる失語症セラピーと認知リハビリテーション』永井書店　2008

小寺富子「知的障害」『言語聴覚療法臨床マニュアル』協同医書出版　2004

森山晴之　日本言語療法士協会編　『言語聴覚療法臨床マニュアル』協同医書出版　1992　p. 327

宇野彰編『ことばとこころの発達と障害』永井書店　2007

宇野彰・春原則子・金子真人・Teko N. Wydell『標準　読み書きスクリーニング検査——正確性と流暢性の評価——』インテルナ出版　2017

切替一郎、藤村靖編「話しことばの科学：その物理学と生物学」東京大学出版会　1994

運動障害・肢体不自由

point!
・肢体不自由の定義と特性について知る。
・肢体不自由の種類と病因の基本を知る。
・肢体不自由の学習指導における合理的配慮の内容について知る。

第1節　障害の定義と分類

1．肢体不自由の定義

肢体不自由という用語は、昭和の初期に療育の父と呼ばれた東京大学整形外科教授の高木憲治が提唱したもので、教育や福祉の分野では、運動障害ではなく肢体不自由という用語が用いられている。

学校教育における肢体不自由の定義は、昭和28年に文部省が「肢体（体幹と四肢）に不自由なところがあり、そのままでは将来生業を営む上に支障をきたす虞のあるもの」としたのが最初である。現在、特別支援学校に就学させるべき肢体不自由児としては、学校教育法施行令第22条の3に「①肢体不自由の状態が補装具の使用によっても歩行、筆記等日常生活における基本的な動作が不可能又は困難な程度のもの、②肢体不自由の状態が前号に掲げる程度に達しないもののうち、常時医学的観察指導を必要とする程度のもの」と示されている。

また、身体障害者福祉法施行規則（1950）別表第5号「身体障害者障害程度等級表」では、肢体不自由について、「上肢」「下肢」「体幹」「乳幼児以前の非進行性の脳病変による運動機能障害（上肢機能・移動機能）」の項目に分け、それぞれ重症の1級から軽症の7級まで、障害の程度により分類している。これらの等級にあてはまる者は、医師により判定されて身体障害者手帳を交付される。

■2．肢体不自由の原因疾患

肢体不自由を引き起こす疾患は、数えられないほどあるが、以下のものを挙げることができる。

①脳性疾患（脳性まひ、脳水腫、脳血管障害、脳腫瘍、脳外傷性後遺症、脊髄小脳変性症など）

②筋原性疾患（進行性筋ジストロフィー、先天性ミオパチーなど）

③神経原性疾患（脊髄性筋萎縮症、筋萎縮性側索硬化症など）

④脊髄性の疾患（脊椎側彎症、二分脊椎症、脊髄損傷、ポリオなど）

⑤骨関節疾患（関節リウマチ、先天性内反足、ペルテス病、先天性股関節脱臼、変形性関節疾患、骨粗鬆症など）

⑥骨系統疾患（骨形成不全症、軟骨無形成症など）

⑦代謝性疾患（ビタミンＤ欠乏症、ムコ多糖症など）

⑧四肢の変形等（先天性の四肢の変形、切断など）

肢体不自由の原因疾患は、医学の進歩や社会状況によって変化し、その出現率も異なっている。以前は肢体不自由の原因疾患として、ポリオ、結核性骨関節疾患、先天性股関節脱臼の割合が高かったが、ワクチン・抗生物質の普及や早期発見・治療によって激減した。2006年の厚生労働省の実態調査では、全国の肢体不自由児は5万100人であった。また、肢体不自由児の原因疾患のうちもっとも多いのは脳性まひで47.5％であり、二分脊椎症、進行性筋ジストロフィー症、骨形成不全症が数％であった。なお、思春期以降の肢体不自由の原因疾患は、脳出血や脳梗塞などの脳血管障害や脊髄損傷、骨関節の疾患が多い。

■3．脳性まひ

先に述べたように肢体不自由児の原因疾患のうちもっとも多いものは脳性まひであり、肢体不自由特別支援学校在籍児童生徒の半数以上が脳性まひである。そこで、ここでは脳性まひについて詳しくみていく。

脳性まひとは、厚生省（1965）では、「受胎から新生時期（生後１ヶ月以内）までの間に生じた大脳の非進行性病変に基づく、永続的な、しかし変化しうる運動及び肢位の異常である。その症状は満二歳までに発現する。進行性疾患や一過性運動障害または将来正常化するであろうと思われる運動発達遅延は除外する。」と定義している。

脳性まひとなるおもな原因を次に示す。

①胎生期の原因：脳の発育過程で問題が生じる脳形成異常、脳出血、虚血性脳障害 など

②周産期の原因：胎児仮死、新生児仮死（低酸素性虚血性脳症（HIE）、脳室周囲白質軟化症（PVL）、新生児核黄疸後遺症 など

③出生後の原因：脳炎・髄膜炎、脳血管障害

この他にも多くの原因があるが、医療の進歩とともにその原因も変化してきている。かつては新生児仮死が脳性まひの原因としてもっとも多かったが、現在では、脳室周囲白質軟化症による痙直型両まひが脳性まひの半数以上を占めるといわれている。また、新生児核黄疸後遺症によるアテトーゼ型脳性まひは新生児医療の進歩によって現在ではほとんど出現しない。脳の発育過程で問題が生じる脳形成異常による脳性まひは、肢体不自由だけでなく知的障害も重度であることが多く、加えて呼吸や摂食機能にも障害を抱えていることが少なくない。しかしながら現在の医療においては学校に元気に通う例も増えてきている。

脳室周囲白質軟化症（PVL）は、在胎32週未満の早産児で起こりやすく、早産児では脳室周囲の血管の発達が遅れており、脳血流の減少によって容易に脳組織の壊死（白質軟化）が生じる。この部分には、運動野からの皮質脊髄路が通っており、特に、下肢と体幹への経路がある。このため、PVLが生じると、下肢のまひの強い痙直型両まひとなる。白質の軟化が近くの視放線に及んだ場合には、視知覚認知の障害が生じる。

脳性まひは、その症状から痙直型、アテトーゼ型、失調型に分類されることが多い。痙直型は皮質脊髄路に障害があり、伸張反射が亢進するタイプで、主動筋と拮抗筋が常に一定の筋力不均衡を保ちながら収縮しているため、姿勢の異常から進行して関節の変形・拘縮を生じやすいといわれている。まひが生じている部位によって、両まひ、対まひ、片まひ、四肢まひに分けることもできる。四肢まひの場合は、障害が脳の広範囲にわたることが多いため、知的障害やてんかんを随伴することも多い。脳性まひ全体の7割がこの痙直型であるといわれている。

アテトーゼ型は、大脳基底核を中心とした障害であり、体幹および四肢（特

に上肢）の主動筋と拮抗筋に不随意な収縮力の変動が起こることが特徴である。経過につれ、頸椎の過度な前屈や後屈や側屈、回旋運動のため、二次障害として頸椎症が発症するリスクが高い。なお、皮質レベルの障害ではないので知的障害が随伴することはまれである。失調型は、小脳の機能障害に由来すると考えられており、ふるえ、バランスの悪さ、運動コントロールの不安定性等を特徴とする。かなりまれなタイプである。この他、強直型や混合型などもあるといわれている。

第2節　身体心理的特性

肢体不自由児の不自由さの種類や部位は多様であり、起因疾患やその病状も多岐にわたる。肢体不自由児が抱える学習や学校生活における困難には、手に不自由さがあるために、文字が書きにくかったり、教材を操作できなかったり、歩行が困難であるために移動に制限があったりする。また、言語障害のためにコミュニケーションに困難があったり、視覚障害あるいは視知覚認知障害があるために、黒板や教科書に書かれている文字などが読みづらかったりするなど、多様である。また、肢体不自由ゆえの経験不足や有用な経験のしにくさもある。こうした肢体不自由児の身体心理的特性を踏まえて指導を行う際には、困難さの背景にある障害特性について理解し、困難さに対する手立てや配慮を考えなくてはならない。

そこで、肢体不自由児の身体心理特性を、①姿勢や運動の困難さ、②視知覚や認知のもたらす困難さ、③経験不足・有用な経験のしにくさの３つに分けて考えていく。これら３つの特性は、相互に関係しており、学校生活上の困難さとして現れてくると考えられる。

1．姿勢や運動の困難

上肢の障害があると、教科書やノートの準備に時間がかかる。また、文字を書くことに時間がかかる場合は、板書を写したり、計算したりすることに時間を要し、そのため授業についていけないことになる。自分の考えを書いたり、筆算を行ったりする時など、思考のスピードに文字を書くことが追いついていかず、逆に言えば文字を書くことに時間がかかるために、思考がまとまらないということもある。小学校の教科の学習では、計算ドリルや漢字ドリルなど繰り返し書くことで習熟していくことが多くあるが、そうした学習が十分に行えないことが少なくない。この他、理科、図工、体育、家庭科、音楽などにおいて、教材や道具を操作する場合に、十分に学習を積み重ねられないことが多々ある。

下肢の障害では、教室や校内の移動に困難がある。階段しかない建物では、特に困難が大きい。教科の学習では、体育の授業ではさまざまな困難があることが容易に想像できるが、他の教科においても多くの困難がある。車いすでは理科の実験などでは、机の周りを移動したり、観察のために教室外に移動したりすることに困難がある。校外学習では、車いすを使用する場合には動線が限られたり、トイレの関係で訪れる場所が制限されたりする。

体幹保持が困難な場合は、座り続けることで疲れやすくなり、集中力が続かなくなったりする。特に骨系疾患や筋系疾患のある児童生徒では顕著で、午後の授業ではかなり疲れている様子が見られる。

発声や呼吸のコントロールに難しさのある児童生徒も多くいる。呼吸筋や咽頭、声門、舌と口唇の筋をコントロールすることが不十分な場合に、言葉の発音が難しくなり、そのため、自分の意見が伝わりにくく、時間がかかってしまう。そして子どもによっては、いろいろなことを思っても人に伝えることをあきらめてしまう場合がある。また、 少数であるが、正しく発音できないため、特殊音節（長音、拗音、拗長音、促音）の表記に誤りがみられることもある。

2．視知覚や認知のもたらす困難

脳性まひ児の場合には、弱視・近視・乱視が、健常児よりも多いといわれている。もっとも多いのが内斜視で、時に外斜視もみられる。斜視があると、距離の感覚、階段の高さや縁石の感覚などが不十分になる。これらの他に、脳性まひ児には、神経萎縮、白内障、色彩欠損、注視不全まひ、半盲症などを伴うことがある。

PVL による痙直型脳性まひ児には視知覚認知の障害がある。たとえば、図８－１の立方体が立体には見えず平面図形にしか見えないという空間的な知覚

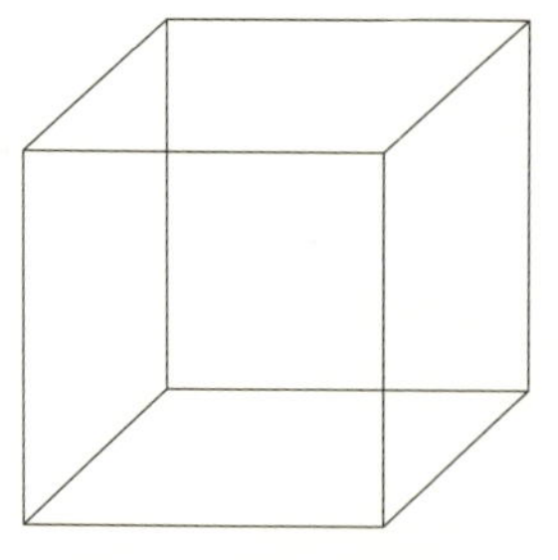

図8－1　立体に見えない

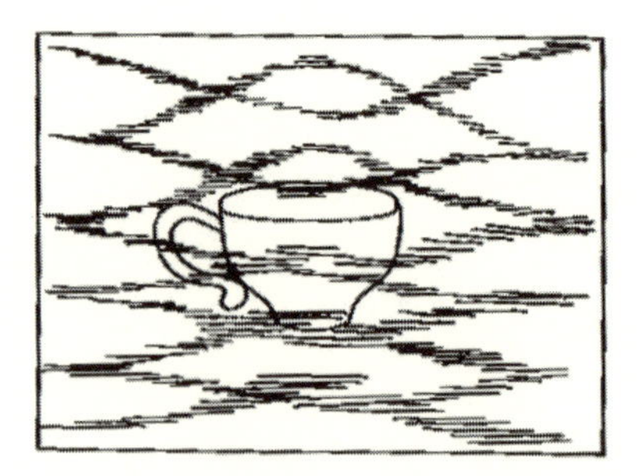

図8－2　妨害刺激によってティーカップが見えない

に困難を示すこともある。図8－2には、ティーカップが描いてあるが、それがこの図に描かれている斜線部分の妨害刺激のために、知覚できないという図―地知覚障害もある。

このような視知覚認知の障害があると、文字を読むことが困難となったり、教科書を読む際に行を飛ばしたりする。特に図形の把握が困難で、目で見ただけで、直角三角形を見つけたり、二等辺三角形を見つけたりすることができないことが多い。立体の展開図なども理解することが困難である。社会科や理科では、地図や統計資料、模式図、目盛りを読み取ることなども困難であることが少なくない。

図形は正しく認識していても、その通りに描こうとするとうまく描けない視覚―運動協応の困難さも知られており、そのため文字の習得が困難であることがある。これらは、WISC-Ⅳ知能検査では、言語理解に関する下位検査に比べて、積木模様など知覚推理に関する下位検査の得点が極端に低いことで示される。

3．経験不足・有用な経験のしにくさ

姿勢や運動の困難さのために、同年齢の児童生徒が経験してきたことを十分に経験していないことがある。乳幼児は主体的に遊ぶ中でさまざまなことを学習していくが、それが不十分であることが少なくない。常に介助する大人がいるということは、自分が行きたいところに行くことができず、常に大人の都合で移動させられるということになる。直接経験による学習が不十分になり、間

接経験に留まることが少なくない。教科の学習内容はその年齢段階で経験していることを前提にしているため、こうした経験不足は学習に対する興味・関心の薄さとなったり、理解のしにくさとなったりする。

また、直接的な経験ができた場合でも、やったことは覚えていても、どうやったかなど具体的には思い出せないことなどもある。そうしたことが興味の幅を狭くし、自信のなさにつながっていくこともある。

第3節　学習や生活指導における合理的配慮と支援

1．学習における合理的配慮と支援

教科の学習場面だけでなく、食事、排せつ、休養など、活動に合わせた適切な姿勢がある。学習場面の中にも見ることが中心、手を使うことが中心などといった、それぞれの活動の目的に応じた適切な姿勢がある。身体を起こすだけでなく、横向きに寝た姿勢である側臥位なども取り入れるなど、活動の目的と子どもの状態に合わせて最適な姿勢をみつける必要がある。

上肢に障害のある場合は筆記が困難である。筆記に時間がかかる場合や、広めのカットアウトテーブルを使用してペンフォルダー付きの筆記具で大きな文字ならば書くことができる場合もある。車いすで入ることのできる机の高さが必要で、専用の机を用意することもある。時間をかけても筆記が実用的でない場合はパソコン等で文字入力を行うことも多い。通常のキーボードでは入力しにくいため、その児童生徒専用のキーボードを用いたり、その児童生徒固有の入力方法を用いたりしている。またパソコンの利用の場合には、コンセントに近い必要がある。上肢の使用が困難な場合には代筆者が必要なこともある。

視知覚に困難がある場合には、学習内容に応じて、色分けをする、情報を減らす、文字の拡大やフォントの工夫、画面のコントラストの調整、マス目の利用、補助具（白黒反転定規など）の利用、など視覚情報を整理する。また、視覚情報の言語化、空書やなぞりなど運動感覚の活用、文字を書く際の言語化（タテ、ヨコ、長く、など）、読上げソフトの活用、など他の感覚を活用することもある。

肢体不自由の原因によっては、発声・発語器官のまひなどのため、コミュニケーションに困難がみられることがある。その場合には、パソコンや携帯電話

を操作しての文字表現や、五十音表やカードなどでのコミュニケーションが有用な場合がある。障害のある人のコミュニケーションを支援するための拡大・代替コミュニケーション（Augmentative and Alternative Communication：AAC）という支援機器も多くある。また、最近はタブレットPCに対応するアプリケーションも活用されている。上肢の障害、視知覚の困難さ、コミュニケーションの困難に対して、さまざまなIT機器、特にタブレットPCの積極的な活用が求められる。

■2．生活指導における合理的配慮

校内の移動については、杖の使用者、義肢等補装具の使用者、手動車いす使用者、電動車いす使用者、それぞれに困難さが異なり配慮することも異なってくる。杖、義肢等補装具の使用者では、上肢や体幹の支持力によって移動の能力が異なってくる。車いす使用者よりは移動の困難は少ないが、授業間の移動などを含め、素早く長距離の移動を行う際には難しいことがあるため、授業計画や教室配置などを確認する必要がある。車いす利用者の困難は、移動場面のバリア（段差、斜面等）や、利用設備が合わないこと（机の高さが違う、入れない等）、空間が十分確保されていないこと（入れない等）によって生じることが多くある。校内に、階段、段差、坂道があると移動が困難になる。廊下と教室にわずかな段差があっても車いすは進めなくなってしまう。実験室や実習室などは車いすで室内を移動するスペースがなく、実験や実習に十分に参加できなかったりする。利用が想定される教室などについては、車いす利用を前提としてあらかじめ調整する。また、校内の移動経路についても検討し、段差の解消やスロープの設置などを行って、必要な場所へスムーズに移動できる経路を確保する。

排せつについては、車いす利用者が利用できるトイレの設置は必須である。自分で問題なくできる子どもも多いが、自分でできても転倒の危険があるため見守りが必要であることも多い。一部介助が必要であったり、全面介助が必要であったりする。中高生で全面介助の場合は安全面から介助者2名であたる、あるいはリフターの使用が求められる。自己導尿が可能な場合は、見守りでよいこともあるが、可能でない場合は看護師が行える体制が必要である。排せつに介助が必要な場合、本人が依頼しにくく我慢していることもあるので、教師

が確認する必要がある場合もある。なお、排せつの介助は同性介助が前提である。

給食については、操作しやすいお皿、スプーン、フォークを特別に使用することも多い。脳性まひの子どもの場合、通常の給食を食べることができても、魚の骨や果物の種にうまく対応できないことも少なくないので配慮が必要である。咀嚼嚥下機能に困難がある場合は、給食の食形態をその困難の状態に応じて、ペースト食、押しつぶし食、やわらか食等に別調理しなくてはならない。鼻腔栄養チューブや胃ろうの場合は、看護師も含めて体制を整えなくてはならない。

（川間　健之介）

＊文　　献＊

川間健之介・西川公司編著『肢体不自由児の教育』放送大学教育振会　2014

川間健之介　「教科学習における肢体不自由児の困難さ」『はげみ８／９月号学習支援　さまざまな学びの場での肢体不自由教育～小・中学校（通常の学級）での肢体不自由教育の課題～』日本肢体不自由協会　2018　pp.15-17

川間健之介　障害学生支援の実際 運動障害（肢体不自由）のある学生への支援　竹田一則編「よくわかる大学における障害学生支援こんなときどうする？」 ジアース出版　2018　pp.157-159

田丸秋穂　「教科指導における障害特性を踏まえた手立てと配慮」『はげみ８／９月号　学習支援　さまざまな学びの場での肢体不自由教育～小・中学校（通常の学級）での肢体不自由教育の課題～』日本肢体不自由協会　2018　pp.18-20

筑波大学附属桐が丘特別支援学校編著『肢体不自由教育の理念と実践』ジアース教育新社　2008

中重度知的障害
～ダウン症など病理型を中心に～

point!
・知的障害の定義と特性について知る。
・ダウン症の特徴と心理特性について知る。
・中重度知的障害の学習指導における合理的配慮の内容について知る。

第1節　障害の定義と分類

1．知的障害の用語

知的障害とは、先天性または出生時、あるいは出生後早い時期に、脳に何らかの障害を受けたために知的な発達が遅れ、社会生活への適応が著しく困難となることをいう。「知的障害」（Intellectual Disability：ID）という用語は、「精神薄弱の用語を整理するための関連法律の一部を改正する法律」に基づき、1999年4月から用いられるようになった用語である。それまで、わが国で古くより用いられてきた「精神薄弱」（Mental Deficiency）は差別的語感が強いとして用語の改正に至ったものであるが、世界を見てもそれぞれの時代の障害に関する考え方の変化に応じて知的障害の名称や定義は変化している。

2．知的障害の定義

知的障害の定義については、米国知的・発達障害協会（AAIDD）が大きな役割を果たしており、ほぼ10年ごとに定義を改訂している。2010年に公表された第11版の定義は以下の通りである。

「知的障害は、知的機能と適応行動（概念的、社会的および実用的な適応スキルで表される）の双方の明らかな制約によって特徴づけられる能力障害である。この障害は18歳までに生じる。」

この他にアメリカ精神医学会（APA）の2013年公表の精神疾患の診断・統計マニュアル（DSM-5）では、「知的障害（ID）あるいは知的発達症（Intellectual

表９－１　概念的、社会的、実用的適応スキルの困難性の例（文部科学省，2017 を参考に作成）

・概念的スキルの困難性 言語発達：言語理解，言語表出能力など 学習技能：読字，書字，計算，推論など ・社会的スキルの困難性 対人スキル：友達関係など 社会的行動：社会的ルールの理解，集団行動など	・実用的スキルの困難性 日常生活習慣行動：食事，排せつ，衣服の着脱，清潔行動など ライフスキル：買い物，乗り物の利用，公共機関の利用など 運動機能：協調運動，運動動作技能，持久力など

Developmental Disorder; IDD)」として、世界保健機関（WHO）の 2018 年公表の疾病及び関連保健問題の国際統計分類（ICD-11）においても「知的発達症（Disorders of Intellectual Development)」として知的障害の定義は示されているが、いずれも共通する３つの要素が含まれている。１点目は、論理的思考、問題解決、判断などの知的機能の制約であり、これは知的機能が平均からおおむね２標準偏差より低い状態を指す。２点目は、適応行動の制約である。適応行動とは、日常生活において機能するために人々が学習した、概念的、社会的および実用的なスキルの集合であり、日常の課題と変化する状況への個人の通常の実行能力といえる（表 9－1)。３点目は、発達期に生じる障害であり、これにより老年期に生じる認知症や、脳損傷に起因する高次脳機能障害とは区別される。

３．知的障害の分類

知的障害の分類には原因や発生要因、程度などによりさまざまな分類がある。

（１）知的障害の原因や発生要因による分類

原因が生じた時期により、出生前に原因が生じたと考えられる「先天性」と、出生時ないし出生後早期に原因が生じたと考えられる「後天性」に分けられる。

また、原因の特定ができるかどうかにより、「病理型」と「生理型」に分けられる。「病理型」とは、一定の疾患が明らかで、その結果として脳に何らかの障害が生じたと考えられるものをいう。先天性代謝異常（ガラクトース血症、アミノ酸代謝異常症、他)、染色体異常（ダウン症、18 トリソミー、他)、胎児期の感染（先天性風疹、妊娠中毒症、他)、外傷（出生前後の頭部損傷、低酸素症、他）などがこれに当たる。「生理型」は、特異な病理的原因を特定できないものである。障害の程度は軽い人が多く、知能の個人差として現れてくるものと考えられる。

表９－２　知的障害の危険因子（AAIDD, 2010）

時期	生物医学的	社会的	行動的	教育的
出生前	1．染色体異常 2．単一遺伝子疾患 3．症候群 4．代謝疾患 5．脳発育不全 6．母親の疾患 7．親の年齢	1．貧困 2．母親の栄養不良 3．ドメスティックバイオレンス 4．出生前ケアの未実施	1．親の薬物使用 2．親の飲酒 3．親の喫煙 4．未成年の親	1．支援されていない親の認知能力障害 2．親になる準備の欠如
周産期	1．未熟 2．分娩外傷 3．新生児期の疾患	1．出産ケアの未実施	1．親による養育の拒否 2．親による子どもの育児放棄	1．退院時介入サービスへの医療的紹介の欠如
出産後	1．外傷性脳損傷 2．栄養不良 3．髄膜脳炎 4．発作性疾患 5．変性疾患	1．不適切な養育者 2．適切な刺激の欠如 3．家庭の貧困 4．家族の慢性疾患 5．施設収容	1．子どもの虐待とネグレクト 2．ドメスティックバイオレンス 3．不適切な安全対策 4．社会的剥奪 5．育てにくい気質の子どもの行動	1．不適切な育児 2．診断の遅れ 3．不十分な早期介入サービス 4．不十分な特別支援教育 5．不十分な家族支援

知的障害の多くはこの「生理型」であるとされている。

ところで、知的障害の原因は１つであるとは限らず、さまざまな原因が複雑に関係して発生する。この点について、AAIDD（2010）では、知的障害の危険因子として多因子的アプローチを採用している（表９−２）。これは、知的障害の原因は単一のものではなく、生物医学的、社会的、行動的、教育的な危険因子が単独であるいは重なり合って知的障害を引き起こす可能性を示している。たとえば、10歳で同じ知的機能をもつダウン症のＡさんとＢさんがいるとしても、合併症の有無、貧困、虐待などの養育環境他の危険因子との重複により、その発達や適応行動には大きな差が生じるということである。

（２）知的障害の程度による分類

知的障害の程度による分類は、知能検査の結果により得られる知能指数（IQ: Intelligence Quotient）により、これまで以下のように区分されてきた。

軽度：IQ50～55からおよそ70　　中等度：IQ35～40から50～55

重度：IQ20 ～ 25 から 35 ～ 40　　最重度：IQ20 ～ 25 以下

知能指数（IQ）は、子どもの知能の高低や遅滞を示す尺度であり、知能検査により求められる。生活年齢と精神年齢の比を基準とした知能指数（IQ）と、同年齢集団内での位置を基準とした偏差知能指数（DIQ）とがあり、前者の知能検査の代表が田中ビネー知能検査Ⅴ、後者の代表が WISC- Ⅳである。このうち、田中ビネー知能検査Ⅴでは、検査結果から子どもの知能発達の水準を示す精神年齢（MA）を求め、以下の公式に当てはめて知能指数（IQ）を算出する。

知能指数（IQ）＝精神年齢（MA）÷暦年齢（CA）× 100

たとえば、暦年齢５歳の子どもが精神年齢（MA）５歳であれば知能指数（IQ）は 100 であり、暦年齢（CA）10 歳の子どもが精神年齢（MA）５歳であれば知能指数（IQ）は 50 となる。

しかしながら、知能指数（IQ）は、検査時の子どもの体調や集中度、検査者の技術や解釈により変動すること、それぞれの知能検査で測ることのできる知能は限定的なものであることなど、知能の測定と解釈には多くの課題があることが指摘されている。また、障害を個人と環境との関係で捉える考え方への変化を反映し、AAIDD（2010）や DSM 5（2013）、ICD-5（2018）などの国際的定義においては、知的障害の程度を知能指数（IQ）に基づき分類するのではなく、日常生活場面での適応行動の観察や養育環境などを含めて総合的に解釈する方向へと移行している。

■4．支援と支援ニーズ

AAIDD（2010）では、「支援」を「人の発達、教育、興味、および個人的な幸福を促進することを目的とし、個人としての働きを高めるための資源と方策である。」、支援ニーズを「知的障害のある人が一般的活動に参加するのに、必要な支援内容と手厚さを指す心理的な構成概念である。」と定義している。つまり、知的障害の人を「何もできない人」と捉えるのではなく、「どのような支援を必要としている人か」という視点から、その個々の支援ニーズを捉えようとするものである。知的障害の人が必要とする社会的支援の程度により①断続的な支援：必要に応じて提供される支援、②限定的な支援：一定期間、継続的に提供される支援、③広範囲な支援：いくつかの環境で、日常的、継続的に提供される支援、④広汎な支援：常時、高い強度で、あらゆる環境で提供される支援、に分類される。

第2節　身体・心理的特性

知的障害といっても、その原因や程度、合併症の有無、養育環境などによりその症状は千差万別である。言葉が出ない人もいれば、簡単な会話ができる人もいる。発達が全般的に遅れている人もいれば、会話はよくできるが計算は苦手、などのように不均衡に遅れている人もいる。したがって、ここでは病理型の知的障害の代表例としてダウン症を取り上げてその特性をみていく。

1．ダウン症の原因

ダウン症（ダウン症候群）は、染色体異常のために知的障害や心臓疾患など、いろいろな障害を伴う先天性の症候群である。この名称は、ダウン症について1866年に最初の報告をしたイギリスの医師、ダウン（Langdom Down）に由来している。その後、1959年にフランスの医師、レジューヌ（Lejeune, J.）がダウン症の原因が21番染色体の過剰であることを発見した。

ダウン症の多く（93～95%）は、21番染色体が3本ある標準21トリソミーであるが、21番染色体が1本多くなってしまう原因は、精子、卵子が作られる際の染色体の不分離である。偶然起こることで、いわゆる遺伝性ではなく誰にでも起こりうることといえる。この他に転座型（2～3%）やモザイク型（約2%）がある。

ダウン症の出生頻度は、約800人～1,000人に1人の割合とされているが母体の加齢により出生頻度が増加することが知られている。ダウン症の診断は、出生後すぐに受ける場合がほとんどであるため、診断を受けた家族、特に母親のショックは計り知れないものがある。しかし、早期の診断は早期からの支援を可能にする。家族を心理的に支え、適切な養育環境を子どもに提供するための早期（0歳）からの療育は重要であり、運動や認知、言語などさまざまな領域の発達に有効であることが検証されている。なお、近年は新型出生前診断も導入され胎児期からの診断も可能となっているが、倫理上の課題など多くの議論がある。

■2．ダウン症の身体・心理的特性

（1）身体的特徴

扁平な後頭部、目じりや鼻根部などを特徴とする独特の顔貌、短い手足、低身長、筋肉はやわらかく筋緊張が低いなどの特徴がみられる。ダウン症児に多く見られる合併症には、先天性心臓疾患（約40～50％）、眼疾患（斜視、屈折異常）、難聴（30～75％）、頸椎の環軸椎（亜）脱臼（約20％）、呼吸器疾患、消化器疾患などがある（池田他，2005）。

（2）心理的特性

乳幼児期のダウン症児では、身体発育の遅れや筋緊張の低下などから、座る、立つなどの運動発達が遅れる。おおよその目安としては、お座りが11～12カ月、始歩が22～26カ月とされている。また、手先の不器用さ、平衡性の低さなどの特徴も多くみられるが、動作模倣は得意でダンスを楽しむ人も多い。

知的機能の発達は比較的良好なものから重度の知的障害を有するものまで個人差は大きいが、知能指数（IQ）では30～70の範囲にあることが多い（橋本，2004）。知的機能の特徴としては、目で見て学習する視覚的情報処理が比較的優れていること、数概念と聴覚的な短期記憶には比較的困難を示すことなどが指摘されている。

言語についても個人差が大きいが、一般に、理解言語に比べ表出言語は顕著に遅れる。表出言語については、初語は平均して２歳６カ月頃とされ、発音が不明瞭な場合が多く、吃音が認められる場合もある。しかし、表情や身振りなどの非言語コミュニケーションの発達は良好であり、コミュニケーションの意欲は豊富である。

性格･行動傾向は、陽気、素直、社交的、人なつこいなどの面がある一方で、頑固、こだわりがある、馴れ馴れしいなどの一面もあり、場面や人によって行動傾向が極端に変わる場合もある。また、対人関係は一般的に良好であるが、過度な関わりを求めたり、注意されると引きこもったりなど、対人関係のストレスへの耐性に弱さが見られる場合も多い。

3. 成　人　期

かつてダウン症は短命であるとされてきたが、近年の医学の進歩や健康管理、教育・福祉の充実に伴い平均寿命は約55〜60歳と伸びており、多くのダウン症の人たちが学校卒業後には、企業へ就労したり、福祉施設で就労継続支援や生活介護支援を受けたりしながら社会に参加している。一方、青年期、成人期には「急激退行」の問題や、「早期老化」の問題があることが報告されており、成人期、高齢期の支援の取り組みが求められている。

第3節　学習や生活指導における合理的配慮と支援

1. 多様な学びの場

知的障害のある子どもの学びの場については、2018年現在、小・中学校の特別支援学級に113,032人、知的障害を対象とする特別支援学校の小学部・中学部に57,011人（うち、他障害と重複する者19,599人）が在籍している（文科省, 2018）。また、少数ではあるが通常学級に在籍する者もいる。これは、学校教育法施行令第22条の3に、特別支援学校の対象となる知的障害について「1　知的発達の遅滞があり、他人との意思疎通が困難で日常生活の援助を頻繁に必要とするもの、2　軽度であっても社会生活への適応性が著しく困難なもの」と示されているが、障害の状態、本人の教育的ニーズ、本人・保護者の意見、教育学、医学、心理学等専門的見地からの意見、学校や地域の状況等を踏まえた総合的な観点から就学先を決定する仕組みとなっているためである。

特別支援学校の教育課程では、各教科、道徳、特別活動以外に特別な指導領域として自立活動が設けられているが、知的障害を対象とする場合には、教科別、領域別の指導の他に、領域・教科を合わせた指導（日常生活の指導、遊びの指導、生活単元学習、作業学習など）が多く実践されている。これは、具体的な生活経験を通して各教科や各領域の指導内容を総合的に学習し、生活する力を育てることを重視しているためである。このような特別の教育課程を編成することは、特別支援学級でも認められている。また、知的障害のある子どもの教育では、一人ひとりの状態が大きく異なるため個別の教育支援計画や個別の指導計画が立てられ、それに基づいた指導が行われている。

2．学習や生活の困難と支援

知的障害のある子どもの学習や生活上の困難としては、学習によって得た知識や技能が断片的になりやすく、実際の生活の場面の中で生かすことが難しいこと、成功経験が少ないことなどにより、主体的に活動に取り組む意欲が十分に育っていないことなどが挙げられる。そのため、実際の生活場面に即しながら繰り返し学習することにより、必要な知識や技能等を身に付けられるように継続的、段階的な指導が重要となる。その際には、子どもの興味・関心や得意な面を考慮すること、スモールステップによりできたところを細かく認め、子どもの自信や主体的に取り組む意欲を育むことが重要となる。また、数量や言語の理解に関する課題を苦手とする子どもが多いため、絵や写真、具体物などの視覚的手がかりの活用や、教材・教具の工夫、タブレット端末等の活用など指導法の工夫が必要である。また、交通機関などの社会的資源の利用方法、ゲームなどのルールの理解などについては、他者を真似て学習できるようなモデル学習、ペア学習、グループ学習などを取り入れることも有効である。

第4節　今後の課題

知的障害の子どもの学校教育においては、障害の重度・重複化への対応と、多様化への対応が課題として挙げられる。特別支援学校では重複障害の子どもの割合が３割以上を占める一方で、軽度の知的障害の子どもも増えている。また、通常学級に在籍する子どももいれば、障害のない子どもとの交流および共同学習も推進されている。そのような多様な学びの場で、多様な子どもが共に学ぶことが当たり前となってくる中、それぞれの子どもが、授業内容が分かり学習活動に参加していくための授業づくりについては、学びが表面的、断片的にならないよう学習環境や指導法・支援のあり方を見直すことが求められている。生涯発達を見通した自立と社会参加に向けた教育の充実が期待される。

（京林　由季子）

＊文　　献＊

AAMR (1992) *Mental Retardation: Definition, Classification, and Systems of Supports* (9th ed.) (茂

木俊彦監訳『精神遅滞　定義・分類・サポートシステム（第9版）』学苑社　1999）
AAIDD（2010）*Intellectual Disability: Definition, Classification, and Systems of Supports*（11th ed.）（太田俊・金子健・原仁他共訳『知的障害：定義、分類および支援体系』第11版，日本発達障害福祉連盟　2012）
池田由紀江監修、菅野敦・橋本創一・玉井邦夫編著『ダウン症ハンドブック』日本文化科学社　2005
文部科学省『特別支援学校教育要領・学習指導要領解説　各教科等編（小学部・中学部）』2017
文部科学省『特別支援教育資料（平成29年度）』2018

軽度知的障害
～生理型を中心に～

point!
・軽度知的障害の心理・行動特性について知る。
・軽度知的障害の社会的適応の困難さに関し実例を通じて知る。
・軽度知的障害における障害受容・自己理解の大切さについて学ぶ。

第1節　軽度知的障害の特性と学習支援

知的障害の定義や障害程度による分類は第9章で示されているが、軽度知的障害（基準により異なるがおよそIQ50～55からおよそ70）の割合は80～85%を占め、大半は現在の医学では特異な病理的原因を特定できない生理型である。軽度知的障害は基本的な身辺自立は問題なく、一般に実技的な課題や生活技能はこなせるものの、ワーキングメモリの容量が少なく、記憶方略を立てることが困難であるといった記憶面の問題があり、言語を用いた抽象的な概念の操作である推理、判断、思考を要する課題で遅れが目立ち、本人も苦手意識をもつことが多い。

また学習上の特性として、学習によって得た知識や技能が断片的になりやすく関連づけて活用・応用することが苦手なこと、実際的な生活経験が不足しがちであることから、抽象的な内容より実際的・具体的な内容の指導が効果的とされている。具体的には、児童生徒のレベルに合わせ具体的・視覚的、単純明快に説明すること、抽象的表現は避け具体的な言葉で説明しながら、ゆっくりやってみせ（モデリング）、時には手添えし（フィジカルガイダンス）、本人にやらせてみて理解したかどうかを確認すること、ピクトグラム（絵カード）やICT教材の有効活用、実態把握に基づくスモールステップ型指導などが挙げられる。

例として、第22・23章で紹介されているジョブコーチが用いるシステマティックインストラクションは、軽度知的障害児者の学習指導や作業指導を行う上で非常に有効である。課題分析（詳細は第18章）は手順を小さな行動単位に分け時系列に並べる方法で、スモールステップ指導を行う上で、基準を作る

・課題分析：手順を小さな行動単位に分けて並べる
<配送用バイクの清掃>・道具の準備（長ぐつ、ジャンパー）
・ボックスのからぶき（雑巾を使う）
・キャノビー洗車（雑巾で全体）
・キャノビーワックス（スポンジでくるくる拭く）

・指示の４階層：同じ手順・同じ言葉かけ・最小限の指示
言語指示・ジェスチュア（モデリング）・見本提示・手添え
介入度高

・視覚的教材・指導書による最小限の介入による指導
・教える距離の取り方
・教える時のほめ方、タイミング
（即時的フィードバックによる意識づけ）

図10－1　システマティックインストラクション（小川, 2007を基に作成）

ためのアセスメントになる。

また指示の４階層や視覚的教材は､前述した指導方法を網羅したものであり、教える時の指示やほめ方も記憶面の問題があるので、簡潔にその場ですぐに行うことが必要である。これらはいずれも就労指導場面から生まれた工夫だが、学校教育における指導場面でも活かすことができる。

第２節　性格傾向とコミュニケーション面での配慮

軽度知的障害児はインクルーシブ教育が進む中、特に小学校低学年段階では通級を併用しながら通常学級に在籍するケースも今後多くなると思われる。指導時のコミュニケーション面で配慮すべき事項として､黙従反応の防止がある。

黙従反応とは、ジグラー（Zigler,E.）が知的障害児者の人格発達に関する特徴（外的指向性）に関連させて述べた用語で、周囲の促しや問いかけに対し、自分の意思（例：「～したくない」「～が分からない」など）を明確に伝えず、何でもうなずくことを指す。その背景には、自分の考えや意見を言うと怒られるのではないかという生育経験からくる恐れや予期不安があり、「分からない」が言えない（図10－2）。

このことは学校や就労先で質問ができず、固まってしまうといった行動につながり、適応上の課題となる。具体例として、教諭が指導中に、「ここは何度もやったとこだから、わかるよね？」と念押しする場合があるが、軽度知的障

生得的なものではない、今までの人生経験の中で、不適切な防衛機制（逃避）の結果として形成されたもの（特に中等度～軽度の知的障害児者）

自分の意見を言う→知的障害の影響で言語表現が下手、時に間違えもある

「お前はうるさいな！何も分かってないから黙ってろ！」と周囲に言われ続ける→自信喪失、叱責への恐怖

自分の意見を言わない＝怒られない
判断基準を他者に委ねる（外的指向性）→何でも「はい」とうなずく（黙従反応）

図10－2　知的障害児者の外的指向性と黙従反応（Zigler,1999 を基に作成）

害児の場合、これがしばしばプレッシャーにつながり、黙従反応を助長することになる。黙従反応を起こさないためには、「分からないので教えてください」といった言葉を児童生徒が、教員に対し気軽に言えるようになる関係を作ることが大切である。

第３節　学校適応・社会適応について

1. 事例から見る適応面の問題

軽度知的障害はあくまでも知能障害の程度が軽度ということであり、社会生活における困難は決して軽いものでなく、社会の中で重大な困難に直面している状況にあることが指摘されている（AAIDD, 2010）。一見すると障害がないように見える者も多いため、周囲からの期待や要求度が高くなり、本人が仮に難しいと感じても、コミュニケーション面の不明確さや前述の黙従反応が生じやすく、自分の意思を適切に伝えることができず、結果的にできない場合には叱責されることも多い。学校では学習・生活面での失敗が本人の自信喪失につながりやすいだけでなく、特に通常学級に在籍している場合は、からかいやいじめに結びつくこともあり、場面緘黙症（家庭では話すことができるのに、社会不安のために特定の場面・状況《たとえば学校》では話すことができなくなる疾患）や不登校等も併発しやすいので、担任は本人への合理的配慮だけでなく、周囲の級友との

関係性にも注意すべきである。

一方、以下に示した例のように、周囲から認められる経験が自己肯定感の形成につながり、得意な面のさらなる向上だけでなく、苦手な面への積極的なチャレンジと克服につながることもある。

【事例：得意なことから自信をつけた小学校通常学級に在籍する軽度知的障害のSさん】

Sさんは記憶や言語コミュニケーションが苦手で、特に算数や国語の成績が思わしくなく、本人もそれを意識していることから、あらゆることに消極的で引っ込み思案であった。担任の見解として、Sさんは知的障害ではあるものの、その性格面から潜在的な能力が十分に発揮できていないとみていた。

担任は体育の授業でSさんの足が速いことに気づいたことから、タイムを測定し、ホームルームで発表したところ、皆からの関心を得た。それから級友からの推薦で運動会のクラス対抗リレーランナーを務め、1着になり称賛された。この経験を機に自己肯定感が高まり、級友とのコミュニケーションも積極的になり、苦手な教科にも頑張って取り組み成績も向上した。

学校卒業後は、キャリア教育や就労支援の仕組みが進んだこともあり（第23・24章）、一般就労し地域で自立生活を送る者が増えた一方で、適切な支援を得られず孤立し、最悪の場合は生活破綻し、ホームレス状態に至る場合もみられる。また一旦自立に成功しても、以下の事例のように被害に巻き込まれた結果、地域生活が困難になる場合もある。

この事例は、①就職はできたが、周囲に相談窓口がなかった（地元から離れての就職、会社も作業指導はするが生活支援までは十分にできない、近隣に相談できるキーパースンなし）、②自助グループ、余暇参加の機会がなかった（ピアサポートの機会も得られなかった）、③セルフヘルプスキルの不十分さといった事情から、残念な結末となったものであり、生涯発達支援の視点から考えさせられる点が多い。この点を踏まえ、最後に今後の課題について示したい。

【事例：就労したが地域サポートがなく孤立し、金銭トラブルに巻き込まれたAさんの事例】

Aさんは30代前半男子で知的障害養護学校（特別支援学校）高等部卒、軽度知的障害として療育手帳を取得済み。両親は本人が10代の時に他界。その後、手帳申請し入所施設に入るも、非常にまじめで努力家であり、能力的にも就労可能性が高いと判断され同施設を出る。通勤寮での生活訓練と職場実習を経て、本人が生まれ育ったN市から離れたT市の会社に就職。住居はグループホームを考えていたが、職場周辺になかったため、借り上げのアパートに居住。食事は平日には社員食堂、休日はコンビニなどを利用。仕事は順調であったが、会社とアパートの行き帰りのみで、休日は自宅でテレビを見るだけの無味乾燥な生活が続き、退屈で休日に誰もいない職場に行くこともあった。

そうした中、近所にギャンブルと風俗好きの遊び人がおり、友人が周囲にいないAさんに目をつけてその分野に誘い込み、コーチ料という名目で遊興費も支出させ、最後にはサラ金にも手を出させた。本人も当初はお金の心配をしていたが、遊びの楽しさや後ろめたい気持ちから、誰にも相談しなかった。やがて借金の催促が勤務先にも及ぶようになり通勤寮にも連絡が来て、事情を知られることとなった。

その後、施設関係者が介入し、借金等の問題は相殺されたが、地域生活の継続は困難と判断され、入所施設に戻される結果となった。（プライバシー保護のため、一部脚色）

第4節　今後の課題

渡邊（2013）は、日本のキャリア教育において、ワークキャリア（仕事をするのに必要なこと）に比してライフキャリア（地域で暮らす＋生活を楽しむのに必要なこと）が不十分であることを指摘しているが、まさに上記のAさんの事例は、仕事はできたものの、適切な余暇を含めた地域生活が不十分であった結果、不適応を起こしたものであり、この点から今後、地域支援システムのさらなる整備に加え、ライフキャリア教育の充実が望まれる。また地域生活には危険がつきものであり、「困った時に抱え込まない、誘惑には近づかない」というリスクマネージメント、セルフヘルプ教育も不可欠であろう。

また軽度知的障害の場合は、発達障害と同様に障害受容の課題もある。障害受容とは、自分の障害を理解し認識を深め受け入れることを一般に言う。具体的には、「できないこと、苦手なこと」を正確な知識の上で直に受け止め、障害によって被る悪影響の軽減に工夫しながら周囲の支援も利用して、自分自身が可能な限り満足できる状態になることである。

しかし軽度知的障害の場合、本人も自分の問題を意識しやすいために、遅れていることを隠そうとふるまったり、能力があることを誇示したりして、結果的にうまくいかない場合もある。また、社会的サービスを自分自身ではうまく利用できないでいる場合や、本人が知的障害を否定し、サービスを受けようとしない場合もある。(京林, 2015)。

本人の障害受容を進めるための要件として、親から本人への障害告知が必要となるが、親として子どもの障害を受容することだけでも多大なストレスなのに、ましてやそれを本人に伝えることはさらなる辛さを伴う。しかし、子ども側は遅くとも思春期、早い場合は小学校の中学年頃から他の子との違いを意識しだし、「僕って～なの？」「なんで薬を飲むの？」と聞いてくることも多い。そうした本人の気づきを無視せず、障害名を強調するのでなく、行動特性や問題発生時の基本的な対処法を分かりやすく客観的に伝え、自己理解を深めていくことが必要である。また伝える内容の多くがマイナスイメージになりがちなので、「本人の優れた点」や「苦手なことでも工夫すればやりようがあること」、「障害を克服して成功した人が多くいること」なども伝え、プラスイメージを併せてもたせることが大切である。なぜなら親が否定的なイメージをもつ場合は、残念ながら子どもにも同様にしか伝わらないからである。

障害告知は辛いことだが、本人の自己認知を深め自己統制力を身につける上で必要なことであり、自己肯定感を育みながら、本人の必要性や認識レベルに合わせ、段階的に行っていくことが肝要である。障害告知を含めた本人の障害理解（障害受容）あるいは周囲への理解を求めるための説明は、親だけで対処すべき問題ではなく、専門家の支援を受けながら担任教師、そして学校が説明のシステムを確立しておくべき問題であり、特別支援教育における校内委員会での必須議題（相川, 仁平, 2005）といえる。

最後に本章で述べたことを踏まえ、知的障害の程度が軽度であるからこその困難と課題、家庭、学校および職場など周囲の理解の必要性があることを、ぜひ認識していただければと思う。

（島田　博祐）

＊文　献＊

AAIDD（2010）*Intellectual Disability: Definition, Classification, and Systems of Supports*（11th ed.）（太田 俊・金子 健・原 仁　他共訳『知的障害：定義、分類および支援体系（第 11 版）』日本発達障害福祉連盟　2012）

相川恵子・仁平義明「子どもにどう障害を説明するか」ブレーン出版　2005

京林由季子「知的障害」梅永雄二・島田博祐編『障害児者の教育と生涯発達支援第 3 版』北樹出版　2015

小川浩『重度障害者の就労支援のためのジョブコーチ入門』エンパワメント研究所　2001

小川浩『DVD ジョブコーチ入門　障害者への就労支援第 2 巻』　2007

島田博祐・星山麻木編『実践に生きる特別支援教育』明星大学出版　2009

島田博祐・森下由規子「特別支援教育」杉本明子・西本絹子・布施光代編『理論と実践をつなぐ教育心理学』みらい　2019

梅谷忠勇・堅田明義編「知的障害児の心理学・第 2 版」田研出版　2008

渡邊昭宏『みんなのライフキャリア教育』明治図書　2013

Zigler.E.& Bennet-Gates.D.（1999）*Personality Development in Individuals with Mental Retardation.* Cambridge University Press.（田中道治編訳『知的障害者の人格発達』田研出版　2000）

コラム3：ボーダーライン（境界線）児

知的障害児者は、社会生活能力や成育歴なども加味して療育手帳の判断材料とされるが、知能検査による基準が2標準偏差以下のものとされており、WISCやWAISなどの知能検査では1標準偏差が15で計算されるため、IQのみで考えると70より低い者をいう。一方で、知能検査によるIQ値はIQ85～115の範囲に68.2%が入るように作成されており、この範囲であれば定型発達と考えられる。しかしながら、図にみられるように知的障害のレベルであるIQ70より高く、85より低い人たちは約13.6%存在し、一般に知的ボーダー（境界域）とされている。

総務省統計局の発表によると、わが国の人口は12,620万人（2019年5月1日段階）と報告されており、この人口から知的ボーダーの範囲である13.6%を換算すると約1,716万人が存在することになる。

彼らは、知的障害特別支援学校や通常学校の知的障害特別支援学級に在籍することは少なく、通常の小中学校および高校に進学する者が多い。さらには近年の少子化の影響を受け、定員に満たない大学によっては入学できるところも存在する。しかしながら、大学を出たとしても大学卒として企業が求めている職業能力を保持しているとは考えにくい。よって、就職の困難さだけではなく、就職後の定着、維持が困難となっている。

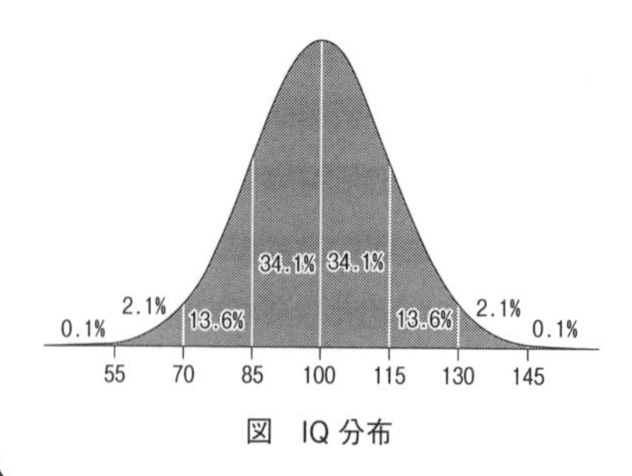

図　IQ分布

知的障害児者の場合、たとえ軽度であっても療育手帳を取得できれば、障害者雇用の対象となり、特例子会社等へ就職している知的障害者も増加している。また、読み・書き・計算等が不得手なSLD（限局性学習症）の場合は、特別支援教育の対象となっているため、学校教育では特別支援学級や通級による指導の教育支援を受けられるが、ボーダーライン児の場合は、本人・保護者とも障害という意識がないため、なんとか学校を卒業できてもその後の社会参加が難しいことが予測される。

学校在学中は勉強についていけず、保護者や教諭からの叱責にあい、友だちからはいじめの対象とされ、不登校やひきこもりになることもないとはいえない。また、自尊感情が低下すると自分を認めてもらうために非行に走る可能性も考えられる。その状態が成人期まで続くとニート状態となり、仕事に就きたくても定着できず離職・転職を繰り返さざるをえない。よって、特別支援教育においてもボーダーライン児の早期発見、早期療育、個々人にあった特別支援教育を検討すべきだと考える。

（梅永　雄二）

CHAPTER 11

病弱身体虚弱・重度重複障害

point!
・病弱・身体虚弱・重度重複障害の定義と特性について知る。
・病弱・身体虚弱・重度重複障害の種類と病因の基本を知る。
・病弱・身体虚弱・重度重複障害の学習指導における合理的配慮の内容について知る。

第1節　病弱身体虚弱・重度重複障害の定義と分類

1．病弱身体虚弱の定義と分類

「病弱」、「身体虚弱」は医学的な用語ではない。一般的に、「病弱」とは疾病が長期にわたっているもの、長期にわたる見込みのもので、その間、医療や生活規制を必要とする状態をいう。また、「身体虚弱」とは先天的あるいは後天的な原因により身体機能の異常を示したり、疾病による抵抗力の低下などのため、長期にわたり健康なものと同じ教育を行うことによって、健康を損なうおそれのある程度の状態をいう。病弱教育の対象となる病気は、時代により推移している。学制が始まってから1950年代までは、脚気、結核等が多かった時代もあった。1965年以降、筋ジストロフィー、気管支ぜん息、腎臓病の割合が増加した。現在は、統合失調症やうつ病等の気分障害など心の病気も増加しており、神経系の疾患（筋ジストロフィー、てんかん）、悪性新生物（白血病や悪性リンパ腫、脳腫瘍等の小児がん）、リウマチ性心疾患等の循環器系の疾患児が特別支援学校（病弱）や病弱・身体虚弱特別支援学級等に在籍している。

全国病弱虚弱教育推進連盟では、特別支援学校（病弱）や病弱・身体虚弱特別支援学級に在籍している児童生徒のおもな疾病を調査し、結果は表11－1である。また、厚生労働省が3年ごとに実施している患者調査によると平成17年度の学齢期における入院総数は22,100人、外来総数は509,900人に対し平成26年度では、入院総数17,200人、外来総数502,300人である。このこと

表 11 − 1　特別支援学校（病弱）、病弱・身体虚弱特別支援学級等に在籍している子どものおもな疾病（単位：人）
（全国病弱虚弱教育連盟「全国病類調査」より抜粋）

精神及び行動の障害	1613	先天性奇形、変形及び染色体異常	393
神経系の疾患	1422	呼吸器系の疾患	373
健康状態に影響を及ぼす要因等	1206	筋骨格系及び結合組織の疾患	239
悪性新生物	726	腎尿路生殖器系の疾患	204
症状、徴候等で他に分類されないもの	579	内分泌、栄養及び代謝疾患	184
循環器系の疾患	439	損傷、中毒及びその他の外因の影響	163

より、入院している子どもは 22%減、外来は 1.5%減であり、入院している子どもの数が激減していることがうかがえる。

同じく厚生労働省の患者調査より、平成 17 年度と平成 26 年度の退院患者の平均在院日数、たとえば 10 〜 14 歳が 13.2 日→ 12.3 日、15 〜 19 歳が 14.9 日→ 13.0 日と 2 週間以内で退院している子どもが多く、そのため病院内にある学校あるいは学級で授業を受けずに前籍校に戻るなど、学習空白等が大きな課題となっている。自宅で療養生活を送りながら地元校に通学している児童生徒が増え、病院に隣接した特別支援学校（病弱）在籍児童生徒数は、ほぼ横ばいで推移している。病院内あるいは小・中学校内にある病弱・身体虚弱特別支援学級に在籍している児童生徒数は、ここ数年漸増傾向にある。

2. 重度・重複障害の定義と分類

重度・重複障害児とは、2つ以上の障害をもち、しかもその程度が重い障害児を一般的に指す。1975 年の「重度・重複障害児の学校教育の在り方」では次のように規定している。

（ア）学校教育法施行令第 22 条 2（現在は 22 条 3）に規定する障害（盲・聾・知的障害・肢体不自由・病弱）を 2 つ以上あわせ有する者。

（イ）精神発達の遅れが著しく、ほとんど言語をもたず、自他の意思の交換及び環境への適応が著しく困難であって、日常生活において常時介護を必要とする程度の者。

（ウ）破壊的行動、多動傾向、異常な習慣、自傷行為、自閉性、その他の問題行動が著しく、常時介護を必要とする程度の者。

したがって、重度・重複障害児とは、障害種が重複しているだけでなく、発達的側面や行動的側面からも、常時介護を必要とする障害児を指す。

大島分類は、大島一良が考案した重症心身障害児の区分法で、障害児の知能指数を縦軸に身体機能の程度を横軸に分類する方法です。現在では、重症心身障害児は大島分類の１から４に相当するという考え方が一般的である。近年では、重度・重複障害児に加え、超重症児・準超重症児も含めた、最重度の障害児が増えている。

第２節　身体・心理的特性と障害特性

1. 病弱虚弱の身体的・心理的特性

病気が長期にわたる、あるいは入退院を繰り返す子どもたちの生活は大きく変わる。医療の管理下、さまざまな生活規制を余儀なくされ、活動も制限されることが多くなる。一般的にいつ治るか分からない病気との戦いに対する身体的・精神的疲労、将来に対する不安、さまざまな活動に対する意欲などの低下がみられる。療養が長期化すると受動的な態度・行動、社会性の欠如、自主性の乏しさなどがみられる。病気からくる精神的な不安、将来への不安、家族や友だちから離れた生活に対しての孤独感、心のより所がなくなるなどの傾向がある。

病弱児の学習上の課題として、①学習空白、②学習時間の制限、③運動や実習・実技の制限、④集団活動の制限から生ずる経験不足などがあり、生活上の課題としては、①食事制限、②身体活動の制限、③遊び等の制限から生ずる経験（体験）不足と偏り等が挙げられる。このようなさまざまな制限の中で、心理的な安定を図りながら積極性、自主性、社会性を育み、学力の保障を行うことに病弱教育の意義がある。具体的には、①学習空白から生ずる学習の遅れなどを補完すること、②積極性、自主性、社会性の涵養、③孤独感の解消・心理的な安定を図ること、④病気に対する自己管理能力（セルフケア）の育成、⑤体験活動等を通して社会的視野の拡充などが挙げられる。

また、発達段階から見た心理社会的課題は次の通りである。

①幼児期：家庭から離れることにより分離不安、情緒不安定を呈しやすい。
　また、治療の過程上、睡眠や食事などに異常を示すこともある。

②児童期：基本的生活習慣が形成され、活動的で、社会性が著しく発達する

時期である。欠席が続くと学習の遅れ、疎外感等の不安が高まり、医療の管理下にある場合経験不足に陥ることもある。

③思春期：心身の成長・発達が著しい時期である。理想と現実のギャップから葛藤が起きやすい。保護者への反発、治療拒否に至ることもある。

④成人期：就職、結婚などライフサイクルの中でもっとも充実している時期である。糖尿病等の慢性疾患患者は、さまざまな生活規制があり、そのため無力感やうつ状態に陥りやすい。

疾患ごとの心理社会的問題もある。たとえば、腎疾患の場合、長期にわたる治療を要するため、食事制限・運動制限がある。子どもにとってはこれらが不満となり、ステロイド剤等の副作用への不安なども挙げられる。幼児期、児童期等の縦軸からの視点と疾病ごとの横軸での視点で子どもの成長を見守り、必要な指導・適切な支援が求められる。

2. 重度・重複障害の障害特性

（1）代表的な疾患について

脳性まひ、先天性筋ジストロフィー、神経・筋疾患などがその原因となる。嚥下・摂食障害、呼吸障害、てんかん、胃食道逆流、側わん症、内臓疾患などをもっており、医療的ケアなしには生命維持が難しい場合も多い。重度重複障害児の発生要因となる疾患については、非進行性のものと進行性のものがある。

非進行性の代表的な疾患としては、周産期障害、中枢神経奇形、染色体異常、感染症、急性脳症、てんかん脳症などがある。医学の進歩により、未熟児の救命が向上したが、低酸素性虚血性脳障害や頭蓋内出血などで、中枢神経系に重篤な障害を残す場合もある。中枢神経奇形など、中枢神経系の発生過程で何らかの異常があり、奇形が発生する二分脊椎、水頭症などがある。染色体異常では、ダウン症候群、猫鳴き症候群（5番染色体短腕欠損）など、重症の運動障害や知的障害を合併する場合がある。交通事故の後遺症、溺水、手術に関連した事故、最近は虐待により脳に損傷を受け、重度の障害が残るケースも増加している。

進行性の代表的な疾患としては、中枢神経変性症、先天代謝異常、筋疾患などがある。筋疾患の中でも、筋ジストロフィーは多くの型があるが、多いのはディシュエンヌ型と福山型先天性筋ジストロフィーである。ディシュエンヌ型筋ジストロフィーは、進行性の運動障害があり、個人差はあるが、一般的には小学生の頃から歩行が困難になり、中学生の頃には車いす、高校生の頃には電動車いすの導入を考慮する。それぞれの切り替えの時期に関しては、身体機能の低下や病状の進行を遅らせるための配慮と日常生活の負担や本人の心理状態も合わせて、検討することが必要となる。

(2) 健康管理について

睡眠と覚醒は、食事、排せつ、活動と1日の健康のリズムを支配する。人間には規則正しいサーカディアンリズムがあり、通常25時間である。健常児は、外遊びや活動、日の光を浴びることなどで、そのリズムが24時間周期となる。しかし、重度・重複障害の子どもは活動量が制限されること、投薬などから、覚醒と睡眠のリズムが整わないことも多い。覚醒と睡眠のリズムを整えることは教育を受ける際、基本的な健康づくりとなる。外気浴、散歩、人とのかかわりや刺激、なるべく決まった時刻に運動を取り入れることで、睡眠と覚醒のリズムが整ってくる。

排せつリズムは、随意コントロールが育つことにより、排尿が自立するが、寝たきりで排せつの誘導も行われない場合、自立するのが困難となる。運動量が少ないことによる腸管運動の低下、投薬や水分の不足から便秘になりやすい。時間排せつで誘導し、排せつ時間をチェックすること、マッサージ、適度な運動、水分補給などが必要である。

中枢神経系の障害（構造異常と機能異常）により、呼吸障害、呼吸リズムの異常、末梢循環不全、不整脈、体温調節障害、発汗障害、排尿・排便障害、下痢、嘔吐などを起こすことが多い。呼吸器感染は、身体機能や精神機能の低下を引き起こす。なかでも気道感染、誤嚥、嚥下性肺炎などが呼吸障害の原因になる。

拘縮とは長期間にわたる固定やまひにより、筋肉・靭帯などが硬直化し、関節の可動域が著しく低下した状態をいう。運動障害の重い子どもたちは、運動量が少なく、骨折などにより寝ている状態が長くなると、関節拘縮が進行しやすくなる。拘縮により、心肺機能や摂食機能の低下など、健康に重大な影響を与える。理学療法士など専門家によるリハビリテーションのほか、教育分野においても、自ら身体を動かせる環境を整え、積極的に関わっていくことが大切である。

第3節　学習や生活指導における合理的配慮と支援

1．教育課程と学習・生活支援のおもな方法

（1）病 弱 虚 弱

病気の子どもの教育制度についてはあまり知られていない。入院中の子どもたちの教育は、病院内に特別支援学校（病弱）や特別支援学級が設けられ、教育が受けられる。入院をしている子どもを対象とした特別支援学校（病弱）では、小・中学校に準じた教育、あるいは一人ひとりの教育的ニーズに応じた多様な教育を行っている。同様に病院内にある特別支援学級も小・中学校と同じ教科等学習を行い、一人ひとりに応じた指導が行われている。

病院に隣接した特別支援学校等がなく、自宅での療養期間が長期にわたるあるいは見込まれる場合は、特別支援学校等の教師が、自宅に訪問する訪問教育が行われる（週あたりの訪問日数、時間数は都道府県等により異なる）。

学校における教育的対応は、次の表の通り（表11－2）である。児童生徒の障害の程度等により「特別支援学校（病弱）」「病弱・身体虚弱特別支援学級」「通級による指導」を受けることができる。

①教育課程の編成について：特別支援学校小学部・中学部学習指導要領（以下「学習指導要領」と記す）第１章第２節３には、「学校教育活動全体並びに各教科、道徳科、外国語活動、総合的な学習の時間、特別活動、及び自立活動の指導を通してどのような資質・能力の育成を目指すのかを明確にしながら、教育活動の充実を図るものとする。」と示されている。このことを踏まえて子どもの病

表11－2　障害の程度と教育的対応

（学校教育法施行令第22条の3及び文部科学省　平成14年第291号通知より作成）

障害の程度	教育的対応
一　慢性の呼吸器疾患、腎臓疾患及び神経疾患、悪性新生物その他の疾患の状態が継続して医療又は生活規制を必要とする程度のもの 二　身体虚弱の状態が継続して生活規制を必要とする程度のもの	特別支援学校
一　慢性の呼吸器疾患その他疾患の状態が持続的又は間欠的に医療又は生活の管理を必要とするもの 二　身体虚弱の状態が持続的に生活の管理を必要とする程度のもの	特別支援学級
病弱又は身体虚弱の程度が、通常の学級での学習におおむね参加でき、一部特別指導を必要とする程度のもの	通級による指導

気の状態や程度、発達段階や学習状況等を的確に把握し指導を行い、子どもたち一人ひとりが基礎的・基本的な知識および技能を習得し、思考力、判断力、表現力等を育み、学びを人生や社会に生かすことができることが大切である。これらを通して、一人ひとりの教育的ニーズに応じた指導目標を設定し、指導内容や指導方法を工夫し、個別の指導計画を作成し、実践し、評価を行い、指導の改善・充実に努めなければならない。併せて、各学校の特色を活かした教育課程の編成を図らなければならない。

②病弱虚弱の教育課程：学習指導要領で示されている各教科等の内容については、必ず指導しなければならないが、特別支援学校においては子どもの実態に即して弾力的な運用もできるようになっている。特別支援学校の学習指導要領第２章第１節には、「各教科の目標、各学年の目標及び内容並びに指導計画の作成と内容の取扱いについては、小学校学習指導要領第２章に示すものに準ずるものとする。指導計画の作成と各学年にわたる内容の取扱いにあたっては、……」と示されており、中学部および高等部においても同じように規定されている。小・中学校等の学習指導要領で示されている各教科等の目標や内容等について理解しておくことが求められる。

病気の子どもたちの教育課程は、次のように類型化できる。

ア　小中学校等の各教科の各学年の目標・内容等に準じた教育課程、イ　小中学校等の各教科の各学年の目標及び内容を当該学年（学部）より下学年（下学部）のものに替えた教育課程、ウ　特別支援学校（知的障害）の各教科又は各教科の目標及び内容の一部により編成した教育課程、エ　自立活動を主として編成した教育課程。

なお、家庭、施設または病院等を訪問して教育する訪問教育は教育形態であり、教育課程は、上記ア～エを含む。

(2) 重度・重複障害の教育課程

特別支援学校の学習指導要領に示されている重複障害者等に関する教育課程の取り扱いは次のように示されている。

①知的障害を併せ有する児童生徒の場合として、上述のウの他に、小学部では、外国語科及び総合的な学習の時間を、中学部の生徒については、外国語科を設けないことができる教育課程

②重複障害のうち、障害の状態により特に必要がある場合、各教科、道徳科、外国語活動若しくは特別活動の目標及び内容の一部、又は各教科、外国語活動または総合的な学習の時間に替えて、主として自立活動の指導を行うことができる教育課程。

③訪問教育の場合は、特別支援学校の学習指導要領で示されている重複障害等に関する教育課程。

上記の①～③を単独あるいは組み合わせて行うことができる。

通学が困難な重複障害者、療養中の子どもたちに対して、特に必要がある時は、実情に応じた授業時数を適切に定めるものとされている。病気の子どもであれ、重複障害の子どもであれ、子どもたちの多様なニーズに応じた柔軟な教育課程の運用が求められる。

2．各教科等の指導における配慮について

病弱虚弱の子どもに関する指導上の配慮事項は、指導計画の作成上の配慮事項と指導上の配慮事項に分けられる。指導計画作成上のおもな配慮事項は、次の通りである。実態把握（学習空白、学習の遅れ、活動の制限、経験の不足や偏り等）、指導内容の精選と配列、病状の見通しを考慮した指導計画、教科・領域等との関連性が挙げられる。また、指導上の配慮事項は、①学習集団の工夫、経験の不足や偏りへの対応（ＩＣＴ等情報機器の積極的な活用）、学習意欲の向上を図るために教材・教具の活用、安全面への配慮等が挙げられる。治療上の理由により授業に制約を受けるため、指導内容・指導方法等効果的な学習活動が展開できるようにすること。たとえば、小児がん等の子どもは、活動に制限があるため、各教科の指導を基礎的・基本的な事項に重点を置いて指導することが求められる。②健康状態の維持や管理、改善に関する指導にあたっては、自己理解を深めながら学びに向かう力を高め、自立活動と関連性を保ちながら、学習効果を高めるようにすること。たとえば、腎臓病の子どもの場合は、自分自身の病気を理解し、服薬管理を行うなど自己管理能力（セルフコントロール）の育成が重要である。③病気の子どもたちは、さまざまな制限があり、体験的な活動が不足しがちである。子どもの病気の状態や学習環境に応じて、間接体験や疑似体験、仮想体験等を取り入れるなど、指導方法を工夫し、効果的な学習活動を展

表11－3　特別支援学校学習指導要領第1章第3節第3の（3）より抜粋

児童又は生徒が、基礎的・基本的な知識及び技能の習得も含め、学習内容を確実に身に付けることができるよう、それぞれの児童又は生徒に作成した個別の指導計画や学校の実態に応じて、指導方法や指導体制の工夫改善に努めること。

開できるようにすること。具体的には、感染症対策が必要で理科の実験や動植物の観察など直接触れたり操作することができない場合、間接的な体験を取り入れるなど指導の工夫が求められる。④コンピュータ等の活用として、子どもの身体活動の制限や認知の特性、学習環境等に応じて、教材・教具や入力支援機器等の補助用具を工夫するとともに、コンピュータ等の情報機器などを有効に活用し、指導の効果を高めるようにすること。たとえば、手術後の子どもで、ベッドサイド学習を行う際に、病棟と教室をインターネット回線で結び、遠隔授業を受けることで、指導効果を高めることなどである。⑤過重負担とならない学習活動とする。たとえば、筋ジストロフィーの子どもは、たとえ車いすであっても、衝突や転倒による骨折の防止に気をつけなければならなかったり、心臓病の子どもが運動を行う際には、学校生活指導管理表を使って、医師の指導のもと、適切な運動量を確保することなどである。⑥病状の変化に応じた指導上の配慮として、病気のため、姿勢の保持や長時間の学習活動が困難な子どもについては、姿勢の変換や適切な休養の確保などに留意することとなっている。たとえば、リハビリ訓練を始めたばかりのペルテス病の子どもに、重い教材を上げ下げさせるようなことをしたり、病棟から教室へ登校できたばかりの子どもに、学習させたいがために、長い時間同じ姿勢で勉強させ続けたりすることなどである。

これ以外にも、病気の子どもの指導では、特に医療管理が必要なことから、医療スタッフとの連携を密にして、情報共有を図りながら、子どもの健康状態に応じた適切な指導・必要な支援を行うことが大切である。

3．自立活動の指導について

病弱教育における自立活動の指導は、病気や障害を主体的に改善、克服するための授業であり、学校の教育活動全体を通して子どもの病状や発達段階等に応じた系統的・横断的な指導が大切である。また、今回の学習指導要領（平成

29年4月告示）の改定では、多様な障害に応じた指導や、自己の理解を深め主体的に学ぶ意欲をいっそう伸長するなどの発達の段階を踏まえた指導を充実するために、「1健康の保持」の区分に「(4) 障害の特性の理解と生活環境の調整に関すること。」が追加された。たとえば、感覚の過敏やこだわりがある自閉症スペクトラムの子どもは、大きな音、日課の変更などにより情緒が不安定になることがある。自ら感覚の刺激を調整したり、気持ちを落ち着かせることができるようにすることが大切である。病気を主体的に改善、克服しようとする意欲の向上を図るためにも、具体的な実践を通し、充実感や達成感が味わえるよう配慮が必要である。目標や内容等については、本人および保護者にも説明し、理解と協力の上で行うことが大切である。

4. 重度・重複障害の指導

重度・重複障害の子どもたちのおもな指導方法として、動作法、ムーブメント療法、音楽療法、インリアルアプローチ、感覚統合法、スヌーズレンなどがある。重度の運動障害を伴う場合、子どもたちに関わる周囲の人々が積極的に指導に関わらなければ、自らの生活空間を広げることができない。健康のリズムを整えるためにも、基本的なアプローチ方法は個々の実態や感覚や認知に即して、選択することが必要である。個別の教育指導計画に従い、相互に関連づけながら具体的指導内容に基づき、子どもたちが主体的に学べるよう指導することが大切である。

多くの指導方法で共通する要素は、聴覚、視覚、嗅覚、触覚など、感覚を刺激すること、揺れや姿勢の変換など、大きな運動で心地よく身体を動かすことである。また、コミュニケーションの指導は、たとえわずかな動きやサインであっても、残された身体の動きや表情を手がかりに、根気よく続ける必要がある。特に障害の重い子どもたちの場合、言葉によるコミュニケーションだけでなく、ノンバーバルコミュニケーション（非言語によるコミュニケーション）に着目し、眼球運動、視線、手指のわずかな動き、などからでも、お互いの意思疎通を図り、自分の気持ちや要求を周囲に伝えられるように、それぞれのコミュニケーション方法を探っていく。

今後は、それぞれの子どもの興味・関心・課題、生活の質の向上、家族の願いを盛り込み、ライフスタイルを見通した必要な指導、適切な支援につながる目標をきめ細かに設定し、保護者、医療スタッフ（医師・看護師・ＰＴ・ＯＴ・ＳＴ等）、専門機関等との連携を図りながら「個別の教育支援計画」、「個別の指導計画」を作成し、指導の充実を図っていくことが求められる。

（妹尾浩・安達眞一）

＊文　献＊

国立特別支援教育総合研究所支援冊子「病気の子どもの理解のために」国立特別支援教育総合研究所ホームページで一般公開

独立行政法人国立特別支援教育総合研究所編著『病気の子どもの教育支援ガイド』ジアース教育新社　2017

小宮三彌他編「病弱・身体虚弱」『障害児発達支援基礎用語事典』川島書店　2002　p. 228

鳴門教育大学創立20周年記念図書出版委員会『教職必携ハンドブック１教職編』教育開発研究所　2003

仁志田博司監修、小林芳文・藤村元邦編著『医療スタッフのためのムーブメントセラピー』MCメディカ出版　2003

清水貞夫・藤本文朗編著「病弱」『キーワードブック障害児教育：特別支援教育時代の基礎知識』クリエイツかもがわ　2005　pp. 186-187

昇地勝人・蘭香代子・長野恵子・吉川昌子編著『障害特性の理解と発達援助』ナカニシヤ出版　2006

全国特別支援学校病弱教育校長会編著『特別支援学校の学習指導要領を踏まえた　病気の子どものガイドブック　病弱教育における指導の進め方』ジアース教育新社　2012

全国特別支援学校病弱教育校長会編著『病弱教育における各教科等の指導　合理的配慮の観点から各教科等の指導と配慮を考える』ジアース教育新社　2015

全国特別支援学校肢体不自由教育校長会編著『障害の重い子どもの指導Q&A 自立活動を主とする教育課程』ジアース教育新社　2012

CHAPTER 12

発達障害の定義とSLD

point!

・発達障害の定義とその種類について知る。
・学習障害の定義と特性について知る。
・学習障害の学習指導における合理的配慮の内容について知る。
・学習障害に関する周囲の理解を深める重要性について学ぶ。

第1節　発達障害の定義と分類

発達障害の日本の教育・福祉分野における定義は、発達障害者支援法（2004）に準拠しており、「自閉症、アスペルガー症候群その他の広汎性発達障害、学習障害、注意欠陥多動性障害その他これに類する脳機能の障害であって、その症状が通常低年齢において発現するもの」としている。同法はDSM-Ⅳの診断基準を参考としているが、その後、DSM-5への改訂（2013）があったため、現在、医学的診断と教育・福祉領域における定義の用語不一致が起きている。したがって、本項では最新のDSM-5を基本としつつ、現行の教育関連法規における定義も補足的に入れていくことにする。発達障害は、特別支援教育が始まった2007年から公式な教育対象となったものであり、それ以前は対象に含まれていなかった。就学形態は、情緒障害特別支援学級あるいは通常学級に在籍しながら情緒障害通級指導学級に通う場合が多い。

一見すると障害がないように見えるため、周囲からの要求度が高くなり、できない場合には本人の努力不足のせいにされたり、トラブル時はその原因として性格や保護者のしつけの悪さと解釈されるなどの誤解を受けたりする。以下、代表的な発達障害に関し記述するが、中枢神経系の機能障害であるがゆえに、これらはしばしば個人内で重複する場合も多い。

第2節　SLDとは

1．SLDの定義

従来LD（学習障害）と呼ばれていた用語が2013年に米国で刊行されたDSM-5からSLD（Specific Learning Disorder：限局性学習症）と示されるようになった。APA（American Psychiatric Association）の報告によるとSLD児は学齢期の5%～15%ほど存在すると考えられ、またその3分の1はADHDと重複しているといわれている。SLDの中核をなす障害は「読字障害（dyslexia）」であり、SLDの80%が該当する。本章では混乱を避けるためにSLDで統一することにする。文部科学省では、1999年の旧文部省時代にSLDを表12－1のように定義している。

SLDは、知能検査によるIQ値は知的障害ほどの遅れはないものの、以下の特徴を示す障害である。

①文章や文字を読むことが困難（読字障害：Dyslexia）。

②文字を書くことが困難（書字障害：Dysgraphia）。

③たし算引き算などの簡単な計算をすることが困難（計算障害：Dyscalculia）。

④身体にまひはないものの運動等が苦手で不器用である（発達性協調運動障害：Dyspraxia）。

⑤人の名前を思い出すのが困難（呼名障害：Dysnomia）。

⑥地図が読めない（DysMapia）。

SLDの原因としては、脳の視空間認知をつかさどる箇所に障害があるのではないかといわれている。視空間認知に障害があると、上下、左右、前後などが混乱し、文字が重なって見えたり、他の刺激に影響されたりする結果、文字

表12－1　文部科学省協力者会議・最終報告の定義（文部科学省，1999）

学習障害（現限局性学習症）とは、基本的には全般的な知的発達に遅れはないが、聞く、話す、読む、書く、計算する又は推論する能力のうち特定のものの習得と使用に著しい困難を示す様々な状態を指すものである。 学習障害（現限局性学習症）は、その原因として、中枢神経系に何らかの機能障害があると推定されるが、視覚障害、聴覚障害、知的障害、情緒障害などの障害や、環境的な要因が直接の原因となるものではない。

を正しく認識できない場合があるのではないかといわれている。

■2. 読字（文字を読むことの）障害（Dyslexia）

読字障害の例としては、文字を読む際に字をとばしたり、行をとばしたりすることがあるため、文章全体の意味が理解できない。ちょうど外国語学習の初心者が、文章を読むことができても、その内容が理解できていない状況に似ているかもしれない。さらに、類似している文字に混乱を示す場合がある。アルファベットでいうと、「C」と「G」、「E」と「F」、大文字の「I」と小文字の「l」、「m」と「n」、「u」と「v」、「v」と「w」、「v」と「y」などであり、日本語となるとさらに難しい。

ひらがなでは、「い」と「り」、「き」と「さ」、「た」と「な」、「ぬ」と「め」、「ね」と「れ」と「わ」、「は」と「ほ」、「る」と「ろ」、「り」とカタカナの「リ」など。カタカナになるとひらがなよりも困難となる。具体的には、「エ」「ユ」「コ」などはわずかな線の長さで判断しなければならない。「フ」と「ク」、「ク」と「ワ」などは、とても区別がしづらい。さらに、「シ」と「ツ」、「ナ」と「メ」などは、角度によってはどちらとも読めることがある。「シ」と「ン」、「タ」と「ク」では、点や線が多いかどうかであるし、「ヌ」と「ス」、「チ」と「テ」は線が突き抜ける度合いによって混乱する。「ハ」と「ル」も類似している。定型発達者が何気なく使っているこのような文字も、SLD 児にとってはとても難しい判断が必要となるのである。これは外国人が日本語を習う際に、「漢字は画数が多くて難しいけれど、慣れてくると読むことはできる。しかし、カタカナはシンプルな分だけ混乱しやすい」といわれているが、それに似ている。

文章の読解に関して、視空間認知障害により文節がうまく区切れないと次のような文章になる場合がある。

英語では、“ Ia mas tud entwh olive inTo k yo. ”

日本語では、「ワタ　シハト　ウキョ　ウニス　ンデイ　ルガクセ　イデス」

これだと、何を言っているのかよく意味がわからない。正確にはそれぞれ次のような文章である。

“ I am a student who live in Tokyo. ”「私は東京に住んでいる学生です。」

このように SLD 児は読むことに困難を示すため、文章全体の意味がつかめないということになる。読むことだけに障害がある場合を難読症、失読症ということもある。

■3．書字（文字を書くことの）障害（Dysgraphia）

書字障害としては鏡文字になってしまう場合がある。アルファベットでは、「b」と「d」、「p」と「q」、「W」と「M」を間違えるため、犬を「bog」、机を「besk」、箱を「dox」と書いたりする場合がある。また、読字障害と同じように類似文字にも混乱を示す。「C」「G」、「m」「n」、「v」「u」、筆記体の「ビー」と「エフ」、「エム」と「エヌ」、「アール」と「エス」、「ユー」と「ブイ」、「ジェイ」と「ワイ」、「イー」と「エル」などである。

読字にも書字にも関連することだが、「拗音」、「撥音」、「促音」の理解も難しい。「拗音」とは、「キャ」「キュ」「キョ」「クヮ」「グヮ」「クェ」「グェ」などの小さい「ャ」「ュ」「ョ」や「ヮ」「ェ」など母音の前に半母音を伴った子音がある音節のことをいい、「撥音」とは、「飛んで」の「ん」などの一音節をなす鼻音、「促音」とは、「やった」「言った」の小さい「っ」を含む破裂あるいは摩擦音のことをいう。

■4．計算障害

計算障害では、簡単な一桁の引き算ができない。たし算では繰り上がりが分からないなどの症状を示し、買い物に行ってもお釣りの計算ができなくて困るということがある。成人になっても指で数を数え、指の数が足りなくなる11以上は混乱し、また、桁数が理解できないため、100円と1,000円、1,000円と10,000円を間違えてしまう場合などがある。

第3節　SLD児童生徒の教育

■1．教育の現状

SLD、ADHD、ASD等発達障害と呼ばれる子どもたちは、文部科学省の調査では一般の小・中学校に6.5％存在すると報告されている（文部科学省, 2012）。6.5％という数字は、40人の学級であれば、２～３人の発達障害児が存在することになる。なかでもSLD児童生徒は4.5%を占めており、小中学校における調査ではSLD児が発達障害児童生徒の中でもっとも多い。

このような経過を踏まえて、平成19年4月1日から教育の現場では、学校教育法が改正され従来の「特殊教育」から「特別支援教育」と枠が広がり、全国に約33,000校といわれる一般の小・中学校においても発達障害児に応じた教育支援がなされることになり、すべての学校に特別支援教育コーディネーターが配置されることになった。特別支援教育では、コーディネーターの配置の他、校内委員会の設置、巡回相談員やスクールカウンセラーなどの外部の専門家による支援体制も実施されるようになってきている。

■2．教諭の理解不足

知的障害児の場合は、特別支援学校あるいは特別支援学級において専門の教諭から指導を受けることができるが、SLD児童生徒の場合は通常の小・中学校へ進むことが多いため、障害に詳しい教諭ばかりではないのが現状である。そのため、誤った指導が生じている。

あるSLD児童は文章が読めないため、国語の教科書の単語や文節間に線を引いたところ、それを見た教諭が、「こんな赤ペンで落書きばかりして、教科書を粗末にしているからおまえは勉強ができないんだ」と言い、教科書を取り上げ、それで頭をたたいたそうである（「こんなサポートがあればⅡ」より）。また、動作の遅い発達性協調運動障害を重複しているSLD児に、給食を食べるのが遅いと顔を殴り歯を折ってしまった教諭の報告もある。さらに、成人期になると、大学を出ているのに「こんな字も読めないのか」と上司に言われ続け、うつ状態を発したSLD者も存在する。これらはSLDという障害特性を周り（特に教諭）が理解していなかったゆえに生じた問題である。

■3．クラスにおける他の生徒や保護者の理解不足

少子化の現在、SLD児は通常の学校、通常の学級へ進学することが多いため、「勉強についていけない」「不器用」などの理由から、いじめにあうことがある。また、教諭がSLD児に特別な配慮をした場合に、他の児童生徒の保護者からクレームが来ることも多い。クラスメートやその保護者にはSLDに関し

ての情報が少ないために生じる問題と考える。

第4節　SLD児童生徒への支援

1．特別支援教育

特別支援教育における対象児に対しては、彼ら一人ひとりのニーズに合わせた教育的支援を目指すこととなる。具体的には、小・中学校、特別支援学校には発達障害児に詳しい「特別支援教育コーディネーター」が配置され、発達障害児の教育に対し担任1人で背負うことなく学校全体で問題を解決すべく校内委員会が設置される。これらはもうすでに多くの学校で実施されているが、これらの他に個別の指導計画や個別教育支援計画の作成、巡回相談員の活用、専門家チームの参加など特別支援教育という枠が広がることによって、発達障害児に対する教育支援体制が徐々に改善されつつある。

2．具体的学校教育のポイント

学校教育において望まれることは、能力にばらつきのあるSLD児に対し、他の児童と同じような均一性を求める教育ではなく、その児童生徒の能力や個性に応じた教育支援を検討し、将来の自立につながるものになることが必要とされる。中学卒業後のSLD生徒の多くは通常の高校へ進学するが、近年特別支援学校高等部への進学も増えつつある。これはいじめなどの人間関係の問題もあるし、通常の高校よりも卒業後の就労等のサポートなどが手厚い部分もあるからではないかと考える。そのような中、平成30年度から通常の高校においても通級による指導が始まった。読み書き計算が苦手なSLD生徒は、その特性に応じて通級による指導を受けることができるようになった。6歳から18歳（あるいはそれ以上）までの教育期間というのは、その後の成人生活に大きく影響する。よって、SLD児童生徒が二次障害に陥らないような、個性や能力に応じた教育支援が期待される。

さらに、大学や専門学校等でもSLD学生の能力やニーズに応じた学校の設立、あるいはそのようなカリキュラムの設定がなされるようになることが望まれる。米国ではアセッツスクールやランドマークスクールといったSLD専門の学校が設置されており、さらに1,179の大学では学年末の試験をペーパー試験ではなく、口述試験で行えるなどSLD者の読む力の弱さを聞く力の強さで配慮しようとする試みがなされている。このように、SLDの障害特性に応じた学校やカリキュラムにより、彼らの潜在能力をより伸ばしてくれるものと思われる。

近年、読むことが苦手なSLD児童生徒に対してタブレットなどを使ったICT教育により成果を出している学校が増加してきている。平成31年度からは教員志望者に「特別支援教育」と「ICT教育」が教員免許取得に必須の単位となるため、通常の小・中・高校においてもSLD児童生徒の特性に応じた教育の進展が図られるものと期待している。

視力が弱くなった人が眼鏡をかけたり、聴力が弱くなった人が補聴器をつけたり、また歩くのが困難になった人が杖を使うことは周知の事実である。それと同様にSLD児童生徒は文章を読む際に短く区切って読むほうが理解しやすいし、さらに読むことよりも聞くことのほうが理解しやすいAuditory Learner（オーディトリーラーナー）ともいわれているように、文章を読むことが苦手であれば音声出力装置を使った学習も検討されるべきであろう。他の人ができるのだからという理由ですべて同じ教育支援を行うのではなく、学習する側のニーズや能力、興味に基づいた個別的なプログラムによって指導すべきと考える。

（梅永雄二・島田博祐）

＊文　献＊

日本LD学会編『日本LD学会LD・ADHD等関連用語集』日本文化科学社　2004
梅永雄二著『LDの人の就労ハンドブック』エンパワメント研究所　2002
梅永雄二『こんなサポートがあれば』エンパワメント研究所　2004

ADHD

point!
・ADHDの定義と特性について知る。
・ADHDの学習指導における合理的配慮の内容について知る。
・ADHDの特性が及ぼす二次障害との関係性について学ぶ。

第1節　ADHDの定義と分類

1．ADHDの定義と障害特性

ADHD（Attention Deficit Hyperactivity Disorder：注意欠陥多動性障害・注意欠如多動症）の定義には教育的定義と医学（診断）的定義がある。教育的定義では「おおよそ、身の回りの特定のものに意識を集中させる脳の働きである注意力に様々な問題があり、又は衝動的で落ち着きのない行動により，生活上、様々な困難に直面している状態（文部科学省，2013）」とされる。医学的定義としてDSM-5では､ASDやSLDと同じように神経発達症/神経発達障害群に含まれ、「①不注意症状及び/または②多動・衝動性症状が診断基準の9項目中6項目以上該当し、6か月以上持続して、様々な場面で不適応状態に至るもの」とされる（表13-1）。

不注意は気が散りやすく注意集中を持続することが困難なことで、授業内容や連絡事項の聞き漏らしにつながる。衝動性は行動を抑制できないことで、話を最後まで聞き答えることや順番・ルールを守ることが困難であったりする。多動性はじっとしていることが苦手で、離席や立歩きをしたり、過度に手足を動かしたりして､じっくりと活動や課題に取り組むことができないことをいう。病因としては、複数の経路での脳機能障害が想定され、特に前頭前野での実行機能系システムの機能不全（実行機能の障害）のため、上記の症状をきたすという考えが有力である。実行機能は目標に向け思考や行動を意識的にコントロールする能力であり、目標を達成する方略をプランニングし、それに従い行動し

表13－1　ADHDの診断基準（「DSM－5　精神疾患の分類と診断の手引き」から一部抜粋）

（1）及びまたは（2）によって特徴づけられ、機能または発達の妨げとなっているもの	
（1）不注意	（2）多動性および衝動性
a. 細やかな注意ができず、ケアレスミスをしやすい。	a. 着席中に、手足をもじもじしたり、そわそわした動きをする。
b. 注意を持続することが困難。	b. 着席が期待されている場面で離席する。
c. 上の空や注意散漫で、話をきちんと聞けないように見える。	c. 不適切な状況で走り回ったりよじ登ったりする。
d. 指示に従えず、宿題などの課題が果たせない。	d. 静かに遊んだり余暇を過ごすことができない。
e. 課題や活動を整理することができない。	e. 衝動に駆られて突き動かされるような感じがして、じっとしていることができない。
f. 精神的努力の持続が必要な課題を嫌う。	f. しゃべりすぎる。
g. 課題や活動に必要なものを忘れがちである。	g. 質問が終わる前にうっかり答え始める。
h. 外部からの刺激で注意散漫となりやすい。	h. 順番待ちが苦手である。
i. 日々の活動を忘れがちである。	i. 他の人の邪魔をしたり、割り込んだりする。

＊（1）または（2）の9症状のうち6つ（またはそれ以上）が少なくとも6か月以上持続し、発達水準に不相応なもの、17歳以上では少なくとも5つ以上の該当が必要
＊（1）または（2）の症状のいくつかが17歳以前より存在
＊（1）または（2）の症状は、2つ以上の状況（家庭、学校、職場、遊びの場、親せきといる時など）で表れる

確認し、うまくいかない場合は修正していく力である。また、実行機能の問題は情動制御の弱さとも関連し、いわゆるキレやすく、わかっていても止まらないという衝動性や感情コントロールの困難さとして表れる。背景にはドーパミンやノルエピネフリンといった神経伝達物質の分泌が少ない、あるいは過剰に取り込まれるという生化学的要因があり、その改善には後述する薬物療法が役立つ。

2. ADHDのタイプと二次障害

タイプとして多動・衝動傾向はあるが、注意力のトラブルが少ない多動性-衝動性優位型、逆に不注意傾向が高く忘れ物など多いが、多動や衝動性は目立たない不注意優位型（ADD）、両方が該当する混合型に分かれる。ADD（注意欠陥障害）の場合、トラブルやパニックなどの問題行動は目立たないので、対応や合理的配慮がなされないままでいることも多い。

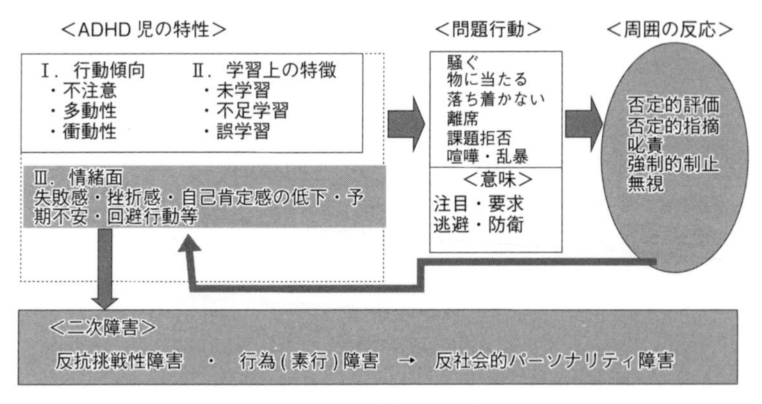

図 13－1　ADHD の特性と二次障害との関係（井上, 1999 を基に作成）

また二次障害として、幼い頃からの失敗経験の繰り返しと、それに伴う周囲の非難・叱責などによる自己肯定感の低下などが、成長と共に周囲への反発に結びつき、他者特に目上の人物に対する反抗や敵対が 6 カ月以上持続する反抗挑戦性障害（反抗挑発症）や他者の権利を侵害し攻撃や破壊行為、嘘や盗みなどルール軽視を伴う行為障害（素行症）につながり、さらに成人期に至りその一部が反社会的パーソナリティ障害に展開していくケースもある（図 13－1）。

第 2 節　ADHD 児童生徒の教育

1．薬物療法と教育

前述したように ADHD には薬物療法が有効である。ADHD に対し認可されている薬は、中枢神経を刺激するメチルフェニデート徐放剤（コンサータ）、ノルアドレナリン再取り込み阻害剤であるアトモキセチン（ストラテラ）、そして新薬として 2017 年に認可されたアドレナリン受容体に結合し、シグナル伝達を増強するインチュニブなどがある。使用にあたっては、副作用の説明も含め児童精神科医から適切な診断を受け、医療機関、家庭、学校が連携していくことが大切である。

また薬物療法の目的は不注意、多動・衝動性症状の軽減であり、ADHD を治すものではない。薬はあくまでも教育の補助であり、服用により集中できる状態になり、学習や作業に取り組めることで、「わかった、できた」という成功経験をすることが大切である。

2. 心理療法と教育における合理的配慮

行動改善には薬物療法だけでなく、SST（第20章）、行動心理療法（第19章）と併せ行うことが有効である。また学習面における環境調整として、よけいな刺激を遮断し集中できる環境づくり、声をかけやすい座席にする、刺激の多い座席は避ける、机の上のものを最小限にする、集中できる時間への配慮（集中が切れそうな場合、適度な範囲でのブレイクを入れる等）が有効である。

個別対応の基本として、ADHD児は実行機能の障害であることから、「どうするべきかわからないのではなく、わかっているのにその通りにできないこと」を理解し、できないことを叱責し「～はダメ（禁止）」を強調する対応ではなく、本人の気持ちを受け取りながら、「～するとうまくいく（促進）」という方向性を示すことが大切である。特に幼児・児童期に大人との信頼関係が崩れると、第1節の2で述べた二次障害につながる危険があるので注意が必要である。

3. 事例検討とワーク

【事例：ADHDのAさんと指導熱心なM先生の心のズレ】

Aさんは小学校2年生でADHDの診断を受けています。感情抑制が効かない面があり、いけないとわかっていても感情の高まりを自分では止められません（衝動性）。

Aさんは不器用な面もあり鍵盤ハーモニカなどで失敗すると泣き叫び、とにかく声が大きいので授業になりません。本人に理由を聞いたところ、間違えると意地悪を言う子がいて、何か言われるかと思うと不安で泣き叫んでしまうとのことでした。

熱心な指導で評判のM先生は、意地悪をする子への注意を約束した上で、本人に小学生としての自覚を促し、泣き叫ぶのを早く止めたい思いから、「小学生なのだからギャーギャー騒がない」、「10数えるまでに泣き止まなかったら、幼稚園に帰ってもらうことも考える」などを強く言い聞かせました。大好きな先生の期待に応えようと、本人は10のうちに泣き止もうと頑張っていますが、先生の思いとは裏腹に、今度は泣き止むのに失敗し怒られたらどうしようという思い（予期不安）や緊張からますます泣くようになり、M先生はホトホト困ってしまいました。

ワーク：M 先生の指導の「良かった点」と「悪かった点」及びその理由をあげ、Aさんの行動を改善するためのアイデアを考えてください。

【考え方・ヒント】

・A さんは ADHD であることから、感情が高ぶると言語指導は入りにくいので、気持ちを落ち着かせる必要があることや、自制を促す注意内容があまり入らず、できずに怒られたらどうしようという予期不安が先に立っているので、これらの点に関する対策を考えてみましょう。

また対応法の意識化という点で、「10 数えるまでに泣きやもう」という目標づけ自体はよいのですが、効果的にするにはもうひと工夫必要です。この点に関しても考えてみてください。

先生も教育熱心で児童も先生が好きで認められたいと思っているのに、互いの気持ちがすれ違っているというよく見られるケースである。本指導の悪い点として、先生はおそらく、本人の自覚を促そうという意図で、きつい言い方で叱咤激励をしているが、逆効果になっている。つまり、先生が良かれと思った自制を促す注意内容が本人の頭にはあまり入らず、「うまくできなくて怒られ、本当に幼稚園に戻されたらどうしよう」という予期不安が、起きてしまっている。

一方、「10 数えるまでに泣きやもう」という目標づけは正しく、意識化という点でも非常によいのに、「幼稚園に戻すよ」という言葉が、いわば脅しとなっていることで、台無しになっている。むしろこれに「あなたなら大丈夫、できるよ」というポジティブな暗示や落ち着くためのコーピング（第 21 章）、具体的な指示に基づくクールダウンの約束などを組み合わせていくことで、改善に結びつくと思われる（以下、具体例）。

記憶の弱さも若干あるので、上記の約束を箇条書きで紙に書いて、名前を署名してそれを「お約束シート」として意識させてもよいかもしれない（行動契約法）。校長先生とか、お母さんなど複数の人に署名してもらうとより効果的である。

【改善に向けての具体案】

落ち着いている時に、対象児童と次の約束をする。

⇩

・どんなことでも、はじめはうまくいかず、みんな失敗しているから大丈夫、いっぱい失敗してうまくなるから､いっぱい失敗しよう！！（だから泣かなくてもいい）(暗示)。この前にしっかりと勉強したから「できるよね！！」は禁句！！　こうした発言は暗に失敗を容認しないプレッシャー発言となる、他の児童に対しても同じ。

⇩

・それでもつらくて泣きたくなりそうだったら、「思い切り息を吸って、ハーってはいてみよう、それから目をつぶって10数えてみよう」（動作化によるコーピング)。

⇩

・それでもだめだったら、先生に言って、落ち着ける場所（場所は対象児童と話し合って決める）で休もう、クールダウン場所では泣いてもいいが、できるだけ泣かないようにしよう！　泣く場合でもできるだけ小さく泣いてみよう！　落ち着いたら、授業に戻ってこよう（無理のない最小限の努力目標、具体的な指示に基づくクールダウンの約束）

⇩

・本人が頑張って戻れたら、その場ですぐにほめる（～ちゃん、いいね！）＝即時的なポジティブフィードバック

（島田　博祐）

＊文　　献＊

稲垣真澄・米田れい子「ADHD　注意欠如多動性障害」日本発達障害学会監修『医学診断／福祉サービス／特別支援教育／就労支援』福村出版　2016　pp. 20-21

井上とも子「注意欠陥多動性障害への教育的アプローチ――情緒障害通級指導教室での指導を中心に」『発達障害研究』21（3）　1999　pp. 192-201

国立特別支援教育総合研究所『特別支援教育の基礎・基本（新訂版）』ジアース教育新社　2015

文部科学省特別支援教育課「教育支援資料」 2013

高橋三郎・大野裕監訳『DSM-5 精神疾患の分類と診断の手引き』医学書院　2014

山下裕史朗「ADHD の治療薬」日本 LD 学会編『発達障害事典』丸善　2016　pp. 420-421

ASD

point!
・ASD の定義と特性について知る。
・ASD の学習指導における合理的配慮の内容について知る。
・ASD の社会的適応の困難さを知り、適切な支援を考える。

第1節　ASD とは

1．ASD の概念

ASD（Autism Spectrum Disorders：自閉スペクトラム障害）は、大きく２つの特徴が発達のごく早い段階から認められる状態をいう（DSM- 5，2014）。第１の特徴は、社会的コミュニケーションや対人的相互反応の問題が複数の場で持続してみられることである。具体的には対人的、情緒的なやり取り（たとえば、興味や感情の共有）の難しさ、人とのやり取りにおいて非言語的コミュニケーション（たとえば、アイコンタクト）を用いることの困難さ、そして、人間関係を理解したり発展させたりすること（たとえば、見立て遊び）の難しさがある。相手の目を見ないで話をすると、会話はうまく進みにくい。また、自分の興味や関心のあることを一方的に話してしまうと、相手との人間関係は成立しにくくなる。社会的コミュニケーションや対人的相互反応の問題とは、相手と相互に関わることの難しさをはじめとした人との関わりのもち方が一般的でないことを意味している。

第２の特徴は、行動や興味の幅が極端に狭かったり、活動が限定されていたり、同じようなことを繰り返したりすることがみられることである。具体的には、決まりきった動作（たとえば、手を目の上にかざしてヒラヒラと動かす（ハンドフラッピング）、身体を前後に揺らす（ロッキング））、物の操作（たとえば、積み木を車に見立てて遊ぶのではなくただ一列に並べ続ける）、話し方（場にあまり相応しくない形式ばった言い方）を繰り返す、同じようなやり方を強迫的に押し通す（たとえば、下校時に特定のマンホールの蓋の上を通らないと気が済まない)、ある事柄に異常に強い関心を示す、特定の感覚刺激に強く反応したり、逆に反応がみられなかったりすることである。このように、周りから見ると特に意味があるとは思えないような行動をひたすら繰り返したり、同じ状態になるようにひどくこだわったり、限定された興味に熱中したりするなど対象や程度が一般的に考えられる範囲を超え、非効率的で特異なやり方に固執することが行動や興味・関心の著しい限定とされる。

なお、スペクトラム（Spectrum）という用語は、幅とか範囲と訳される。ASD の特徴は、一人ひとりによって異なっている。しかし、多少の差異はあっても、対人関係やコミュニケーション、行動や興味、活動に共通して支援が必要な存在と捉える方が、支援をすみやかに開始できると考えられている。

また、年齢の早い段階では、２つの特徴が顕在化していないこともある。一方、年齢が高くなると自分なりの対処方法を工夫することによって問題が表面化しなくなることもある。しかしながら、基本的に、これまで述べた特徴が発達のごく早期の段階から認められ、社会生活、学業や仕事、その他の生活の領域で大きな支障が生じている場合に ASD とされる。

2．ASD の実態

（1）ASD の原因

これまでの研究から、ASD の原因は脳の機能障害にあることが明らかにされてきた。そして、それらは多様な背景疾患によってもたらされると考えられている。現在、原因疾患は特定されていないものの頭部 CT 検査、MRI 検査、神経化学的な研究から少しずつ原因が解明されつつある。ところで、ASD は脳の機能障害を原因とするため、その発達過程において脳波異常やてんかんといった医療的ニーズをもつ場合がある。そのため、幼児期から医療と連携した支援が大切になる。

（2）ASD の下位タイプ

ASD の状態をより的確に理解するために、DSM- 5ではいくつかの留意事項を示している。具体的には、知的障害の有無、言語障害の有無、身体的問題の有無、他の発達障害の有無、そしてカタトニアの有無である。カタトニアとは、じっと動かなくなってしまったり、動作が緩慢となったり、それまでできていたことができなくなってしまったりすることをいう。

なかでも、知的障害の有無は、教育環境の選択に大きく関係することもあり丁寧な理解が必要となる。ASD のある子どもの知的発達は、標準的な範囲をかなり超える高い水準から、最重度知的障害とされるかなり低い水準まで広範囲に分布している。1990 年代後半では、知的障害を伴わない ASD は、ASD の約５割とされてきたが（たとえば、Honda et al, 1996）、最近では知的障害を伴わない ASD の割合が７割を超える可能性が示唆されている（横浜市教育委員会, 2014）。

（3）ASD の就学状況

通常の学級では、約 1.1％の児童生徒が ASD の特徴に近いとされている（文科省, 2012）。しかし、実態としてはさらに多い可能性がある。たとえば、横浜市教育委員会は通常の学級に小学校は 3.8%、中学校は 2.4%の割合で ASD の特性のある児童生徒が在籍していることを報告している（横浜市教育委員会, 2014）。また、小・中学校の自閉症・情緒障害特別支援学級で約７割、知的障害特別支援学級で約３割の児童生徒が ASD と報告されている（特総研, 2008）。知的障害特別支援学校は小学部、中学部、高等部で在籍状況に差があるものの、各学部を平均すると約６割が ASD とされる（横浜市教育委員会、2014）。

以上から、ASD の子どもは幼稚園から高校や大学まで、また通常の学級から、自閉症・情緒障害特別支援学級、知的障害特別支援学級、さらには特別支援学校とあらゆる学校や学級に就学しており、どのような学校や学級でも、ASD の理解と個に応じた指導や合理的配慮に取り組むことが求められている。

第２節　ASD の特性

1．心 理 特 性

（1）感覚不全と刺激への限定的な反応

ASD の代表的な心理特性として過敏性や鈍麻性といわれる感覚刺激に対する過剰あるいは過少な反応がある。過敏性とは、たとえば、泣き声、身体接触、食材など一般的にはそれほど影響のない感覚刺激に対して強い不安や情動的な興奮が生じたり、著しい拒否反応が生じたりすることをいう。それらは、教師からの言葉かけや身体的な促し、さらには服装の色合いに対しても生じる。そのため、ASDのある子どもの指導や支援においては、過敏性や鈍麻性をもたらしやすい感覚刺激を把握し、適切な活動水準を維持できるように配慮する必要がある。また、強い不安や情動的な興奮が生じる前に前兆となる行動が見られることがある。安定して活動に取り組めるように前兆行動にできるだけ早く気づいたり、強い情動的な興奮が生じたりした時の対応方法を事前に検討しておく必要がある。

ASDの子どもは、ある特定の刺激要素のみに限定的に反応してしまう傾向がある。それを、刺激の過剰選択性（Stimulus Overselectivity）という。たとえば、先生から「赤いボールを取って」と指示された時は、「赤」と「ボール」という両方の刺激要素に注意しなければならない。指示を分かりやすく伝えるためには、刺激の過剰選択性の特性に配慮してできるだけシンプルな指示を心がける必要がある。

（2）意味理解の弱さと認知能力のアンバランス

たとえば、4枚の絵カードを並べて「男の子が自転車で転んでケガをした」というお話を作る時は、男の子の表情変化を手がかりに物語を作っていかなければならない。男の子の表情の変化といった刺激が、物語の全体を構成するときの文脈刺激となる。しかし、ASDの子どもは、物語の全体を構成する時の文脈刺激に気づきにくい。情報を文脈に沿って処理し高次の意味を作り出す心的機能を中枢性統合（Central Coherence）というが、ASDの子どもは中枢性統合の弱さ（Weak Central Coherence）から物語や場面の全体的な意味を理解することが難しいとされる。そのため、意味理解や全体的な状況を理解するには、文脈刺激をはっきりさせ変化を読み取りやすいように配慮する必要がある。

ASDの子どもは、絵や音楽等の記憶や暦計算能力等に特殊才能といわれる強い認知能力が見られることがある。一方で、ままごと遊びなどの物を見立てる力（象徴能力）や、活動の見通しなど時間や空間を構成する力（想像力）は著しく弱いとされる。標準的な知的発達のあるASDの子どもでも、象徴能力や想像力は不得意とされる。そのため、限定された行動、関心、活動パターンの繰り返しがみられやすいと考えられている。日常的な行動観察、提出物、可能であれば心理検査を活用して、個の強い認知面と弱い認知面を的確に把握し、できるだけ強い認知面を活かすことや、「thinking as picture（視覚的に学ぶ人たち)」（テンプル・グランディン，1994）といわれるように視覚的な認知能力の強さを活かしたはたらきかけが必要となる。

（3）社会性の発達の遅れ

ASDの中核的な特徴ともいえる、人との関わりの持ち方の障害は、社会性の障害として説明されることが多いが、その背景には共同注意や他者視点の取得の難しさが関係していると考えられる。共同注意とは、自分と相手との認知や情動の共有であり、相手と対象物に相互に視線を送ることで成立する。しかし、ASDの子どもとの視線の合わせにくさは共同注意の成立を著しく困難にする。また、他者視点は、相手の立場に視点を移動させることであるが、発達の初期から母親等のごく身近な人との関わりの難しさをもつASDの子どもは、他者視点の取得が遅れてしまい、結果的に相手の気持ちや意図を理解することが難しくなる。社会性の支援では、相手との相互作用ができるだけ円滑に行われるように配慮することに加え、ASDのある子どもがルールやその場の状況を理解しやすいように、相手の気持ちや意図を具体的に伝えたり、どのように行動すればよいか明確に示したりすることが大切になる。

（4）その他の心理的特性

多くのASDの子どもに極端な不器用さ、すなわち発達性協調運動障害が認められる。書字や着替えなど毎日の学習や生活に必要な諸動作を、目と手を協応させながらうまく取り組むことが難しい。あるASDの中学生は、柔道着の下衣のひもを柔道の単元が終わるまで何度練習しても結べなかった経験がある。

また、衝動性の強さも共通してみられやすい。たとえば、理科の実験で、手順書と照らし合わせて一つずつ進めていくと成功しやすいが、手順書がないとあわてて取り組んでしまい失敗してしまう、などである。衝動性の強さは、行動抑制の発達の弱さが影響していると考えられるため、行動の合間に手順書を確認させるなど、行動を中断して実行機能がうまく作用するような機会を意図的に設定する必要がある。

■2．学習の特徴

ASDの子どもの代表的な学習上の特徴として、応用や定着（習得した知識やスキルの般化や維持）の難しさがある。たとえば、教室で身につけた知識やスキルは、他の教科や家庭といった別の場面でも応用されることが期待される。ところが、ほとんどのASDの子どもは、新しい場面や状況が変化すると身につけたことを応用しにくい。そのため、般化や維持を期待して待つのではなく、新しい場面や状況でその都度、必要なことを教える必要がある。

また、学習に取り組むための動機づけの問題がある。あることを身につけるためには、学習に必要な行動を自発し、習得に向かって持続的に取り組んでいくエネルギーが必要となる。それが動機づけである。動機づけは、知的好奇心や自らの達成感からもたらされることもあるが、人からの承認や評価によるところが大きい。しかし、ASDのある子どもは、人との関わりやコミュニケーションに困難性をもつため、動機づけを高めるための特別な配慮や工夫が必要となる。たとえば、ASDの子どもが好む活動や喜ぶ刺激を見つけ、取り組んだ直後にそれらを即座に与えることが動機づけを高めるために有効となる。

ASDの子どもの追跡研究から、ASDの特徴は青年期、成人期まで長期にわたって続くことが確認されている。特に加齢とともに発達の諸領域間の個人内差が拡大し、生きにくさが高まることが指摘されている。ASDの子どもが今と将来にわたり豊かな生活を実現できるよう、長期にわたって系統的な指導・支援を行う必要がある。

第3節　ASDの学習上、生活上の困難性

1．ASDの子どもの生きにくさ

ASDの人にインタビューすると、人とうまく関わりたい、学校や家庭で行動上の問題を起こすことなくうまく過ごしたい、人の役に立ちたい、社会に貢献したいという願いを強くもっていることがよく伝わってくる。ところが、ASDの特徴から、うまく関わりたくても先生や仲間とうまく関われない、自分の思いや考えが伝わらない、わかってもらえない、学習や生活に見通しをもちにくい、意欲的に取り組みにくいということが起こりやすい。また、意に反して周囲から叱られたり、否定的に評価されたりするなど失敗体験をもちやすい。ASDの子どもと周囲との関わりの不調が続くことで、学習や生活場面の嫌悪性

が高まり、教室からの飛び出しや担任や級友とのトラブルが起こりやすくなる。

その結果、出席停止という対応が取られたり遠足に行かないで自宅で待機したりといった、一般の子どもにはごく当たり前の機会が与えられなくなることがある。また、ASD の子どもの不安や緊張の増加、自尊心の低下、無力感、社会に対する憎悪などの心理面の障害や、緘黙、神経性習癖、不登校、引きこもり、暴言や暴力、依存性、睡眠障害などの行動面の障害が生じることになる。つまり、自らが困っていることを不適応行動でしか表現できない状態になる。ある事例では、小学校に就学したまもなくから不登校となり、25 歳になった時点でも社会的に引きこもった生活を送っている。その間、祖父母への暴力といったことも生じている。ASD の子どもの生活の制限や生き方の制約が、家族も巻き込みながら青年期、成人期まで長期にわたって続くことで、生きる意欲が失われ、自立した主体的な生活をあきらめてしまうことになる。

ASD の子どもの自立と社会参加を実現するためには、ASD の子ども一人ひとりの学習や生活上の困難性（困っていること）をよく理解し、それらの軽減・解消と日々の充実した生活に向けて取り組んでいくことが不可欠となる。その際、ASD の子どもの多くが、周囲に対して極端に気兼ねや遠慮、強い引け目や罪悪感、申し訳ないという気持ちがあることを理解しておく必要がある。

ところで、自閉スペクトラム障害は見えにくい障害といわれ、その特性や困難性が分かりにくい。そのため、「氷山モデル」(Schopler, 1995) の視点を用いるとよい（図 14 － 1）。たとえば、パニックといわれるひどい混乱や他害といった見かけの問題は、ほとんどの場合、感覚面やコミュニケーションの不全性に加えて社会的な判断力の弱さや感情の気づきにくさなどの問題から生じている。ASD の子どもの見かけの問題を、基礎にある問題から理解することで行動の理解や合理的配慮の手がかりが得られやすくなる。

■2．心理特性の理解と合理的配慮

ASD の心理特性を強い面と弱い面、そして弱い面に対する合理的配慮の視点に分けて示した (Schopler, 1995)（表 14 － 1）。弱い面には、意味を理解すること、情報を統合すること、雰囲気やニュアンス・あいまいなことを理解すること、新しい場面や状況への適応、他者を理解すること、音や声、食材、相手からの

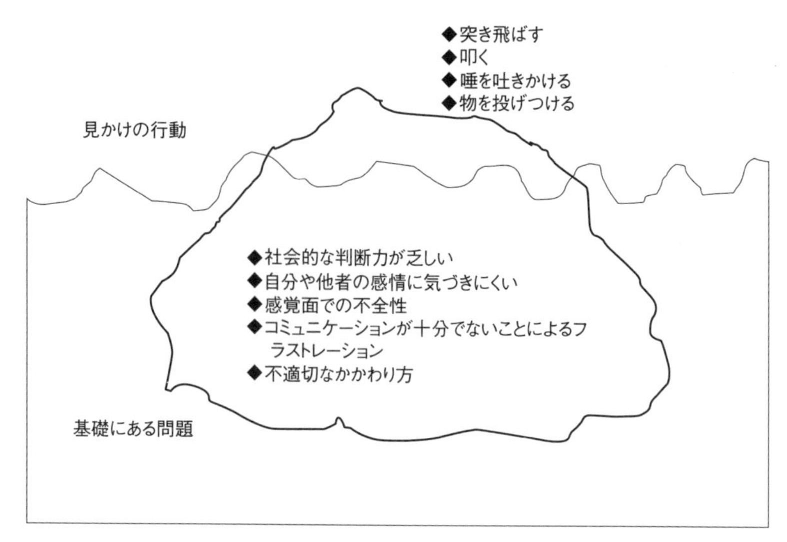

図 14 －1　見かけの問題と基礎にある問題の理解（氷山モデル）

接触など聴覚、味覚、触覚などの刺激に対する過敏性、時間・空間概念の理解などがある。

たとえば、校外学習の予定が何らかの都合で変化しても、一般の子どもたちはそれほど大きく混乱することはない。途中で豪雨になったため、徒歩ではなく先生の車で送ることになっても、混乱するよりもむしろ喜ぶであろう。しかし、ASD のある子どもは、それらのちょっとした予期しない変化にうまく対応することができず、大きく混乱してしまうことがある。

弱い面への合理的配慮には、構造化のアイデアが有効である。普段から見通しをもちやすい設定を整えたり、変化がある時は予告したり、どうするか具体的に伝えたりすると安心して取り組みやすい。また、言葉だけで指示するのではなく、絵や写真、文字など視覚的な手がかりも活用すると分かりやすい。ASD のある子どもの立場から、今どこにいて、何をしたらよいか、どのくらい長く（多く）したらよいか、終わりに向かっていることをどのように知ればいいか、終わったら次は何をするかという点に視覚的に応えるような手立てを整えていくとうまくいきやすい。学校や家庭で行動的な問題が起きている場合は、行動問題の意味や理由を理解し、できるだけ望ましい、あるいは代替とな

表 14 − 1　ASD の心理特性と合理的配慮の視点

強い面	弱い面	弱い面への合理的配慮の視点
細かなところに注意がいく	刺激や情報を統合する	混乱させるものを取り除く 大切なことを強調する
事実は学習できる	意味を理解する	抽象的なことを具体化する 意味や機能を教える
ルールは学習できる	場の雰囲気、ニュアンスを理解する あいまいさを許容する	期待されていることを明確にする 場面や状況の読み取りを促す
スキルは学習できる	新しい場面や状況への適応	それぞれの場面でしっかりと教える 行動の手順を示す配慮をする
特別な興味・関心をもつ	他者を理解する	どのように行動すればよいか示す 自己や相手との感情の共有の仕方を教える
	感覚、覚醒刺激へのストレス	感覚的な過敏性を尊重する 過敏性に影響する刺激を同定する 前兆行動に気づく 穏やかで静かな指導に配慮する
	時間や空間を構成する	見通しをもちやすい環境を整える

る行動を増やしていくこと、ASD のある子どもの過敏性について理解し、過剰な感覚刺激に対する配慮も忘れてはならない。

一方、ASD の子どもの強い面として、細かいところに注意がいくこと、細かく丁寧にしかも一定の速度で作業をすること、明確な手がかりや指示があれば教えられたスキルを確実に実行できること、具体的なルールや見通しがあれば日課をきちんと遂行できること、絵画、工作、音楽などの芸術的な活動をはじめとした特別な興味や関心をもつことなどが挙げられる。それらは、ASD の人の社会的な価値や存在を高めたり、周囲の信頼を得たり、場を和ませたりするのに十分な力となる。大切なことは長所や好み、才能、特技、達成してきていることなどその人のもつ強さを発見し、どんな支援や手助けがあれば今ある力を最大限に発揮できるかという肯定的な視点から支援を展開していくことである。

第4節　ASDの支援法

ASDの子どもの支援法として、応用行動分析のABC分析の考え方をもとにしたABC指導法が有効である。教育的アセスメントから、今の充実を図るために必要な具体的な力を明らかにする。そして、それらを標的行動（Behavior）として設定する。標的行動ができるだけ自発的に生起するように、標的行動が生起する直前の状況（先行条件：Antecedent）と直後の状況（結果条件：Consequence）について工夫しながら指導する（第19章参照）。

たとえば、授業が始まる時に教科書とノートを準備する行動であれば、授業の開始を知らせるチャイムや先生の「授業を始めます」という言葉かけが先行条件となる。そして、準備した直後に先生がうなずいたり授業を始めたりすることが結果条件となる（図14－2）。もし、標的行動が生起しにくい場合は、標的行動の難易度や複雑さを吟味するとともに、準備物を板書するなど視覚的な手がかりを先行条件に加えたり、準備物カードを用意してうまく準備できたら準備物カードにチェックを入れてほめるなどの結果条件に工夫を加えたりして指導する。つまり、ABC指導法とは、ASDの特徴を理解して、児童生徒に有意味で達成可能な標的行動を設定し先行条件、結果条件を効果的に工夫することで、ASDのある子どもが主体的に取り組む力を促していく方法である。その際、先行条件や結果条件に、前もって見てわかる合理的配慮を加えていくとASDの子どもが行動しやすく、また手応えをもちやすくなる。

繰り返しになるが、ASDの特徴は青年期、成人期まで持続する。そのため、乳幼児から成人期まで長期にわたって継続的に指導・支援していく必要がある。その際、ASDのある子どもはもちろん、家族や級友などともに学習や生活を

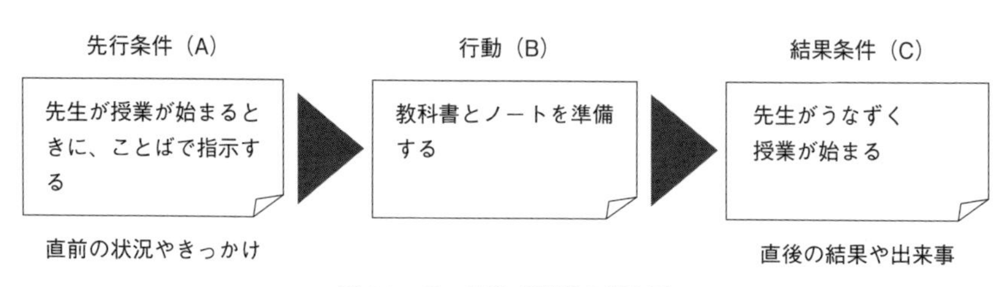

図14－2　ABC指導法の概念図

する人々も支え続けていくことが不可欠になる。ASDの子どもを熱心に支援することはとても望ましいことであるが、ASDの特徴や心理特性を理解しないで対応してしまうと、学校や家庭での不適応を強めてしまう。もっとも身近な存在である教師が、本人の特徴をよく理解して、得意分野に気づき伸ばしたり分かりやすい環境を与えたりするなど、こうしたらもっと良くなると肯定的に接していくことで、ASDの子どもの才能や可能性が大きく開花することになる。

（渡部　匡隆）

＊文　　献＊

American Psychiatric Association（1994）*Diagnosis Criteria form DSM-Ⅳ*. American Psychiatric Association.（高橋三郎・大野裕・染矢俊幸訳『DSM-Ⅳ　精神疾患の分類と手引き』医学書院　1995）

Honda, H. et al（1996）Cumulative incidence and prevalence of childhood autism in children in Japan. *British Journal of Psychiatry*, 169, pp.228－235.

国立特別支援教育総合研究所「小・中学校における自閉症・情緒障害等の児童生徒の実態把握と教育的支援に関する研究――情緒障害特別支援学級の実態把握及び自閉症、情緒障害、LD、ADHD通級指導教室の実態から――」『国立特別支援教育総合研究所平成19年度課題別研究調査報告書』2008

文部科学省「通常の学級に在籍する発達障害のある可能性のある特別な教育的支援を必要とする児童生徒に関する調査結果について」文部科学省初等中等教育局特別支援教育課　2012

Schopler, E.（1995）Introduction：Convergence of parent and professional perspectives. In Schopler, E.（Ed.）*Parent survival manual：A guide to crisis resolution in autism and related developmental disorders*. New York：Plenum Press, pp.3－20.

テンプル・グランディン，マーガレット・スカリアーノ，カニングハム久子訳『我、自閉症に生まれて』学習研究社　1994

東京都教育委員会「社会性の学習――東京都立知的障害特別支援学校中学部自閉症学級指導書――」東京都教育庁指導部義務教育特別支援教育指導課　2012

横浜市教育委員会「自閉症にやさしいまち、横浜　自閉症教育の手引きⅡ――認めよう、見つめよう、育もうⅡ――」横浜市教育委員会特別支援教育課　2014

DCD

point!

- ・発達障害の一領域としてのDCDを知る。
- ・DCDの定義と特性について知る。
- ・DCDの学習指導における合理的配慮の内容について知る。
- ・DCDの運動指導に関し、具体的事例を通じて学ぶ。

第1節　障害の定義と分類

1．DCDの定義と特性

通常の学校や特別支援学校など、さまざまな教育現場において身体的不器用さが気になる子どもを見かけることがある。運動は、大きく粗大運動（Gross motor skill）と微細運動（Fine motor skill）に分けることができるが、身体的不器用さとは、この粗大運動系と微細運動系のいずれかまたは両方に困難さがあり、その問題は多岐にわたる。

具体的には、粗大運動系の問題として「飛んできたボールが取れない」、「ボールが体の中央にあると、どっちの足で蹴ったらよいか分からなくなってしまう」、「縄跳びやスキップができない」といった事例や、微細運動系の問題として「更衣の際にボタンがはめられない」、「ズボンのチャックが閉められない」、「線が真っ直ぐに引けない」、「はさみが上手に使えない」、「枠からはみ出さずに色が塗れない」といった事例があった。このような事例はさまざまな運動を組み合わせる協調運動（coordination）の問題として捉えることができるが、協調運動の困難さを示す概念の1つにDCD（Developmental Coordination Disorder：発達性協調運動障害（症））がある。

発達障害の定義については、発達障害者支援法（2004）にある「自閉症、アスペルガー症候群その他の広汎性発達障害、学習障害、注意欠陥多動性障害」などが広く知られているところである。しかしながら、「その他これに類する脳機能の障害」という一文や発達障害者支援法施行令（表15－1）においても、「協調運動の障害」という項目が明記されているにもかかわらず、まだまだ世間一般には、DCDが広く知られているとは言えないと感じている。このような背景として、DSM-5（2013）においてはASDとの併存診断も可能になったが、DSM-TR（2007）においてASDやADHD等の診断がある場合はDCDが除外されていたことも、認知が広がっていない要因の1つと考えられる。そして、今後は併存診断が可能になったことで、DCDの診断があるケースが増える可能性があるとともに、社会参加へ向けてより具体的な支援や理解も求められる。当然ながら、学校教育に対する期待やニーズも大きくなっていくだろう。

運動に関する診断名に用いられた用語としては、不器用な子ども症候群（clumsy child syndrome）や発達性失行（developmental apraxia）、感覚統合機能障害（sensory integrative dysfunction）、統合運動障害（dyspraxia）などがあるが、DCDは、2013年に発表されたDSM-5において神経発達症群に位置づけられており「A　運動技能の稚拙さ」、「B　運動技能の稚拙さが及ぼす影響」、「C　小さな時から動くのが苦手」、「D　運動技能の習得を困難にする他の障害がない」の4つの項目から診断基準が設けられている（表15－2）。運動に関する疾患であるDCDがなぜ精神疾患の分類に入っているかという理由は、DCDの発症機序が明確になっていないことや、二次的な問題も含めた行動問題が精神保健関係者の支援の対象となっているからである（宮原，2017）。

おもな有病率は5～11歳の子どもにおいて5～6％とされており、7歳では1.8％が重度、3％がハイリスクとなっている。また、成人での残存が50～70％と言われている。次に、他の疾患との関係を図15－1に示すが、DCDはASDとの関連が報告されており、日本人のASD男児における検討では、約40％に不器用さを伴うことが報告されている（中井，2015）。そして、ADHDとの併存も55.2％といわれており、北欧では「DAMP（Deficit in Attention Motor control and Perception）症候群」と呼ばれている。さらに、DCDは身体運動面だ

表15－1　発達障害者支援法施行令における発達障害の定義（厚生労働省，2005）

第一条　発達障害者支援法（以下「法」という。）と第二条第一項の政令で定める障害は、脳機能の障害であってその症状が通常低年齢において発現するもののうち、言語の障害、協調運動の障害その他厚生労働省令で定める障害とする。

表 15−2　発達性協調運動障害の診断基準について（DSM-5 の日本語訳版，2014 を基に作成）

A　運動技能の稚拙さ 協調運動技能の獲得や遂行が、その人の生活年齢や技能の学習および使用の機会に応じて期待されるものよりも明らかに劣っている。その困難さは、不器用（例:物を落とす、または物にぶつかる)、運動技能（例：物をつかむ、はさみや刃物を使う、書字、自転車に乗る、スポーツに参加する）の遂行における遅さと不正確さによって明らかになる。
B　運動技能の稚拙さが及ぼす影響 診断基準 A における運動技能の欠如は、生活年齢にふさわしい日常生活活動（例：自己管理、自己保全）を著明および持続的に妨げており、学業または学校での生産性、就労前および就労後の活動、余暇、および遊びに影響を与えている。
C　小さな時から動くのが苦手 この症状の始まりは発達段階早期である。
D 運動技能の習得を困難にする他の障害がない この運動技能の欠如は、知的能力障害（知的発達症）や視力障害によってうまく説明されず、運動に影響を与える神経疾患（例：脳性まひ、筋ジストロフィー、変性疾患）によるものではない。

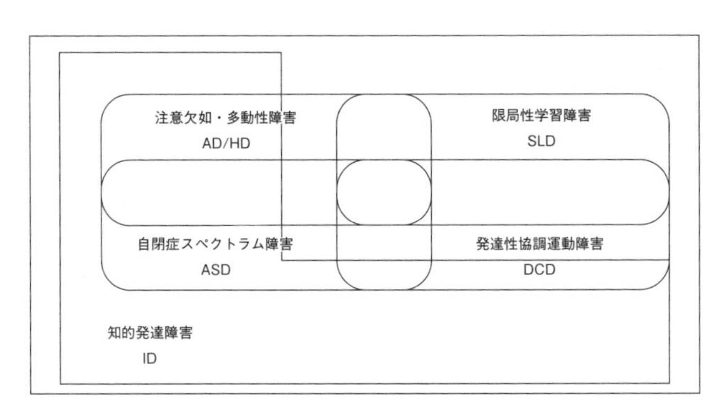

図 15−1　DSM-5 におけるおもな神経発達障害の関係（中井，2015）

けでなく、心理社会面にも影響が及ぶことが指摘されている（宮原，2014）。ゆえに発達障害児者の支援を考えていく上で、身体的不器用さに着目することはきわめて重要な視点であり、運動の困難さから生じる二次的な自尊感情の低下などにも、細心の注意を払う必要があるといえるだろう。

2．DCD の診断および評価について

DCD の診断には、一般的な神経学的診察に加え、いわゆる soft neurological signs（SNSs：微細神経学的徴候）が評価される。これには「閉眼片足立ち」、「継ぎ足歩行」、「前腕を内側や外側に交互に回転させる運動（連合運動）」、などが

あるが、日本においては、協調について客観的に評価する標準的な検査方法がまだ確立していないため、これらを複数組み合わせ、包括的に診断しているのが現状である（中井, 2004）。

運動発達における評価方法は、大きく「運動能力・体力検査型」と「合否判定型」の2つに分けることができる（澤江, 2012）。前者は運動場面における総合的なパフォーマンスを評価するもので、代表的なものとして新体力テストがある。そして後者は、一定の動作などが成熟しているかといった視点から判定、評価するもので、検査器具を使用して運動パフォーマンスを確認する。このような運動発達を検査する評価ツールにはさまざまなものがあり、主訴に応じて使用していくことが大切である。

表15−3には運動発達の評価ツールについて代表的なものを記す。国内においては、目的となる動作が日常的に確認されるかをチェックする発達性協調運動障害質問紙（Developmental Coordination Disorder Questionnaire=DCDQ）や協調運動の検査に用いられているMovement Assessment Battery for Children-Second Edition（M-ABC 2）などは、日本の子どもたちを対象とした標準化が進められている（中井, 2014）。

表15−3　微細運動と粗大運動スキルに関する代表的なアセスメントツール（リサ・A・カーツ, 2012）

検査名	対象	所要時間	内容
Buinninks-Oseretsky Test of Motor Proficiency 2	4歳〜21歳	45〜60分	8つの下位検査によって評価を行う。
Movement ABC 2	3歳〜16歳	20〜40分	3つの運動要素によって構成されたテストとチェックリストによって評価を行う。
Peabody Developmental Motor Scales 2	出生〜6歳	45〜60分	粗大運動（反射運動、静的バランス、移動運動）と微細運動（物的操作、把握動作、目と手の協応）によって評価を行う。
Test of Gross Motor Development-Second Edition	3歳〜10歳11カ月	15〜20分	6つのスキルが含まれた2つの下位検査によって評価を行う。
Toddler and Infant Motor Evaluation（TIME）	出生〜3歳6カ月	15〜45分	乳幼児の典型的な運動発達上に見られる動きの質と、運動能力の機能的パフォーマンスへの関係性を測るためにデザインされている。

第2節　身体・心理的特性

1．基礎的な感覚の発達に関する問題

われわれが生活している中で、日常的に意識している身体的な感覚として触覚、嗅覚、味覚、視覚、聴覚の五感がある。これらの感覚の発達につまずきがあることで、日常生活にもさまざまな影響が出てくる。DCDの感覚調整に限定した研究はあまり報告がないが、ASDやADHDとの併存があることからも、感覚のモダリティは重要な視点の1つであるといえる。たとえば視覚につまずきがあれば、「モノや文字の形を捉えることが上手にできない」ため、「書字がうまくいかない」といったことが想定される。聴覚につまずきがあれば、「雑音の中から必要な音を聞き分ける」といったことや「文字と正しい音を結びつける」といったことに困難さが出てくることが想定される。そして、さまざまな音を聞き分けることの困難さだけでなく、識別の問題から苦手な音を脅威と感じることもあるだろう。触覚につまずきがあれば、モノの操作や触られることを嫌がるといった困難さに加え、皮膚全体に張り巡らされているセンサーの役割があることから、触れたものを識別するだけでなく危険を察知するなど、本能的な情動のスイッチが入りやすいといった困難さが生じることも考えられる。

そして、このような日常的に意識できる感覚よりも、もっと潜在的な感覚に前庭感覚（vestibular sense）がある。前庭感覚とは、乳児（期）の5カ月ぐらいに発達する感覚で、重力を感じたり、体の傾きに気づいたりする感覚である。前庭感覚が過反応（高すぎる）の場合は、高所や揺れに対する不安（重力不安）や乗り物酔いをしやすいといったことが考えられる。逆に低反応（低すぎる）の場合には、目が回りにくいといったことや、バランスが取れずに転倒しやすいといったことが考えられる。この前庭感覚は、「①脳幹網様体に作用し、覚醒水準を調整する」、「②姿勢の保持や調整をする（前庭一脊椎反射）」、「③自律神経を整え情緒を安定させる（前庭一自律神経反射）」、「④眼球運動を調整する（前庭一動眼反射）」といった4つの機能がある。また、前庭系に起因する眼球運動の発達には文章を読んだり、動いているものを目で追ったりする「追従性眼球運動（パスート）」、さまざまなものを探したり、見比べたりするような視線を高速に移動する「衝動性眼球運動（サッケード）」、そしてカメラのピントを合わ

せる機能である「散開」、「輻輳」などが関連しており、人間が日常生活をしていく上で、重要な機能をもっている。

次に、筋肉や関節の感覚である固有受容感覚（proprioception）がある。固有受容感覚は、筋肉の張り具合や関節の曲げ伸ばしを感じ取る機能があり、この感覚によって、自分の身体の位置や動きを把握し、身体を動かすことができる。また、視空間認知や身体イメージの形成にも関与していることから、固有感覚につまずきがあると動きが大雑把になり、粗い動きが目立つ。上述してきたこれらの基礎的な感覚の関係性について前庭感覚をカメラのピントの調整機能とすると、固有受容感覚はそれを支える三脚の役割だといえる。

基礎的な感覚の発達のプロセスは自己と外界をつなぐ大切な鍵になるが、このプロセスが円滑に行われていないことを感覚間調整障害（Sensory Modulation disorders）という。協調運動が苦手な子どもたちには、このような感覚の調整が円滑にできていないため、自分の体に対する実感が弱いという事例も報告されている。図 15－2 は子どもの模倣場面だが、左側の指導者が提示したポーズとズレが生じているのが分かるだろう。このような運動場面のエラーの要因として身体機能や運動スキルの習得に限定するのではなく、基礎的な感覚の入力や運動パターンの出力等、多面的な視点で困難さを捉えていくことが有用である。

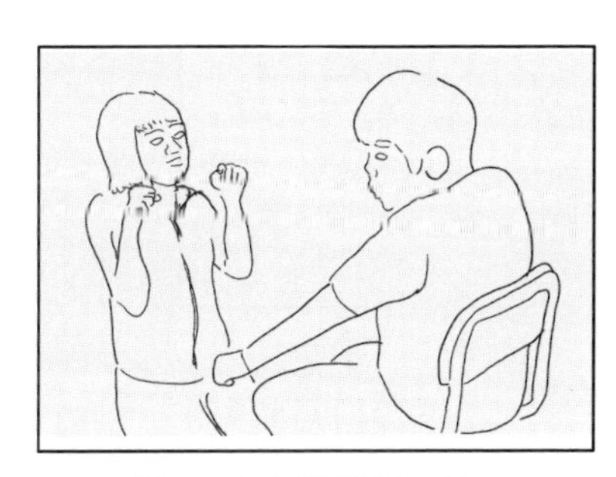

図 15－2　模倣場面のエラー

第3節　教育課程と学習・生活支援のおもな方法

1．DCD の学校での課題について

DCD は、診断基準において知的障害や神経・筋疾患等の併存診断が除外されることから、基本的には通常学級で教育を受けることになる。しかしながら、ASD や ADHD との併存があるケースでは通級を利用することや特別支援学級で教育を受けることもある。また、場合によっては特別支援学校に入学することもあるだろう。複数の動きをまとめあげる協調運動につまずきが生じて

いるこの障害は、粗大運動や微細運動の困難さから体育や書字、工作といった学習場面に限らず、着替えや摂食といった日常生活全般に困難さが出る可能性が考えられる。一方で、まだまだ知名度や理解は低く、誤解や無理解から間違った指導や支援を受けることがある。そしてこのような運動行為の困難さは、心理面への影響から「体育の授業への参加を拒否する」、「図工・美術の作品づくりを嫌がる」といった「学校の授業に対する参加の拒否」や「集団参加を嫌がる」というような二次的な障害が生じている事例もあった。ゆえに、運動の困難さから生じる種々の問題を防ぐために運動発達支援を促進することは、重要な教育課題の1つであり、運動を専門とする体育やスポーツの指導者のみならず、教育現場において実践的な立場を担う者の役割はとても大きなものだといえる。

図15−3　姿勢の崩れ

図15−3は、姿勢の保持があまり得意ではない子どもの学習場面の様子だが、課題に集中すると徐々に体が椅子からずり落ちて斜めになり、いわゆる「崩れた姿勢（仙骨支持）」になっていく。しかしながら、この子にとって図のような姿勢は決してふざけていたり、やる気がなかったりするわけではない。課題に集中するほど身体へ意識が向かなくなり、姿勢が崩れていることに対する実感も弱くなってしまうことで、このような姿勢に変化していくことが考えられる。ゆえに根性論ではなく、共感的な理解と専門的な支援が求められるのである。

■2．DCDに対する理解と支援方法について

DCDに対する代表的なアプローチには、障害指向型のアプローチと課題指向型のアプローチがある。障害指向型アプローチは、本人の機能的な困難さに焦点を当て、中枢神経系の改善をねらうもので、代表的なものとして感覚統合療法や動作法などが挙げられる。課題指向型アプローチは、本人が克服しようとしている課題そのものに焦点を当て、その課題の克服と生活への般化をねらうものである。

たとえば「ボールを投げる」ということが苦手な子どもに対して、障害指向型アプローチだと、回転運動に取り組むことで体のひねり動作を出やすくしたり、平均台などを使ってバランス感覚を高めたりすることで、重心の移動をスムーズにするといったことが考えられる。また、手首のスナップをよくするために、タオルを振るといったことも考えられる。これらは、その課題を遂行するための機能訓練的なボトムアップ型のアプローチだといえる。

一方で課題指向型アプローチは、「投げる」という課題そのものに焦点を当てるトップダウン型のアプローチである。これは「投げる」という本人の運動課題に対して、達成までのプロセスをスモールステップで丁寧に設定し、教材を含めた環境からより望ましい相互作用を引き出すことで、動作の改善を引き出していくことになる。そこで注意しなければならないのは、闇雲にできないことを繰り返すだけでは、運動に対する苦手意識を強くするだけで、問題は解決しないということである。これはベルンシュタイン（2003）が指摘しているように、教科書のような定式化された動きではなく、本人が独自の方略から新しい動きを発生させることもあるが、望ましい運動パターンの発生と定着を見守りつつ、活動を支えていくことが求められる。また、１つの動きを無理に矯正することは、他の重要な運動パターンを崩してしまう危険性があることも理解しておく必要があるだろう。

■3．アセスメントツールを活用した実践事例

ここでは、筆者らが実施した運動プログラムに参加していた子どものうち、個人が特定されないよう事例の本質を損なわずに脚色したものを紹介する。

【事例：投球動作に苦手意識が強い子の支援】

通常の学級に在籍している小学５年生のＡさんは、広汎性発達障害の診断を受けている。学校の体育や休み時間の運動遊びが苦手で、参加を嫌がることが増えてきたため、ドッヂボールやキャッチボールができるように投運動の介入指導を行った。

運動に対する心理的な調査として運動有能感を調べると、運動技能に対する自己認知である「身体的有能さの認知」が低く、運動に対する見通しである「統制感」や運動を介して他者に認められていることに関する認知の「受容感」は、ほぼ同年齢の平均値と差がなかった。ゆえに、運動に対しては特に技能面についてネガティブな感情があると

仮定した。次に協調運動の発達検査では、全体の評価点が大幅に平均値を下回っていたことに加え、粗大運動であるボールの操作だけでなく、バランスや微細運動である手指の操作にも困難さがあることが分かった。そこで課題指向型アプローチの理念に基づき、体のひねりを伴うダイナミックな動きや肘、手首を使ってボールのリリースを調整する動作が発生しやすい投動作課題を考案した。

(A)

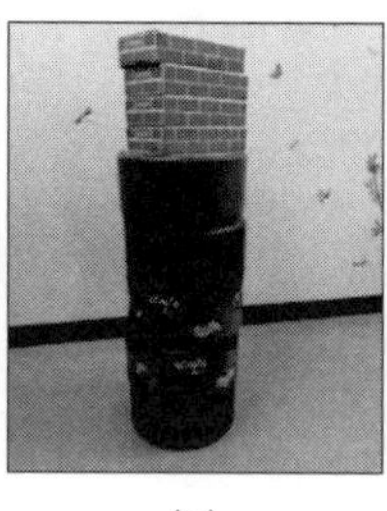
(B)

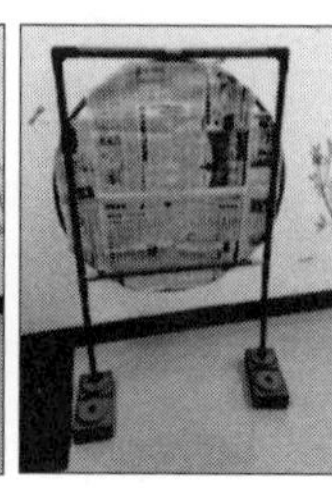
(C)

図 15−4　3つの課題

具体的には、ターゲットのねらった所に投げる「ストラックアウト(A)」に加え、腕の振りやひねりを引き出す課題として「タワークラッシュ（B)」と力の調整や手首のスナップを引き出す課題として「新聞紙フープヒット（C)」の3つの運動課題を設定し、「B→C→A」の順番で実施した（図 15−4)。

フィードバックは、的に対する当たり外れの結果ではなく活動のプロセスを重視し、球筋のよい投げ方やよいフォームができた時には肯定的な即時評価を実施した。その際、投げ方については本人が混乱することを考慮して特に説明や指示は実施しなかった。これは、DCD 特性のある子どもは指示された動きを意識すると余計に動きがぎこちなくなることがあるため、運動学習理論における「結果の知識（knowledge of result: KR)」という手法を用いたからである。また、「ブロックを直接落とすよりも、タワーを倒して落とすことでポイントが高くなる」ことや「新聞紙を破かないように当てるとボーナスが入る」と遊びの要素を強調するとともに、運動有能感への配慮として教材と本人との距離等は、失敗しないように調整した。

その結果、介入当初は的に対して正面から正対し、膝が伸び切った状態から肘だけを使ってボールをリリースする投げ方をしていた。介入後半には、重心の移動に伴うテイクバックからわずかではあるがひねりが生じ、腕も前方へ強く振るような投げ方へと変化が見られた（図 15−5)。そして、介入当初は失敗への不安からふざけて課題を回避する場面が見られたが、介入後半は課題に対しても意欲的に取り組み、チャレンジする回数も増えていった。これは、Aさんが自ら運動課題を通して自己の運動を調整しつつ、心理的にも改善がみられたということである。

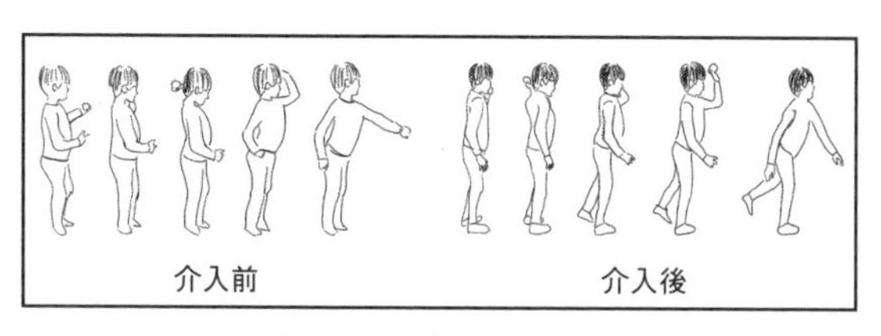

図 15−5　投動作の変化

第４節　まとめ・今後の課題

「なんでできないの？」、「何回教えればできるの？」、「もっとしっかりやりなさい！」と指導がうまくいかないことを、残念ながら子どもの努力の足りなさに置き換えられてしまっている指導場面を見かけることがある。こういった指導者の心理を考えると、もしかしたら「子どもができるように教えられないダメな指導者」という周囲の評価に対するプレッシャーがあるのかもしれない。しかしながら、指導者の都合で何十回、何百回と練習を繰り返した先にたった１回の成功体験があったとしても、そこにたどり着くまでの失敗体験による負の経験は、本人の次の活動への意欲を潰してしまう危険性がある。

身体的不器用さを有する子どもたちの支援に万能薬はない。それは、一人ひとりの課題が違うために、その課題に応じたオーダーメイドの支援が必要だからである。ゆえに、指導者には子どもの興味・関心から多様な動きを引き出す活動を設定するための創意工夫と不断の努力が求められるのである。

本章では、DCD の子どもたちの理解と支援について述べてきたが、運動やスポーツを生活の一部として享受していくには、子どもの発達に寄り添った支援が必要になる。そのためには、誰かと競うのではなく「本人にとって何が有用か」という視点が非常に重要であるとともに、「どんな活動であれば本人が輝けるか」を一緒に考えていくことが求められているだろう。そして、そのような指導者や支援者が一人でも増えていくことを心から願っている。

（綿引　清勝）

＊文　　献＊

カーツ，リサ A.、七木田敦・増田貴人・澤江幸則監訳『不器用さのある発達障害の子どもたち　運動スキルの支援のためのガイドブック』東京書籍　2012

中井昭夫『チャイルドヘルス　子どもの保健と育児を支援する雑誌　特集　子どもの不器用』18(6) 2015

宮原資英『発達性協調運動障害　親と専門家のためのガイド』スペクトラム出版　2017

CHAPTER 16 特別な教育的ニーズを必要とする子どもへの対応

point!
- 障害診断がなくても特別な教育的ニーズを必要とする子どもがあることを知る。
- 特別な教育的ニーズを必要とする子どもの支援に際し、関係諸機関が連携しながら対応することの重要性を知る。
- 子どもの発するサインを見逃さない行動観察の視点を学ぶ。

近年、児童生徒のニーズが多様化し、その人数も増えていることから、さまざまな施策が打ち出されている（表 16 − 1）。限られた紙面のため学習・生活上の支援を中心に取り上げるが、教育・福祉・医療・心理等、支援の可能性は多岐にわたる。学校には担任、学年団、管理職、養護教諭、スクールカウンセラー（SC）、スクールソーシャルワーカー（SSW）をはじめさまざまな職員がいるので、情報共有と連携を行いながら多角的な支援を検討するとよい。また、状況によっては学外機関とも連携を図りながら支援する。

第1節 不 登 校

1．不登校とは

不登校とは「何らかの心理的、情緒的、身体的あるいは社会的要因・背景により、児童生徒が登校しないあるいはしたくともできない状況にあるもの（病気や経済的な理由による者を除いたもの）」で、年間 30 日以上欠席した者と定義されている。子どもの数は減っているにもかかわらず、不登校の人数は 1997 年以降、毎年 10 万人以上の高水準で、2017 年には 14 万人を上回った（小学校は 185 人に 1 人、中学校は 31 人に 1 人）。不登校の児童生徒数は、学年が上がるにつれて増え、特に小学校 6 年生から中学校 1 年生にかけては大幅に増える傾向がある。

不登校には、本人・家庭・学校に関わるさまざまな要因や背景が複雑に絡み

表16－1　多様なニーズをもつ児童生徒に関する近年のおもな動向

<table>
<tr><th>不　登　校</th><th>日本語指導</th><th>貧　　困</th></tr>
<tr>
<td>「不登校児童生徒への支援に関する最終報告」（2016年）不登校児童生徒の多様な課題に対応して組織的支援を行うこと、不登校が生じないような学校づくりについて記載。
「不登校児童生徒への支援の在り方について」（2016年）不登校児童生徒への支援の基本的考え方を示し、「多様な教育機会の確保」や「中学校卒業後の支援」等に触れた。不登校児童生徒が学外の施設で相談・指導を受ける時、一定の要件を満たす場合には指導要録上出席扱いとなる。
「義務教育の段階における普通教育に相当する教育の機会の確保等に関する法律（教育機会確保法）」（2016年）不登校の児童生徒への教育機会の確保を規定した。
「小学校学習指導要領」、「中学校学習指導要領」（2017年告示）、「高等学校学習指導要領」（2018年告示）総則に、「不登校児童生徒への配慮」が初めて明記された。</td>
<td>「小学校学習指導要領」、「中学校学習指導要領」、「高等学校学習指導要領」（1989年告示）総則に「海外から帰国した児童（生徒）などについては、学校生活への適応を図るとともに、外国における生活経験を生かすなど適切な指導を行うこと」と、初めて記載（以降、2017年告示まで変更なし）。
「学校教育法施行規則」改正（2014年）小・中学校段階に在籍する帰国・外国人児童生徒等への日本語指導のための特別の教育課程（通級による指導）の編成・実施が可能に。年間10単位時間～280単位時間を標準とし、日本語指導担当教員（教員免許を有する教員）及び指導補助者により実施。
「幼稚園教育要領」（2017年告示）「海外から帰国した幼児や生活に必要な日本語の習得に困難のある幼児の幼稚園生活への適応」が初めて記載。
「小学校学習指導要領」、「中学校学習指導要領」（2017年告示）、「高等学校学習指導要領」（2018年告示）総則に、「個々の児童の実態に応じた指導内容や指導方法の工夫を組織的かつ計画的に行う」ことや「通級による日本語指導」の実施について記載。</td>
<td rowspan="2">「子どもの貧困対策の推進に関する法律（子どもの貧困対策法）」（2014年）子どもの貧困対策の総合的推進を目的として施行。
「子供の貧困対策に関する大綱」（2014年）子どもの貧困対策に関する基本方針・重点施策を示し、就学支援の充実や、学校をプラットフォームとした貧困対策を提言。
「すべての子どもの安心と希望の実現プロジェクト」（2015年）生活困窮世帯、ひとり親家庭、学習が遅れがちな子ども等に対する、様々な形態での学習支援の実施や、多子世帯・ひとり親世帯の保育所等利用における負担軽減、教育費負担の軽減、学校をプラットフォームとした子どもやその家族が抱える問題への対応、その他の多様な施策プロジェクトを提示。</td>
</tr>
<tr>
<td colspan="2">「不登校児童生徒、障害のある児童生徒及び日本語指導が必要な外国人児童生徒等に対する支援計画を統合した参考様式の送付について」（2018年）不登校児童生徒、障害のある児童生徒、日本語指導が必要な外国人児童生徒等のそれぞれに対する「児童生徒理解・支援シート」作成は、従来も提示。この通知では、児童生徒が複数の課題を抱えている場合に1つの支援計画にまとめて作成する際の参考様式を提示。「児童生徒理解・支援シート」は、支援全体を通して利用・保存される「共通シート」（本人の状態、家族の情報などの基本情報）と、学年別の状況を随時追記する「学年別シート」（条項を随時追記し、具体的な支援計画を記入）、「ケース会議・検討会後等記録シート」（本人・保護者・関係機関の支援に関連する協議結果を実施ごとに記録）を作成するもので、学年の移り変わりや進級・進学にあたっての引継ぎに活用するほか、個人情報保護の観点から保管方法等をあらかじめ検討。</td>
</tr>
</table>

虐　待	性別違和（注）
「児童虐待の防止等に関する法律（児童虐待防止法）」（2000年）虐待の定義の設定。関係機関とその職員に対する早期発見等の努力義務、被虐待児の保護のための措置等の規定が整備。学校や教職員の主な役割は、虐待の早期発見（努力義務）、虐待を受けたと思われる子どもについて、市町村や児童相談所等へ通告（義務）、虐待の予防・防止や虐待を受けた子どもの保護・自立支援に関し、関係機関への協力（努力義務）、虐待防止のための子ども等への教育（努力義務）である。 **「児童虐待防止に向けた学校における適切な対応について」**（2004年）深刻な事例の続発を受け、虐待の早期発見・対応に努め、発見したら速やかに児童相談所へ通告し、関係機関と連携して支援するよう通知した。 **「児童虐待防止法」改正**（2004年）面前DVや、保護者以外の同居人による虐待等も定義に含めた。通告義務の対象に児童虐待を受けたと思われる児童も加わった。 **「児童虐待防止法」改正**（2007年）児童相談所の権限を強化した（親の同意が得られない場合の立入調査）。国・地方公共団体の責務に被虐待児への医療提供体制の整備が加わった。 **「『児童虐待防止対策の強化に向けた緊急総合対策』の更なる徹底・強化について」**（2019）児童虐待に係る情報管理や関係機関での連携に関する新ルール制定。これに伴い「児童虐待防止対策に係る学校等及びその設置者と市町村・児童相談所との連携の強化について」、「学校、保育所、認定こども園及び認可外保育施設等から市町村又は児童相談所への定期的な情報提供について」（2019）が通知。 **「学校・教育委員会等向け虐待対応の手引き」**（2019年）対応の留意事項をまとめたマニュアルを作成。 **「児童虐待防止法」改正**（2020年）しつけ名目の体罰禁止が明記。児童相談所の体制強化。	**「児童生徒が抱える問題に対しての教育相談の徹底について」**（2010年）性同一性障害の生徒への教育相談の徹底と本人の心情に配慮した対応をするよう通知した。 **「学校における性同一性障害に係る対応に関する状況調査について」**（2014年）全国規模の調査を実施した結果、性同一性障害の児童生徒への対応報告が606件。 **「性同一性障害に係る児童生徒に対するきめ細かな対応の実施等について」**（2015年）性同一性障害の児童生徒への支援のあり方や、相談体制等の充実について示された。 **「性同一性障害や性的志向・性自認に係る、児童生徒に対するきめ細かな対応等の実施について」**（2016年）学校対応のあり方を教職員向けに解説。

注：文部科学省の文書には、医療現場で従来用いられてきた「性同一性障害」という呼称が用いられているが、現在の医療現場は「精神疾患とみなさない」という認識を示している。アメリカ精神医学会発行の「DSM-5」には「性別違和」という呼称を用い、WHOが2018年に発表した「ICD-11」では、今後の日本語訳にあたり厚生労働省から「性別不合」という仮訳が出されている。

合っており、取り巻く環境によってはどの子どもにも起こりうる。近年では、家庭・地域社会のありようが大きく変わり、要因・背景の多様化・複雑化が進んでおり、学校のみで取り組むことが困難な場合も多い。このような背景から、不登校の施策が近年急速に打ち出されてきた。「教育機会確保法」では、不登校児童生徒それぞれの状況に応じて支援することが定められ、すべての子どもたちが学校で豊かに過ごし、安心して教育を受けられる環境を作る等、支援体制の充実が求められている。

■2．不登校の児童生徒の理解と支援

不登校児童生徒への支援は、社会的自立に向けて支援することを目標とする。長期化すると学習の遅れや生活リズムの乱れから回復が難しくなっていくことから、早期対応を心がける。また、一度回復しても再発することがあり、校種間で連携・情報共有することが大切である。このような観点から、学校で組織的・計画的に支援するために「児童生徒理解・教育支援シート」の作成が望ましく、欠席が断続的・連続的に30日以上となった時点、または、それまでの経過に応じて早期に状況を把握するための作成が勧められている。担当者間で多面的・継続的に情報共有して対応へ活かす一方で、個人情報保護の観点から保管方法と守秘義務に配慮しなければならない。

教育機会の確保にあたっては、一人ひとりの状況に応じた検討が肝要である。不登校の時期には、回復のための休養や、自分を見つめる時間が必要なケースがある他、不登校の理由が学校での学習困難や学習環境による場合があることにも留意したい。学習支援は、学校に登校できる場合、保健室や相談室等のように安心して過ごせる空間と個別支援が行える担当者を検討し、受け入れ態勢を整える。学外の支援機関に通うケースでは、教育支援センター、不登校特例校、フリースクール、ICTを活用した学習支援が展開されている他、本人の希望を尊重した上で夜間中学への受け入れをしている。学校外で指導・助言等を受けている場合は一定要件を満たせば指導要録上出席扱いとすることができる。

不登校経験者に「不登校だった時期に、何をしてほしかったか」と尋ねると、「心の悩みの相談」や「自分の気持ちを表現したり、人とうまくつきあったりするための方法の相談」という回答が多かった。教育の機会を狭義の学習にと

らわれることなく、児童生徒の現状と将来的な姿とを踏まえて、「今何が必要か」を考えていくことが大切である。

第2節　外国につながる児童生徒

1．外国につながる児童生徒とは

国際化の進展に伴い、学校には言語的・文化的に多様な背景をもつ「外国につながる子ども」が数多く在籍する。日本語指導が必要な児童生徒は日本国籍・外国人の児童生徒ともに増加の一途をたどり、2016年には小学校・中学校・高等学校あわせて4万人を超えた。外国人労働者の受け入れ体制の拡充とあいまって、さまざまな文化・言語の背景のもとに育つ子どもが増えていくことが予想される。本節ではおもに「日本語指導」を扱うが、対人関係のもち方や宗教に伴う食材の制限等、子どもたちに根づく文化・慣習等を理解し、多文化共生の視点を学級・学校・地域に育むことも大切である。

外国人児童生徒の受け入れと指導の流れの例を表16－2に示す。編入学時、日本語がまったく分からず、学校や友だち・勉強等に不安を抱えて生活するため、まず学校の様子や規則を丁寧に伝え、学校生活への理解を深め、安心感をもてるようにする。一度に多くを理解するのは難しいため、大切な内容は繰り返し伝え、時間をかけて理解を促す。学級担任、教科担任、日本語指導員（初期指導型日本語指導の教授法の訓練を受けた人）、日本語指導担当教員（校務分掌の1つ。コーディネーター）、母語支援員（外国人生徒の母語でコミュニケーションができる人）が段階と場面に応じて役割分担し、連携しながら指導に携わる。

2．日本語指導に関わる特別の教育課程

日本語指導に関わる特別の教育課程は、学校生活や学習の取り組みに必要な日本語の指導を、在籍学級の教育課程の一部の時間に替えて行う教育形態である。この場合、学校が指導計画を作成して設置者である教育委員会に届出を行う。日本語がまったく分からない場合は「サバイバル日本語」（あいさつや体調を伝える言葉、教科や文房具、教室の備品名等、学校生活で日常的に使う言葉）から始め、「日本語の基礎」（発音練習、文字の習得、語彙を増やす、簡単な文型の学習）、「技能別

表16－2　外国人児童生徒の受け入れと指導の流れの例（臼井，2014を基に作成）

<table>
<tr><td colspan="2">日本語学習期間</td><td colspan="6">0カ月　→　3カ月　→　6カ月</td></tr>
<tr><td rowspan="4">学校</td><td rowspan="3">指導の種類</td><td rowspan="3">受け入れ
・就学ガイダンス
・日本の学校教育制度や学校文化等の説明
・児童生徒を知るための情報収集と信頼関係づくり</td><td colspan="2">生徒指導
・日本人児童生徒の場合と同じ
・日本の学校文化や生活文化、校則の説明</td><td colspan="3">進路指導
・将来の進学に向けて、日本人生徒の場合よりも早い時期から開始する</td></tr>
<tr><td colspan="2">初期指導</td><td colspan="2" rowspan="2">教科指導型日本語指導
・学習言語の習得を目指す・教科書を使った教科学習の中で指導を行う・教科指導の目的の中に「日本語の習得」を意識的に組み込む</td><td rowspan="2">教科指導
・日本人児童生徒に対して従来行ってきたものと同じ</td></tr>
<tr><td>適応指導
・日本の学校生活や文化に慣れる（適応）</td><td>初期指導型日本語指導
・日常会話力の習得
・簡単な文字の学習</td></tr>
<tr><td>指導者</td><td>学級担任
・学級づくり
・授業づくり</td><td>日本語指導員
・適応指導を行う・初期指導型日本語指導を行う</td><td colspan="2">日本語指導担当教員
・初期指導型日本語指導を行う・学級担任と日本語指導員や母語支援員との間をつなぐ</td><td colspan="2">学級担任・教科担任
・日本語指導担当教員に授業づくりのサポートを受け、教科指導型日本語指導を行う</td></tr>
<tr><td colspan="2">学外</td><td></td><td colspan="5">母語・母文化指導（母語支援員）
・児童生徒と教員、保護者へのコミュニケーション支援・児童生徒の母語での話し相手となる・適応指導段階の児童生徒に必要最低限の指示等を母語で伝える・日本と母国の教育制度・文化の相違などを知らせる</td></tr>
</table>

の学習」（聞く、話す、読む、書く、のいずれかに焦点を当てた学習）、「日本語と教科の統合学習（JSLカリキュラム）」（教科の学習内容の理解と、日本語を学ぶことを組み合わせた学習）、「教科の補充」（在籍学級で行われる学習内容の、先行的・復習的な学習）といったステップがあり、緊急性の高いものから順番に指導が行われる。指導計画に基づく日本語指導の学習評価は、おおよそ学期ごとに行い次の学期や次年度に向けた指導計画・支援体制の見直しを行う。

■3．外国につながる児童生徒の理解と支援

海外から日本の学校教育へスムーズに移行できるケースは限られ、学習方法への適応状況や、未習内容・未定着内容に合わせた支援が必要である。在籍学

級での授業では、全体を示してから部分を説明する、実物・絵図・映像・ジェスチャー等、五感を活用して伝えると負担が軽くなり、日本語理解の促進にもつながる。どの子にも分かりやすい授業の工夫として取り入れたい。

学校生活では、「友だちといい関係を作りたい」という思いから、友だちの話を分かったふりをしてやり過ごし、後で嘘が明らかになってトラブルになる場合がある。また、言語・文化の差や学習の困難さ等からいじめが発生しないように見守り、学校全体で多文化共生の理解を促す。母語・母文化の学習の保障、進路選択、家庭と学校（日本）の文化・価値観の違いの理解と統合、多文化の狭間で「自分とは何者か」という悩み等、個々に抱える課題がみえてくるだろう。家庭では保護者の就労形態によっては親子の対話時間が少なくなり、学習や心のケアが行き届かない状況が生じうる。また貧困リスクが高く、心理的・福祉的な支援を要するケースもある。このように、言語的・文化的に多様な背景をもつ児童生徒が抱えうる課題は個別性が高い。児童生徒や保護者のニーズを丁寧に理解することが求められる。

第3節　子どもの貧困

1．子どもの貧困とは

「子どもの貧困」とは、子どもが経済的に困窮した生活状態に置かれ、発達の重要な時期にさまざまな機会が奪われた結果、人生全体にまで影響するような深刻な不利を負うことである。不十分な衣食住、心身の発達、健康への影響等、多方面に影響を及ぼす。学校教育法第19条は「経済的理由によって、就学困難と認められる学齢児童生徒の保護者に対しては、市町村は、必要な援助を与えなければならない」と規定し、中学校にも準用されている。また、「就学困難な児童及び生徒に係る就学奨励についての国の援助に関する法律」等に基づき、学用品・通学用品・通学費・医療費・学校給食費等の援助が行われている。援助の対象児童生徒は6～7人に1人の割合で推移し、深刻な状況にある。

2．貧困の問題を抱える児童生徒の理解と支援

貧困家庭の子どもはその状態を意識することすら難しい場合がある他、家庭

の経済問題を周囲に話したがらないため、子どもが置かれている状況を把握するには注意深く見つめる必要がある。たとえば、集金の滞納、朝の元気のなさ(欠食)、居眠りや怪我の多さ、遅刻・欠席の増加、保健室への頻回の訪室、学業不振、いじめ、不登校、非行、虐待等、さまざまな形で現れる。日頃から子どもの些細な変化やサインを見逃さないようにしたい。

保護者は、貧困に加えて仕事の忙しさや病気等から、時間的・精神的に余裕のないことが多いため、子どもは幼少期から身近な大人と温かく触れ合う経験に乏しく、自立や社会生活のスキル習得も遅れがちである。学齢期以降は「宿題をみてもらえない」、「塾や習い事ができない」、「学費を払えない」等に始まり、進路選択の可能性が制約され、大人になっても貧困が解消されずに次世代の子どもも貧困状態に置かれる「世代間連鎖」が懸念される。

わが国の子どもの貧困対策の１つである「教育の支援」では、貧困の連鎖を断つために学校をプラットフォームとして位置づけ、支援拠点としての役割が期待されている(図 16 − 1)。学校は貧困家庭の子どもにとってもっとも身近な支援の場であり、教師に行えることは生活面・学習面の支援、人間関係や進路

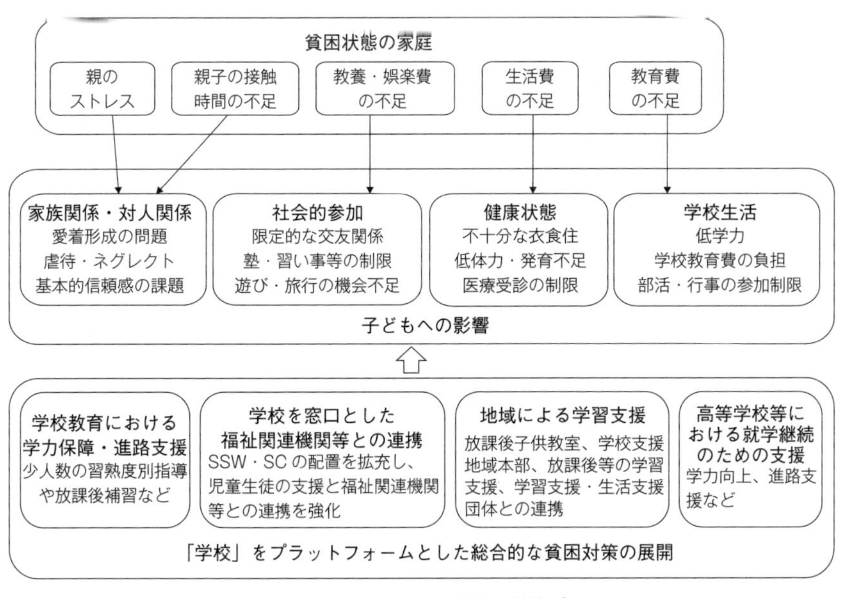

図 16 − 1　貧困が児童生徒に及ぼす影響と学校プラットフォーム

の相談をはじめ数多くある。同時に、学校は学習面でのつまずき、仲間外れ等リスクも併せ持っている。こうした学校の特性を踏まえて、貧困層の子どもの生活背景とニーズを理解し、学内・学外の諸機関や各種制度による適切な支援が届くようにすることが大切である。

第4節　虐　　待

1．愛着関係の形成と虐待

子どもの健やかな発達には、養育者との情緒的な絆（愛着）が欠かせない。養育者との温かなやり取りを通して人に対する信頼感が育まれると、子どもは自分の存在を肯定的に捉え、「周りの世界は信頼できる」という感覚をもてるようになる。子どもは人・物など環境との関わりを通して発達するが、失敗や怖い思いを体験することもある。そうした時に養育者を安全基地として心が満たされると、再び環境へ関わっていく。ところが、虐待（表16－3）を受けた子どもは、もっとも安心できるはずの家庭で人への信頼感を裏切られ、心理的・

表16－3　虐待の種類と特徴

身体的虐待	殴る、蹴る、激しく揺さぶる、火傷をさせる、水風呂や熱湯の風呂に沈める、首を絞める、厳冬期に戸外へ閉め出すなど。あざ、傷、骨折、火傷などを負い、死に至る場合もある。周囲が気づきやすい一方で、衣服に隠れて見えない部分だけに暴行を加えるケースもある。
性的虐待	性交、性的行為を見せる、性器を触る、性器を触らせる、ポルノグラフィの被写体にするなど。乳幼児期から発生する場合には子どもは性的虐待だと分からない。実父・義父から暴力や脅しにより口止めされていることも多い。実母・義母から男の子に対しても起こる。
ネグレクト	教育を受けさせない（教育ネグレクト）、十分な食事や衣服を与えない・ひどく不潔にする（身体的ネグレクト）、無視・拒否・他者と交流させない（情緒的ネグレクト）、病院へ連れて行かない（医療ネグレクト）など。意図的に危害を加えようとしたわけではないことが多く、育児上のスキル不足や支援不足、ストレスの多い生活状況などが重なることで起こりやすい。特に貧困や、保護者の精神障害・薬物依存症・知的障害などにより生じやすい。
心理的虐待	大声や脅しで恐怖をおぼえさせる、無視・拒否的な態度をとる、きょうだい間での差別的な扱い、子どもの目の前で家族に対して暴力をふるう（ドメスティック・バイオレンス：DV）など。子どもの心を深く傷つけるが、目に見える外傷がなく発見が遅れやすい。児童相談所の相談対応件数のうち半数以上は心理的虐待で、近年急増している。

物理的な居場所を失い、心身の成長や人格の形成に重大な影響を受ける。また、心的外傷後ストレス障害（PTSD）の症状が現れたり、次の世代に虐待が引き継がれたりするおそれもある。

わが国の虐待相談件数は2017年に13万件を超え、増加し続けている。内訳は、心理的虐待（半分以上）、身体的虐待（約4分の1）、ネグレクト（約5分の1）、性的虐待（約1%）だが、多くの場合はいくつかの虐待の複合がみられる。年齢別には、小学生をピークとする山型で、乳幼児の方が中学生以降よりも割合は高い。幼少期の虐待は子どもの心身に大きな影響を及ぼすため、その後においても個別の支援や配慮を要する。虐待の主要な相談経路は警察だが、学校等も7%を占める。教員は子どもたちと日常的に接し、保護者や家庭の状況を把握しやすいことから、虐待の予防や発見に果たす役割は大きい。

2．被虐待児の理解と支援

虐待は子どもの脳に影響を及ぼす。身体的虐待では前頭前野の一部が萎縮して、感情や思考・衝動のコントロールの難しさ、集中・意思決定・共感に関わる力の低下等が生じ、将来的にはうつ病などの感情障害や非行のリスクが高まる。言葉による虐待は聴覚野が変形し、言語理解力の低下や心因性難聴をきたすことがある。ドメスティック・バイオレンス（DV）の目撃や性的虐待では視覚野の萎縮から表情の読み取り、視覚的な記憶力、知能、言語理解力が低下する。これらの影響から、知的に境界域（特にワーキングメモリの低下）となりやすい傾向があり、学習の遅れの他、本来の能力に比べて学習の定着に困難が生じやすい。

虐待は対人面にも支障をきたす。特に幼少期から虐待を受けた場合、適切な人間関係を作ることが難しくなりやすい。この場合の後遺症として生じやすい反応性愛着障害には人との関わりを避けるタイプ（抑制型）と、誰に対しても愛着行動を示す（脱抑制型）がある。留意すべき点は、抑制型とASDの症状、脱抑制型とADHDの症状がそれぞれ似ていることである。発達障害の子どもは虐待のリスクが高いため、「発達障害と虐待との重なりによる症状がないか」という視点での観察は特に大切である。

学校で気づきやすいサインは、顔や身体にあざや傷が頻繁にある、自傷行為、着替えを嫌がる、食べ物への強い執着、低身長・低体重（発育の遅れ）、友だちへの乱暴的・支配的な関わり方、保護者といる場面での落ち着きなさ、逆に過度な密着、表情が乏しい、物音への過敏な反応、帰宅しぶり、理由の不明瞭な欠席や遅刻が目立つ、家出、徘徊、万引き、窃盗、恐喝、動物虐待などである。

子どもみずからが虐待を相談するのは稀である。子どもたちが学校に安心感・信頼感をもち、教師の声かけを糸口として支援につなげていけるような関係を日頃から築きたい。また、「何か変だ」「いつもと違う」という違和感があって虐待が疑われる場合は、その時点から記録を残すとよい。同僚や管理職に相談して、教職員で協力しながら取り組み、学校でできないことは児童相談所などの力を借りて連携する。

ほとんどの市町村には、要保護児童対策地域協議会（要対協）が設置されており、被虐待児や非行児童など要保護児童の早期発見と適切な保護を図るために、関係機関での情報共有や連携・協力をしている。構成員は、児童相談所・福祉事務所・保健所・教育委員会・学校・警察・弁護士等である。継続して関わる必要があると判断されると、要対協で定期的に情報共有がなされる。この際、学校関係者は約1カ月ごとに出席状況等を情報提供する他、要対協への出席を求められることがある。学校での子どもの様子は重要な情報であり、状況の異変に気づいた場合は速やかに情報提供しなければならない。また、学内外で適切な連携を図るためには、学校内で情報共有の範囲を決めておき、窓口担当者、情報共有の流れ等を明確にすることが大切である。

第5節　性別違和（性同一性障害）

1．性別違和（性同一性障害）とは

人の性には多様な捉え方がある。生物学的性別・性自認（心の性）・性的指向（どの性別の人を好きになるか）といった視点から考えると、「男性」、「女性」と明確に分かれずグラデーションになっている。身体と心の性別が一致せず違和感・嫌悪感等の精神的苦痛を抱き、社会生活に支障のある状態を性別違和といい、早ければ小学校低学年までに、大半は思春期の終わり頃までに違和感をはっきりと自覚する。性的指向のマイノリティには、レズビアン（L：女性の同性愛者）、ゲイ（G：男性の同性愛者）、バイセクシュアル（B：両性愛者）がある。これにト

ランスジェンダー（T：性別違和）を合わせてLGBTという。かれらが抱える社会的課題には共通点が多い。日本におけるLGBTの割合は、3.3％（釜野, 2019）と、おおよそ30人に1人であり、1学級に1人存在する可能性がある。

わが国では、2003年に性別の取り扱いに伴う社会生活上の諸問題を解消するための法律が制定された。医療現場では小学生・中学生の受診が増え、2012年に改訂された診療ガイドラインでは、思春期の子どもたちへの二次性徴抑制療法や、望む性別への性ホルモン療法が可能となった。学校対応も、表16－

表16－4　性別違和の児童生徒への支援の例

項目	支援の例
服装	希望する性別の制服・衣服での通学や体操着登校を認める。 登下校のみ制服を着用し、校内では体操着やジャージで過ごせるようにする。
髪型	標準より長い髪型を一定の範囲で認める（戸籍上男性）。
学用品	名前シールなどの男女の色分けをできるだけ避ける。 希望する性別のスリッパを着用できるようにする。
更衣室	保健室や多目的トイレ等で更衣できるようにする。 他の児童生徒の更衣後に、ひとりで更衣できるようにする。 希望する性別の更衣室を利用できるようにする。
トイレ	職員トイレ・多目的トイレを利用できるようにする。 希望する性別のトイレを利用できるようにする。 他の児童生徒がいない授業中などに利用できるようにする。
氏名・呼称	校内文書（通知表を含む）を児童生徒が希望する呼称で記す。 希望する性別として名簿上扱う。 全ての児童生徒を「さん」付けで呼称する。 希望する通称名を使えるようにする。 戸籍名を使わざるを得ない場合は、事前に本人へ連絡する。 卒業証書は戸籍名で印刷し、読み上げる時は通称名を用いる。
授業	体育又は保健体育において別メニューを設定する。
水泳	上半身が隠れる水着を着用できるようにする（戸籍上男性）。 水着の上にTシャツを着用できるようにする。 補習として別日に実施、またはレポート提出で代替する。
運動部の活動	希望する性別に係る活動への参加を認める。
健康診断	身長・体重測定等は、体操服を着たまま男女混合で行う。 内科検診にパーテーションを設け、医師の前でのみ脱衣する。 他の児童生徒がいない時間帯・場所で個別に実施する。
修学旅行等	1人部屋の使用を認める。 入浴時間をずらしたり、引率教員の客室の入浴設備を利用できるようにする。

4の通り急速に進められている。

■2．性の多様性に関わる児童生徒の理解と支援

性別違和のサインは、服装をはじめ、「トイレに入るのを見られたくない」、「身体の性にあわせて“ぼく”や“わたし”と書きたくない」等の場面で現れる。第二次性徴は非常に困難な時期にあたり、自分の身体への嫌悪感や違和感がエスカレートして、身体を痛めつけるなど大きな問題に発展することがある。

児童生徒から相談を受けた場合は、安心して話せる環境を作り、話を最後まで丁寧に聴き、受け止めるよう心がける。「伝えてくれた」ということは、何らかのニーズがありうることから、「伝えようと思った理由」や「学校等で困っていること」を確認し、継続的に相談しやすい関係性を築く。性別違和の悩みは、身近な家族にこそ打ち明けにくいため、「まずは先生に学校生活上の悩みを伝えた」というケースも少なくない。学校での支援例は、表16－4の通りである。支援にあたっては、本人の許可を得た上でプライバシーに配慮しながら学校関係者と検討し、状況に応じて医療機関や相談機関と連携を図る。

学習・生活面での留意点は、男らしさや女らしさを強要しないことや、「誰もが異性愛者である」という前提での接し方をしないことである。またこうした児童生徒は「ゲイ」、「オカマ」、「オネエ」、「ホモ」等の発言やからかいに傷つきやすく、いじめの対象となりやすいことに留意し、発見した場合は毅然とした対応を取る。

支援にあたり、「他の児童生徒の理解を得たい」と感じる教員は多いだろう。この際、本人の承諾なく周囲へ伝えることを「アウティング」という。本来、周囲に打ち明けるには、カミングアウトした相手と話すための心の準備が当事者にできている必要がある。本人に心の準備がないまま周囲に知られてしまうアウティングは当事者を傷つけ、不登校・うつ・自殺等に発展する危険性があるため、原則的にしてはいけない。いじめなどの問題に発展した場合は、対応が非常に難しくなる。まずは教員が性の多様性について正しく理解し、いじめを防止することが大切であり、児童生徒への説明については学校関係者で連携しながら慎重に検討する。

性の多様性に関する情報が得られずに悩む子どもは、自分に起きている状態

をうまく表現できずに悩んだり、マスメディアの情報から安易に自己判断したり、誤った情報を信じ込む場合がある。教員自身が正しい知識・情報が得られる書籍・資料を把握しておくとよい。

（高下　梓）

＊文　　献＊

釜野さおり「大阪市民の働き方と暮らしの多様性と共生にかんするアンケート」結果速報　2019
https://osaka-chosa.jp/files/preliminaryresults190425pub.pdf

文部科学省「学校・教育委員会等向け虐待対応の手引き」 2019
http://www.mext.go.jp/a_menu/shotou/seitoshidou/__icsFiles/afieldfile/2019/05/09/1416474_002_1_1.pdf

コラム４：言語理解と学習

新しい言語を習得している子どもには、一見すると言語習得が進んでいないように思われる「サイレント・ピリオド」という沈黙期が現れることがあります。これは言語のインプットに専念するためで、その間にも言語を聞いて理解するプロセスは進んでいます。沈黙期は一般に１カ月～半年程度で、それを過ぎると一気に話し始めるようになります。

日常生活で使う生活言語は自然と身につけやすく、一般的に１～２年で獲得できます。しかし学習場面で用いる学習言語は、抽象的な言葉の理解や、読み・書きのスキルが必要で、獲得に５～７年かかる他、漢字理解の状況も進度を左右します。会話がスムーズで問題なくみえても、読書や作文の取り組みが難しいかもしれないことに留意しましょう。言葉の分からなさ等から授業に集中できないことを「怠け」と誤解される場合もあるので注意が必要です。

また、母語が未発達な子どもが外国語と接触すると、２つの言語ともに習得が低迷する場合があります。この低迷は年齢相応の学習理解に影響する他、低迷の理由が言語環境によるのか、限局性学習症が関与するのか、判別が難しいこともあるでしょう。この他にも発達障害・貧困等を抱えている場合や、サイレント・ピリオドと場面緘黙とを判別しにくいケースもあります。「日本語の理解」という視点にとらわれることなく、一人ひとりの状況とニーズを把握することが大切です。

（高下　梓）

物理的バリアフリー・コミュニケーション支援の工夫

point!
- バリアフリーの本当の意味を知る。
- 安心できるコミュニケーション環境の設定について学ぶ。
- コミュニケーション支援に関係する合理的配慮（ICT）について知る。

第１節　バリアフリーとは

バリアフリーという言葉は建築用語として登場したものであり、建物における段差の解消等の物理的な障壁の除去という意味の強い言葉であった。日本では1995年に総理府から出された障害者白書のテーマが、「バリアフリー社会をめざして」というものであり、この白書の中で障害のある人の社会参加を困難にしているものとして４つの障壁（バリア）があることが明記されている。この４つの障壁とは、物理的な障壁、制度的な障壁、文化・情報面の障壁、意識上の障壁である。

つまりバリアフリーとは、上記に示された障壁をなくすことを意味する言葉なのである。英語圏では同じ意味で、アクセシビリティー（accessibility）という言葉が用いられることが多い。アクセシビリティーの代表的な具体例としては物理的な場へのアクセス・各種情報サービスへのアクセス・円滑なコミュニケーションの促進等が挙げられる。本章で取り上げるのは、物理的なバリアフリーとコミュニケーションに関連するバリアフリーについてである。

第２節　物理的バリアフリー

1．物理的なバリアフリーとは

物理的なバリアフリーは、バリアフリーの概念の中でももっとも理解しやすいものである。形として明らかなバリアを取り除くことが物理的なバリアフリーであり、その代表例としては、段差をなくすためのスロープが挙げられる。

1994年には包括的な法制度として「高齢者、身体障害者等が円滑に利用できる特定建築物の建築の促進に関する法律」が施行された。この通称ハートビル法によって、建築物に関するバリアフリー基準が定められることになった。

また、2000年には、「高齢者、身体障害者等の公共交通機関を利用した移動の円滑化の促進に関する法律」いわゆる交通バリアフリー法が施行された。この法律では、公共交通事業者（バス会社や鉄道会社等）や公安委員会（警察）そして道路管理者（おもに行政）が協力して、身体障害者や高齢者にも優しい交通施設環境の実現が図られている。

その後、ハートビル法と交通バリアフリー法は2006年にひとつにまとめられ、「高齢者、障害者等の移動等の円滑化の促進に関する法律」となって新しく施行された。これが、バリアフリー新法と呼ばれているものである。ここで注目すべきことは、バリアフリー新法では「高齢者、障害者等」となり、新法では「障害者」と規定され、身体障害者だけではなく、知的障害者、精神障害者、発達障害者と、すべての障害者が対象となったという点である。

また、もう一つ重要なことは、従来は建物や公共交通機関だけであったものが、新法ではそれらに加え、道路や屋外駐車場、都市公園と日常生活で利用することが多い施設までも対象としており、生活空間全体におけるバリアフリー化を進めるようにしているという点である。

2．段差がなくなればそれでいいか

物理的なバリアフリーを考える時、誰もが最初に思い浮かべるのは段差の解消である。しかし段差が解消されれば、物理的バリアフリーが実現されたことになるのであろうか。

たとえば高齢者の場合を考えてみる。高齢者は加齢に伴う各種身体機能の低下により、歩く際に足の上げ下げがうまくできなくなったり、反射的に手をつくことができなくなったり、足元が見えにくくなったりする。その結果、健常者であれば容易にまたぐことができる高さ数cmの段差でつまずき、転倒して怪我をしてしまう可能性が高くなる。この対策として床面に段差を設けないようにする方法が考えられる。段差を解消することで、高齢者が安心して生活することができるようにするのである。しかし、このようにした高齢者への配慮が、すべての人にとって優しいものであるかというと、そうではないということを知っておかなければならない。段差がないと困る人もいるということである。視覚障害のある人にとって段差は境界を示す重要な情報である。段差がなくなることで境界が分からなくなり混乱するということも考えられるのである。物理的なバリアフリーを検討する上で、あえて段差を作るということが必要な場合もあるということを忘れてはならないのである。

では、スロープについてはどうであろうか。車いすの人のために段差を解消する手段としてスロープが利用されることが多い。そのスロープは、建築基準施行令の第26条において「階段に代わる傾斜路」の勾配は、8分の1（約7度）を越えないことという規定がある。

この勾配は、歩行する者にとっては比較的緩やかなスロープとして感じられることが多いが、車いすの利用者にとってはきついものであることを知っておかなければならない。このスロープの距離が長い場合、車いすの両輪を回し続ける腕力と持久力が要求されることになる。もし、その途中で停止できるような場所がなければ、とても使いにくいものになる場合があるということなのである。

■3．物理的なバリアを体験する

物理的なバリアを体験するための方法の1つとして疑似体験は有効である。たとえば、車いすを使って街を移動する等の体験を実際に行ってみるということである。これらの体験を通して、生活上の不便さや不自由さを少しでも実感することで、障害のある人に対する支援の方法について考えてみるのである。しかし、疑似体験はあくまで疑似的な体験であり、障害者が遭遇している困難を同じように体験できるわけではないということも知っておかなければならない。疑似体験だけから結論を出すのは危険だということである。しかし、限界のある疑似体験ではあるが、中野ら（1997）が指摘する以下の点に配慮すれば、有意義な体験にすることができるはずである。それは、①体験の目的を明確にすること、②疑似体験の意義と限界を明確にすること、③体験を導くコーディネーター（専門家）がいること、④体験後に議論ができること、⑤障害についての知識や支援技術についての説明を十分に行うこと、などの5点である。

第3節　コミュニケーションするための工夫

1．安心できる環境とは

次に、情報を保証するという観点からコミュニケーションを支援することの重要性について考えてみたい。「安心できる環境は必要ですか？」と問われたらあなたはどう答えるであろうか。きっと「必要だ」と答えるのだろう。それは、障害の有無には関係ない。

そもそも安心できる環境とはどのような環境なのだろうか。ここでは、安心というものを見通しがある環境と考えることにする。見通しをもつためには、周囲にあるさまざまな情報の中から必要だと思われる情報を取り込み、それらを統合し、整理し、自分の置かれている位置を確認する必要があるだろう。では、そのような環境をどのようにして整えていけばよいのであろうか。

2．分かるように伝えているか

知的障害のある人たちが困っている状況を考えると、情報不足に起因することが多いことに気がつく。例を挙げて考えてみよう。「プールに行きます」と言葉だけの情報では動かなかった子どもが、浮輪を見せたり、ビーチボールを見せたりすると、ニコニコしながら移動できたという光景を見たことがある人も多いと思う。これは、「プールに行きます」という言葉は、子どもには「○△×□……」としか伝わっていなかったということである。音声だけの情報では、どのようにしてよいのかが分からなかったために動くことができなかったと考えられるのである。しかし、次に浮輪やビーチボールを見せるという方法をとったことで、子どもに「プールに行きます」という情報が伝わったため、移動することができたというように考えることができるのである。

この例は、情報が伝われば、理解して動けるようになる知的障害のある子どもがいることを示している。つまり、音声でうまく通じない場合には、それ以外の方法を用いて、子ども一人ひとりに応じた、分かるように伝えるための工夫が必要だということなのである。

（1）場所を分かりやすく伝えるために

図17−1は、これから行く場所の写真を持って移動するMさんである。ど

こへ行くのか分からないと誰でも不安になる。行き先が理解できると安心して移動できるようになる子どもがいるということなのである。行き先を理解して移動できるようになれば、手をつないで移動する必要もなくなるはずである。

（2）今からすべきことを分かりやすく伝えるために

「いつするのか」、「何をするのか」、「終わったら何があるのか」という情報を得ることは、見通しをもつ上で大切なことである。図 17−2 は、A 子さんのその日の日課である。A 子さんはシンボルと文字等を組み合わせた日課を使って、その日の予定を理解して行動しているのである。

（3）スマートフォンの活用

分かりやすく伝えるということを考えた時、スマートフォンも活用することができる。平成 29 年の総務省が出している情報通信白書では、携帯電話の普及率は 94.7％となっている。そのうちスマートフォンの普及率は 71.8％で、7 割を超えているのである。今後増々その可能性が高くなっていくことは間違いない。スマートフォンを活用したアプリも増えてきている。おしゃれにかっこよく伝える方法としてスマートフォンなどの活用が考えられるのである。

図 17 − 1　絵カードで行き先

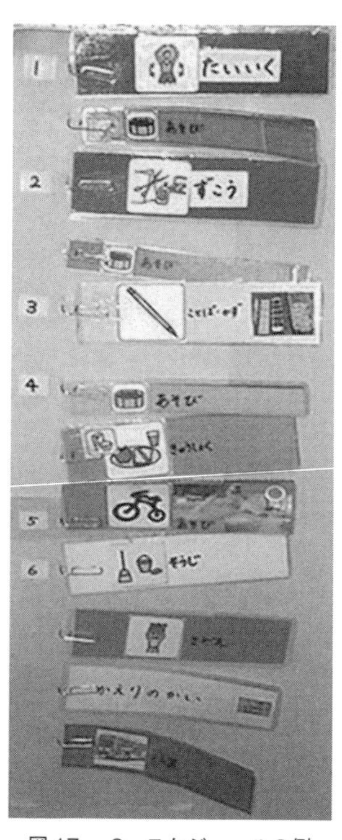

図 17 − 2　スケジュールの例

（4）分かるように伝えてもらっているか

ところで、子どもたちに分かるように伝える工夫をすることの大切さは分かるのであるが、子どもたちから分かるように伝えてもらっているであろうか。音声でうまく伝えることができない子どもたちは、どのようにして伝えているのであろうか。

音声言語でのコミュニケーションを苦手としている子どもの場合、周囲の人に受け入れられないような行動で表現していることがある。問題行動といわれている行動である。音声でうまく伝えることができないために、直接行動で表すことになってしまい、その行動が周囲に受け入れられないような行動であったりするために、問題行動ということになってしまうのである。周囲の人を困らせようとしてそのような行動をしているのではなく、表現した結果がそのような行動になってしまっているということなのである。このような視点に立つならば、問題行動の見方も変わるはずである。少し見方を変えて問題行動を見てみるならば、その子どもが問題行動で何を表現しているのかが分かるのではないだろうか。つまり、コミュニケーション支援のヒントが問題行動に隠されているということである。その行動が果たしている機能を知ることができれば、コミュニケーション支援をするためのアイデアを導き出すことができるということなのである。

図17－3は香川大学と富士通が共同で作った感情表現などを練習するための「きもち日記」というソフトである。文字を打つことができない子どもでも、写真などを選びながら日記を書くことができるようになっている。気持ちの表現は、数直線を操作することによって表情と数字で表すことができるようになっている。視える化することはICTが得意とするところである。見えないものを見えるようにすることで、理解しやすくすることもできるだろう。

■3．拡大・代替コミュニケーション

表出性のコミュニケーションを考える際に、AACの技術は有効に活用することができる。AACはAugmentative & Alternative Communicationの略で、日本語では拡大・代替コミュニケーションと呼ばれているものであり、東京大学の中邑は「手段にこだわらず、その人に残された能力とテクノロジーの力で

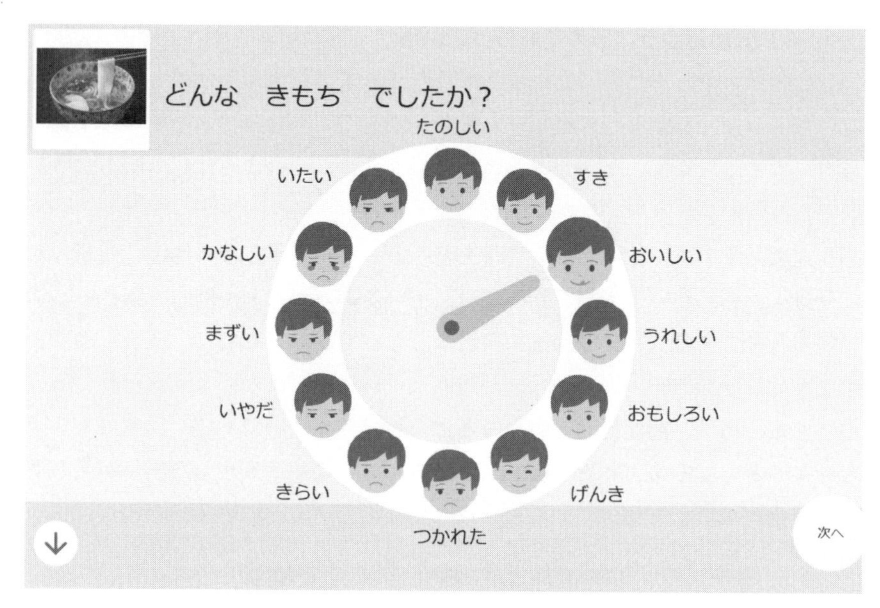

図 17 － 3 「きもち日記」の感情選択場面

自分の意思を相手に伝えること」と述べている。つまり、今ある力を最大限に使って、自己決定や自己選択できるようにすることを AAC というのである。

コミュニケーションエイドの代表的なものに VOCA（「ヴォカ」と読む）がある。ハイテクを用い、スイッチと対応して音声を出すことができるものである。日本でも五十数種類の VOCA が手に入るようになっている。最近では iPad 等の情報端末のアプリで VOCA としての機能を有しているものも出てきている。図 17－4 はトーキングエイドといわれる VOCA のアプリである。携帯型情報端末も VOCA として活用できるようになってきているのである。

AAC と聞くと VOCA が思い浮かび、もっとも効果的な手段であると考えてしまうことがあるが、ハイテクだからという理由で、もっともすぐれたコミュニケーションエイドであるか？というとそのようなことはない。近頃、積極的にコミュニケーション手段として用いられている PECS（絵カード交換式のコミュニケーション技法）も AAC である。ハイテクばかりを考えるのではなく、ローテクでのコミュニケーションも考えることができれば、アイデアも広がるのではないかと思う。ハイテク、ローテクといったことにこだわるのではなく、

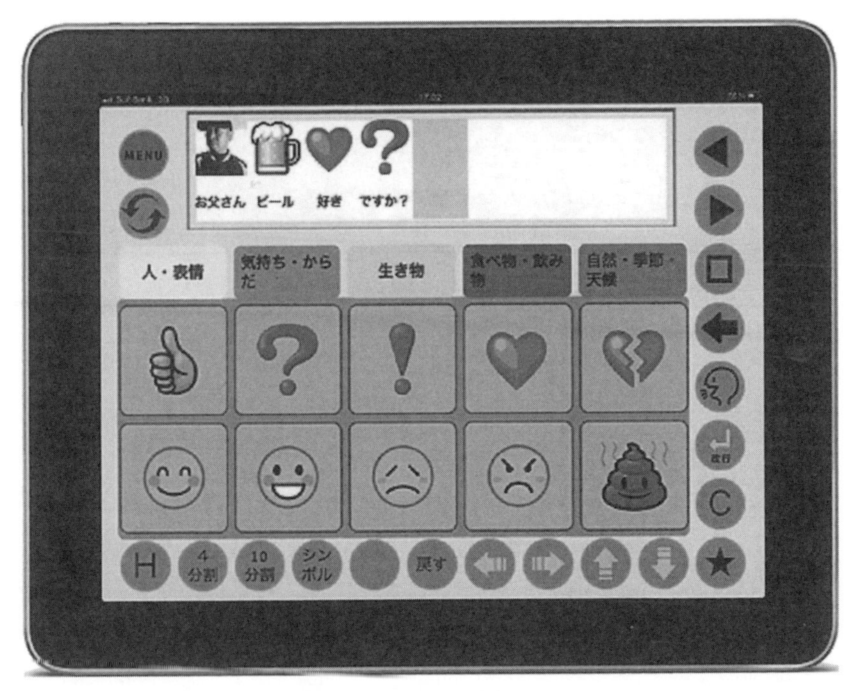

図17－4　トーキングエイド

その場の状況に応じてそれぞれを使い分けるという発想も忘れてはならないのである。

4．合理的配慮とICT

障害者差別解消法では、行政機関等および事業者に対し、その事務・事業を行うにあたり、個々の場面において、障害者から現に社会的障壁の除去を必要としている旨の意思の表明があった場合において、その実施に伴う負担が過重でない時は、障害者の権利利益を侵害することとならないよう、社会的障壁の除去の実施について、必要かつ合理的な配慮を行うこと（合理的配慮の提供）を求めている。そしてこの合理的配慮については、障害のある人が日常生活や社会生活で受けるさまざまな制限をもたらす原因となる社会的障壁を取り除くために、障害のある人に対し、個別の状況に応じて行われる配慮としている。また合理的配慮の否定は、障害を理由とする差別に含まれるとも示しているのである。これまで差別というと、特別扱いすることが差別となっていたが、障害者差別解消法が施行されてからは、特別扱いしないと差別になるということなのである。

障害者差別解消法で示された合理的配慮は、障害者へのICTの導入を後押しするものになると考えられる。学校を例にして考えてみよう。明らかに、ICTの利用が学習を支援する上でも効果的だと考えられる児童生徒がいたとしても、「その子だけICTを使うなどということは不公平になるため、特別扱いはできない」という意見を聞いて断念したこともあるのではないかと思う。しかし、上述のように、合理的配慮の考え方は、特別扱いしないと差別になるのである。ICTを使って特別扱いすることが、差別を解消するための一助になる場合があると示されたのである。

今後は、ICT導入のための根拠やそのアセスメントなどの方法が議論されることになっていくだろう。今後、バリアフリーを考えていく上で、ICTの導入は必須である。それゆえ、私たちは、情報に対して敏感になり、最新の情報を得る努力をしていく必要があるだろう。

（坂井　聡）

文　献

内閣府　障害を理由とする差別の解消の推進
https://www8.cao.go.jp/shougai/suishin/sabekai.html#doc　2017

香川大学　富士通(株)　きもち日記
https://www.ttools.co.jp/product/other/kimochinikki/index.html　2017

坂井聡『コミュニケーションのための10のアイデア』エンパワメント研究所　2002

坂井聡「コミュニケーションのための10のコツ」エンパワメント研究所　2013

総務省『情報通信白書』2017

特別支援教育におけるコミュニケーション支援編集委員会編『特別支援教育におけるコミュニケーション支援』ジアース教育新社　2005

中野泰志「視覚障害の理解と疑似体験 ロービジョン」『視覚障害』vol.152　1997　pp.6－13

中邑賢龍『AAC入門』こころリソース出版会　1998

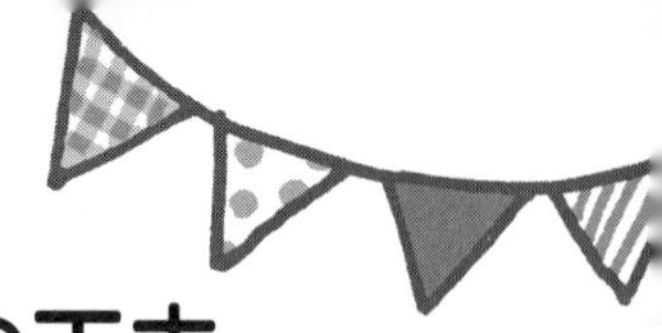

環境調整からの支援の工夫
～構　造　化～

point!
・自閉症児者に有効な構造化の具体的支援の方法を知る。
・個々の支援に対する課題の活かし方について学ぶ。

第1節　構造化について

1．障害特性に合わせた教育方法

佐々木（2008）によると、自閉症児者への合理的配慮として、①順序づけ、見通しを立てて伝える、②一度に多くの情報を提供しない、③情報を視覚的に伝えるなどを挙げている。この合理的配慮が「構造化」と呼ばれるものである。

一般に、定型発達といわれる人たちは多くの複雑な情報の中から、必要な情報を取捨選択し、つなぎ合わせて、自分にとって意味のあるまとまりとして捉えることで、その場に応じた行動や計画的な行動が可能になっている。たとえば朝起きて、時計を見たりカレンダーで予定を確認したり天気予報を見たりしながら服を選ぶという行動をする。しかしながら、自閉症児者は、必要な情報を選び、整理して自分にとって有用なまとまりとして理解することに困難な場合が多い。この苦手さをサポートするために、必要な情報を整理し本人にとってわかりやすく伝えるための支援法が「構造化」である。

構造化には、物理的構造化（環境の構造化）、時間の流れを整理するスケジュール（時間の構造化）、作業の流れを整理する考え方としてのワーク（アクティビティ）システム（活動の構造化）があり、それぞれに視覚的構造化がなされる。

2．物理的構造化「環境の構造化」

物理的構造化とは、環境の構造化ともいわれ、境界などを設けることで、その場所で何を行うのかを明確にする。図18－1は、パーテーションによる仕切りを導入したことで、作業エリアを明確にしたものである。このように同じエ

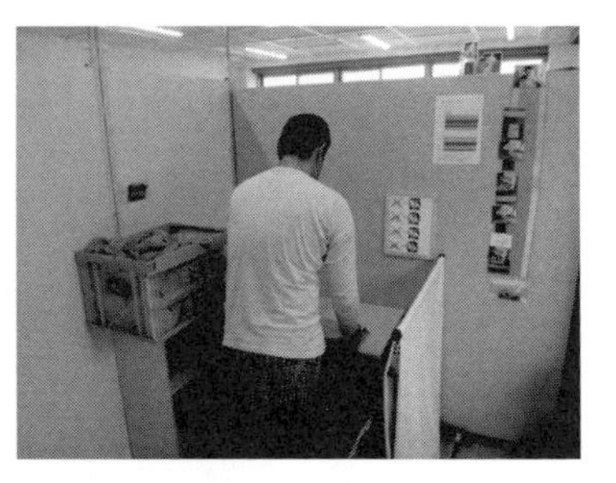

図18−1　生活介護事業所における物理的構造化を用いた取り組み

リアを多目的に使用せず、ワークエリア（作業を行うエリア）とプレイエリア（休憩を行うエリア）を明確にわけて使用することで状況判断がつきやすくなり、ここで何を行えばよいのかという理解がしやすくなる。

3．スケジュール「時間の構造化」

自閉症児者は実行機能に障害があるため時間概念を理解することが困難である。そのため、先の見通しをもてるように支援する必要がある。図18−2は、強度行動障害のある自閉症者が多い生活介護事業所でのスケジュールである。行う活動の流れを視覚化することで、次にどのような活動をしなければならないかの見通しをもつことができる。図18−3は、活動の中止や変更、追加を伝える視覚的スケジュールである。赤枠内の活動は中止と追加されたものである。このように視覚的にスケジュールを提示する時間の構造化は、自閉症児者にとって混乱を防ぎ、行う活動の理解を促進させる。

4．ワーク（アクティビティ）システム「活動の構造化」

ワーク（アクティビティ）システムとは、行う活動を理解しやすいように示すための構造化である。ワーク（アクティビティ）システムで伝える内容は以下の項目である。

①何（作業や学習）を行うのか。

②どのくらいの量の作業を行うのか。

③その課題や活動はいつ終わるのか。

④終わったら後は何をするのか。

これらの情報を視覚的に伝えることで、その場所で行うべき活動の理解が容易になり、安定した行動へつなげることが期待できる。

図 18－4 は、生活介護事業所での自立課題を実施する際のワーク（アクティビティ）システムである。環境設定は、左側に実施する教材が置いてあり、用意されている３段ボックス内の作業がすべて終わることで課題が終了となる。また、終わった課題は右側にカゴが用意されており、そのカゴに入れることで終わりが明確となる。終わった後は、顔写真のついた職員に報告し、次の指示を受けるといった流れとなっている。

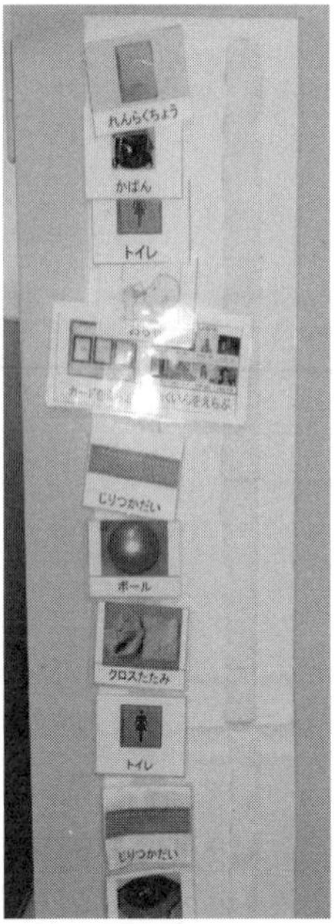

図18－2　視覚的スケジュール

図18－3　変更・中止・追加を示した視覚的スケジュール

5．視覚的構造化

自閉症児者は、Visual Learner と呼ばれるように耳から入ってくる聴覚刺激よりも目で見る視覚的な刺激の方が理解が容易である。そのため、視覚的な情報を目で見てわかりやすく伝える方法を視覚的構造化という。視覚的構造化には①視覚的指示　②視覚的明瞭化　③視覚的組織化がある。図 18－5 は、ペットボトルのラベルはがし作業

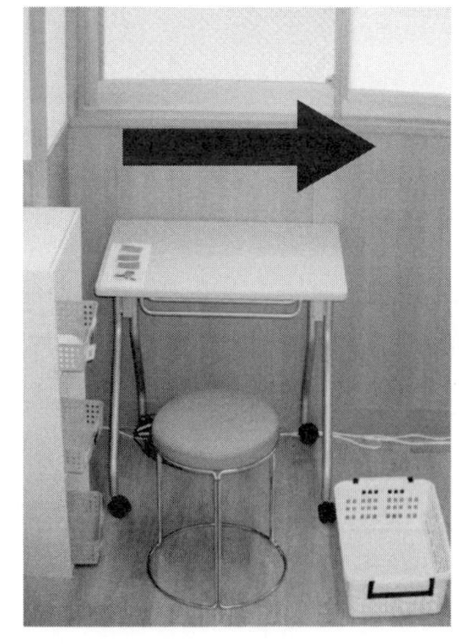

図 18－4　ワーク（アクティビティ）システムの一例

図 18−5　ペットボトルのラベル剥がし作業の視覚的指示

図 18−6　懐中電灯の組立作業における視覚的 JIG

の視覚的指示である。また、ケースをわけることでどこに何を入れるのか（視覚的組織化）がわかりやすくなっている。

また図 18 − 6 は、懐中電灯の組み立ての際、電池の配置などがイメージしにくい自閉症者に対し、正しい位置関係が理解できるよう示した JIG と呼ばれるものである。この JIG も視覚的指示の一つである。

第2節　課題分析について

1．課題分析とは

課題分析とは、一つの活動や行動を細かく分類し、時系列に従って並べ替えることである。具体的にはカップ麺の作り方では、①ふたを線のところまで剥がす、②お湯を線のところまで入れる、③ふたをして 3 分間待つ、④ふたを開けてかき混ぜるといった具合に、活動を細かく分類し、それらの活動をつなぎ合わせることによって目的とした活動を形作ることができる。

2．個々の児童生徒に合わせた課題分析

課題分析された活動を視覚的に示す「手順書」はそのまま視覚的指示となる。カップ麺の作り方以外に家具の組立方法、トイレの壁に貼ってある便座消毒液の使い方なども視覚的指示の一つである。これらはすべて課題分析され、文字や絵などで示された視覚的指示である手順書である。表 18−1 に知的障害のある児童生徒の通学指導についての駅から学校までの行き方の課題分析表を示

表 18－1　通学指導のための課題分析表やはじめての児童生徒に教える際の課題分析（例）

	行動	正誤	メモ
1	南改札口を出る。	△	時々北改札に出てしまう、出れば気づける
2	南改札口を出て右側にハンバーガーショップの看板を確認する。	○	
3	ハンバーガーショップの看板の方向に向かって歩く。	○	
4	右側にコンビニがある。コンビニ前の横断歩道を左側に渡る。	×	コンビニに入り、立ち読みしてしまう
5	横断歩道を渡ると正面に郵便局がみえる。	○	
6	郵便局の前を左側に行くと、花屋がある。	△	時々、逆に曲がってしまう、途中で気づく
7	花屋を右に曲がると小学校正門前に着く。	○	
	課題分析表がアセスメントシート。どこができていて（○）、どこができそうで（芽生え）（△）、どこができないか（×）で明示		×や△部分を訓練もしくは環境調整をはかる

す。

表 18－1 は課題分析の一例だが、児童生徒によってはアレンジする必要がある場合もある。一人ひとりの児童生徒にとってわかりやすい目印は何か、『○○メートル』などの距離感は認識できているのだろうかなど、児童生徒の能力に沿って考えていく必要がある。課題分析には個々の児童生徒の経験や獲得しているスキル、特性等に応じてさまざまなバリエーションがありうる。通学指導の手順として、看板と建物の確認を教えた方がよいケースもあるかもしれない。指導すべき行動の課題分析を行った後は、指導者自身が自分でその活動を行うことにより、再度修正点を見出すことができる。また、児童生徒の行動や能力等について保護者から情報を得たり、対象児童生徒の現状のスキルや特性からその行う行動をイメージし、さらに、実際に児童生徒に体験させてみることによって、必要な課題を追加することもありえる。

3．課題分析に基づいた指導の流れ

課題分析は一つの行動を何段階かの活動に分類するが、人によってはその分類方法も行動も異なることがある。そのため 1 つの行動を 5 段階に分類して指導しても 5 段階ではわかりづらい場合、さらにそれぞれの段階を細かく分類す

る必要が生じてくる。ちょうど5段の階段の段差により小さい階段を設けて10段の階段にするといった指導法である。これを小さな段差、すなわちスモールステップ法という。課題分析を行った後、それぞれの項目において何も指導せずにできる行動、言葉かけがあればできる行動、指差しやジェスチャーが必要な行動、援助が必要な行動等に分類し、指導をしていく方法をシステマティックインストラクションという。

また、課題分析を行った一つひとつの行動をつなげることを、ちょうど鎖がつながっていく状態に似ているため「行動連鎖」というが、最初の活動から順番に教えていく「順行連鎖」と最後から徐々にトップダウンしていく「逆行連鎖」がある。先ほどの通学指導では、駅の改札口を降りた段階から指導する方法が順行連鎖であるのに対し、花屋の門から小学校の正門までを先に教え、その後花屋を左に曲がることを教えるように、結果から教える方法が逆行連鎖である。一般に順行連鎖に比べ、逆行連鎖の方が学習が早いとされている。

（縄岡好晴・梅永雄二）

文　献

メジボフ，G.・ハウリー，M.、佐々木正美監訳『自閉症とインクルージョン教育の実践――学校現場のTEACCHプログラム』岩崎学術出版社　2006

佐々木正美『自閉症児のためのTEACCHハンドブック（ヒューマンケアブックス）』学研プラス　2008

梅永雄二監修『よくわかる自閉症スペクトラムのための環境作り事例から学ぶ「構造化」ガイドブック』学研プラス　2016

レイモンド，G.ミルテンバーガー、園山繁樹・野呂文行・渡部匡隆・大石幸二訳『行動変容法入門』二瓶社　2006

※写真は、筆者がコンサルテーションを行っている生活介護事業所より許可を頂いた。

行動分析による適応行動の促進

point!
・行動分析の定義と教育支援への活かし方について学ぶ。

第1節　行動分析の定義

行動分析とは、心理学者であるスキナー（B.F.Skinner）の実験心理学の研究を基に、人間を含めた生物の行動を、「生活体（ヒト）と環境（周囲の人や物、状況などの総体）との相互作用によって起きる」と考える理論・科学哲学大系である。その中でも、個人から集団までの社会的な問題やニーズを抱える行動を対象にしたものを応用行動分析（Applied Behavioral Analysis：ABA）と呼んでいる。初期の ABA は重度知的障害を持つ自閉症児者への支援として評価されてきたが、近年では通常学級に在籍する児童の行動問題への支援だけでなく、スポーツや学習達成といったマネージメントや自己管理にまで幅広く適用されている。行動分析学の特徴として、行動の主体である生活体は環境に対して常に適応的であると考える（Keller,1968）。つまり、教員や保護者から見ると問題があると判断できる行動も、行動の主体である生徒にとっては環境から導き出された適切な行動であると捉え、環境と生活体との相互作用に変化を与えるような手立て・支援方法を考えていくのである。このような視点から、行動分析学では児童が問題のある行動を起こす「問題行動」と捉えるのではなく、その行動が起こってしまう環境との相互作用のメカニズム自体を問題とする「行動問題」として考えていくのである。

第2節　行動を捉える枠組み：三項随伴性

行動問題を理解する際には、環境と行動の相互作用を細かく分析していく必要がある。そのため、①行動問題を引き起こすきっかけを見つけ、さらに②行動の直後の状況にその行動を繰り返させるような結果が起きていたかどうかを環境の相互作用の中から見極めることが必要となる。行動分析学では、人と環境との相互作用を、「行動に先立つ刺激（先行事象：Antecedent）」、「その場で起きた行動（行動:Behavior）」、「行動の結果によって起こった環境の変化（後続事象:Consequence）」の3つの枠組みから分析を行う。この枠組みのことを三項随伴性と呼んでいる。たとえば、学校でよく見られる授業妨害に関する行動問題を三項随伴性から記述した（図19－1）。

離席行動は、「国語や算数のワークが提示された時（先行事象）」、「席から離れて教室を歩き回る（行動）」、「先生に注意を受ける・座席に戻るように誘導され、分からない部分のヒントをもらう」と記述することができる。友だちへの不適切なかかわりについては、「国語や算数のワークが提示された時（先行事象）」、「周りの友だちにいたずらをする（行動）」、「友だちが『やめて』と言う、同じようないたずらを返してくる（後続事象）」と記述することができる。

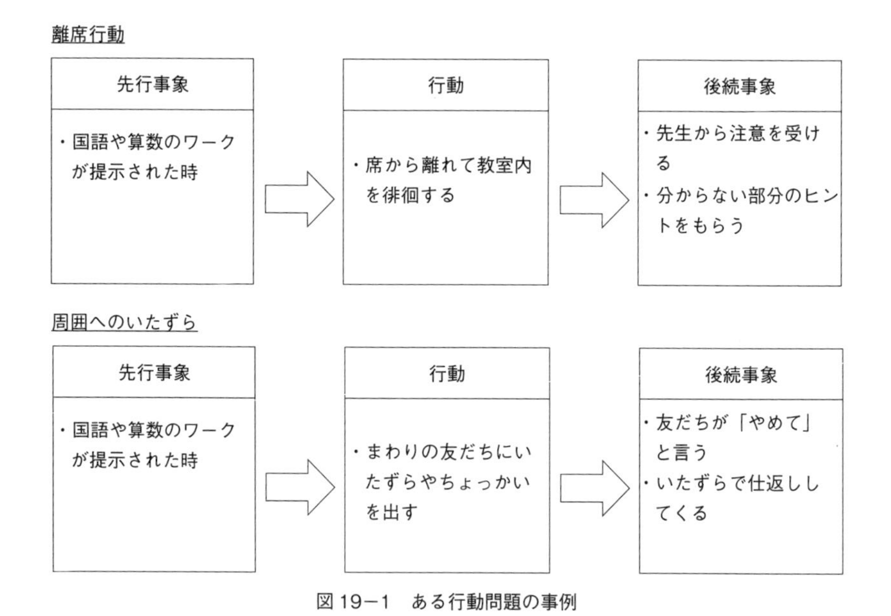

図19−1　ある行動問題の事例

第3節　望ましい行動を増やし望ましくない行動を減らす

子どもの勉強に取り組む時間を増やしたい時、クラスメートへのいたずらを減らしたい時、教員はどのように対応するだろうか。勉強を頑張っている時に「よくやっているね」「頑張っているね」などの言葉がけをするだろうか。他には「しっかりやらなければ、残って勉強してもらいます」など、勉強に身を入れるための叱咤激励をするかもしれない。行動分析学では、行動に続く後続事象により行動の起こる確率が維持されたり、より多く見られたりするようになる現象を強化と呼んでいる。そして、強化が起こった時の後続事象を強化子（好子：Reinforcer）と定義している。たとえば、お手伝いをした後にご褒美としてお小遣いをもらえた場合、子どもはよりお手伝いをするようになるだろう。この例では、お手伝いが行動、お小遣いが行動に付随する強化子である。この例のように、行動の結果、環境側から新しい刺激（お小遣い）が提示されることで行動が増えることを正の強化と呼んでいる。

別の例を考えてみよう。自宅で勉強をしている時にはいつも不機嫌な保護者が怒らないでいてくれるといった場合も、勉強するという行動は維持・増加するだろう。正の強化とは逆に、ある行動の結果、環境にあった刺激がなくなることで行動が増えることを負の強化と呼んでいる。

強化について考える場合、強化子は短絡的なご褒美や本人の嬉しいこととは限らない点には留意すべきである。強化子とは、行動が増加する場合の後続事象を指している。

■ 行動を減らす手続き：罰

日々子どもと関わる中では、注意をしたり、叱ったりすることで不適切な行動をなくしていこうと試みることも多いだろう。なかには「テスト勉強をしないとゲームを取り上げます」というような約束をする場合もあるだろう。行動分析学では、ある行動の出現頻度を減少させる手続きを罰（弱化）と呼んでいる。大人が子どもを注意する／叱るというのは、不適切なかかわり【行動】に続き、怒られる【後続事象】という新しい刺激が出現したと記述することができる。このように、ある行動の後に新しい刺激が随伴することで行動の頻度が減少する手続きを「正の罰」と定義している。また、この時に随伴した後続事象刺激を「罰子（弱化子：Negative Reinforcer)」と呼んでいる。正の罰とは逆に、元々あった後続事象を撤去することで行動の頻度を下げる手続きを負の罰と定義している。たとえば、授業妨害行動について、休み時間を減らすという対応をした結果、妨害行動の頻度が下がった場合、この手続きは負の罰である。

行動問題へ支援を行う時、教員は不適切な行動を減らしたいと考えがちである。そのため、どうしても罰手続きを対応の第一候補として選んでしまう。しかし、罰手続きはいくつもの条件を満たさねば効果を十分に発揮できないことや、望ましくない副次的な効果などが明らかになっている。罰手続きを適用することについて、教員は慎重に検討するべきである（詳しくは章末のコラム「褒めるべきか叱るべきか？」を参照）。

第4節　行動と環境の相互作用の分析：機能分析

人の行動は、行動を起こした結果（後続事象）によって増加したり減少したりすることを概観してきた。つまり、行動分析学では、人の行動の頻度は、行動による環境の変化によって規定されると考えるのである。それでは、環境側の変化と行動の関係についてわれわれはどんな手段を使って把握すればいいのだろうか。行動分析学では後続事象の性質を4つの目的(機能)に分類している：①人からの反応や注目が得られる【注目】、②欲しい活動や物が充足される【要求】、③嫌悪的な活動や結果が起こらなくなる【回避】、④行動自体や結果として得られる感覚が目的である【自己刺激】。行動の目的を分析していくことを機能分析（Functional Analysis)、または三項随伴性の頭文字（Antecedent-Behavior-Consequent）を取ってABC分析と呼んでいる。厳密な機能分析を行う際には、実験室のような刺激が完全に統制された環境下で決まった手順で刺激をコントロールして行う必要がある。しかし、教育臨床では正式な手続きで機能分析をすることは現実的に不可能であるため、教員や支援員、心理士（師）による行動観察から機能を推察することで代替している。

機能分析を行うと、形態的には同じ行動でもまったく別の機能を持った行動であることも多い。たとえば、手元にある物を投げた（行動）結果、まわりの人が「どうしたの？」と声をかけてくれる（後続事象）場合は、注目の機能を持っていると推測される。しかし、行動の結果、周囲にいた人が離れていく（後続事象）場合は、それは回避の機能で維持されていると考えられる。行動がどのような機能を持っているか判断することは、行動修正を行う上で非常に重要な情報となる。それでは、先ほどの離席行動・周囲へのいたずらの例を考えてみよう。

図 19－2 で示したように、離席行動は、先生からのかかわりが得られる【注目】の機能、もしくは分からない問題のヒントを得る【要求】の機能を持っていると考えられるだろう。友だちへの不適切なかかわりも同様に、他者からの反応が得られているため、注目の機能を持った行動であることが示唆される。よって、先生が行った「口頭で何度も注意を与える」という対応は、離席行動の機能である【注目】を与えてしまっていたため、行動問題は減少しなかったと解釈できるだろう。

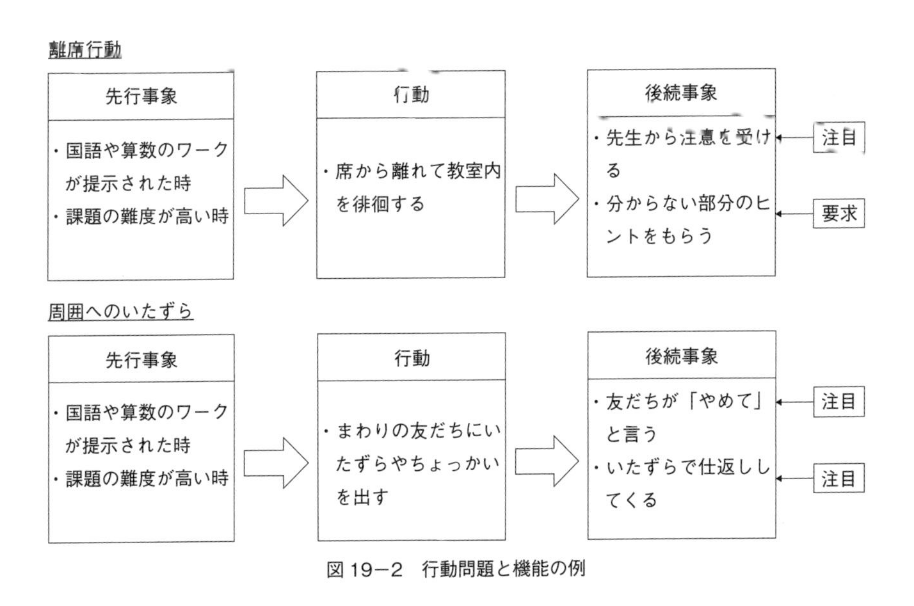

図 19－2　行動問題と機能の例

第5節　ABAの適用事例

【事例：離席が目立つAさん】

Aさんは小学校3年生の男子生徒である。入学時から落ち着かない、自席から立ち歩いてしまう、授業に集中することが難しい、同級生とのトラブルが多いなどの様子が報告されていた。2年生になると課業中の不適切な行動は減少し、本人なりに集中して教科や課題、作業に向き合うことができるようになった。しかし3年生に進級してから、特定の授業（算数と国語のワークを解いている時）に離席して立ち歩く、消しゴムのゴミや紙の切れ端を投げる、近くの生徒へいたずらをするなどの行動が見られるようになった。担任教員は授業をきちんと受けなければいけないことを分かってもらうために、不適切な行動を見せた場合は口頭でしっかりと注意を行った。授業中の不適切な行動が現れてから1カ月ほど経過したが、該当する行動は依然続いたままだった。そこで教員は、今までよりも大きな声で叱責をしたり、場合によっては授業を止めてAさんに悪いことをしていると1対1で伝えたりと、より強く注意をするようにした。注意を受けるとAさんは「だって退屈なんだもん」「勉強できなくたっていいし」と反抗的な態度を見せるようになっていた。教員はその発言や態度についても注意しなくてはいけないため、授業が大幅に遅れるようになってしまった。教員は強く叱責するだけでは聞いてくれないと考え、ゆっくりと優しく教え諭すようなかかわり方もしたが、それでも授業妨害は減るどころか、逆に増えているようにも感じられた。

本章で紹介した支援方法に基づくAさんへの対応を図19−3にまとめた。図19−3には三項随伴性および機能分析の結果から導き出された消去、分化強化、先行事象操作の手続きを示している。大切なことは、各行動修正の手続きは独立したものではなく、1つの行動へ包括的に利用することができるという点である。この事例では、まず①先行事象操作として課題難易度の見直しを行うことで行動問題のきっかけを撤去し、次に②他者からの注目で維持されている部分について消去手続きで頻度を減少させ、最後に③代替行動分化強化手続きを利用し、先生や同級生との会話・ヒントをもらえるような要求の声かけといったより適切な授業従事行動の形成を狙った。結果、Aさんは先生のヒントがあればきちんと課題に取り組むことができるようになった。そして友人へのいたずらは、クラスメートに話しかけることができるようになったことに合わせ、ほとんど見られなくなった。行動支援を開始して1カ月ほどで、あれだ

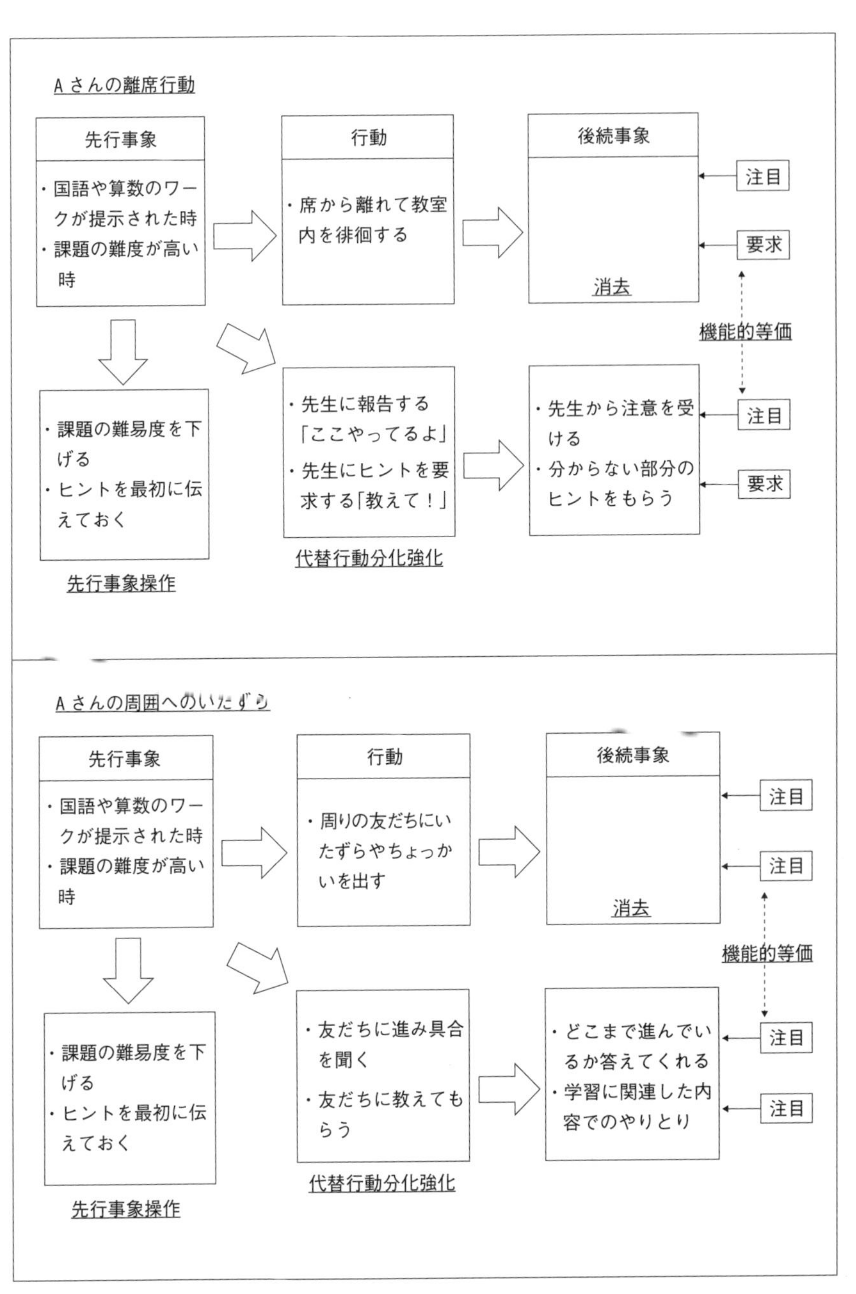

図19−3　Aさんへの行動支援

け注意や叱責をしても変化がなかったＡさんの授業中の不適切行動は減少し、行動問題は大きく改善した。

第6節　最　後　に

冒頭で紹介したように、行動分析はさまざまな行動への支援に科学的な根拠を示している。今回は行動分析学を利用した生徒支援の事例を通じ、基礎的な支援方法である強化と罰・分化強化・先行事象操作を紹介した。他には、確立操作手続き（強化や罰の効果を高める手続き）、ルール制御（今後起こる強化や罰について説明することで行動の起こる頻度を変化させる手続き：言葉による行動の制御）、般化（ある場面で身につけた行動を別の場面でも起きるように移行していく手続き）、シェイピング（新しい行動を効率的に身につけてもらうための方略）、プロンプト・フェイディング（ヒントや援助を段階的に減らしていく手続き）など、学級経営に活かせる多くのヒントが存在している。興味を持った方は北樹出版ホームページの＜さらに学ぶために＞に掲載してある文献を手にとっていただきたい。

（榎本　拓哉）

コラム５：褒めるべきか叱るべきか？

褒めることと叱ること、どちらがより教育としてふさわしいのだろうか。この疑問や論点は教育現場でなくとも毎日のように耳に入ってくる。行動分析学で褒めることというのは、社会的強化子（人からの反応や賞賛）による正の強化手続きである。叱るとは、嫌悪的な刺激から構成される弱化子を随伴させる正の罰手続きである。動物を用いた基礎行動分析の実験でも、正の罰手続きは直前の行動の生起頻度を下げることが繰り返し確認されている。しかし、「叱ることで他者の行動を修正していくことは、科学的な裏付けを持った正当な教育方法である」と結論づけるのは早急である。正の罰手続きが行動を抑制するためには、①罰子を回避することが不可能であること、②罰子が十分に強いこと、③起こった標的行動のすべてに罰子が提示されること、④標的行動の直後に罰子が提示されること、⑤最大強度で罰子が提示され続けること、⑥罰子の提示時間がごく短いことの５つが必須である（Azrin & Holz, 1966）。この５条件を満たすことは、通常の生活環境（家や学校）では不可能に近いであろう。その他にも、正の罰手続きには、①望ましくない情動反応（怒りや悲しみ）が生じる、②罰子に対する刺激馴化でより強い罰子でないと抑制効果が維持されない、③それ以外の望ましくない行動に置きかわってしまう、④罰子を提示する他者（先生や親）がいない場所では行動が減少しないといった副次的な効果もあり、問題が拡大してしまう可能性を孕んでいる（Matson & DiLorenzo, 1984）。

逆に正の強化手続きには、①安定的に行動が維持される、②より適切な行動を導くルールとして作用することがある、③本人の負の情動反応が少なくなる、④社会的強化子を提示する人への指示遵守や正の情動反応が増加するなど、より適切な行動や適応に波及していくことが示唆されている。以上より、行動分析学の研究や理論からは、教員は叱るといった正の罰手続きではなく、褒める・評価するといった正の強化手続きを主軸として子どもと関わっていくことが望ましいと結論づけられる（叱ることのリスクについてもっと学びたい方は参考文献のURLにある「体罰」に反対する声明（日本行動分析学会,2014）の一読を勧める）。

（榎本　拓哉）

＊文　献＊

Azrin, N. H. & Holz, W. C.(1066) Punishment. In W. K. Honig(Ed.)*Operant behavior: Areas of research and application,* 380-447. New York: Appleton Century Crofts.

Keller, F. S. (1968). Good-bye, teacher……. *Journal of Applied Behavior Analysis,* 1, 79-89.

Matson, J. L., & DiLorenzo, T. M.(1984)*Punishment and its alternatives: A new perspective for behavior modification.* New York: Springer Verlag.

日本行動分析学会「体罰」に反対する声明文を策定するタスクフォース(2014).「体罰」に反対する声明. http://www.j-aba.jp/data/seimei.pdf（アクセス：2018年12月12日）

認知行動面からの支援の工夫
～ソーシャルスキルトレーニング（SST）～

point!
- SSTの目的と手法を知る。
- ライフスキルの視点を重視したSSTの指導の大切さを学ぶ。
- SSTの手法を実際の生活場面で使うための実践事例を学ぶ。

第1節　SSTの定義と目的

1．ソーシャルスキル（社会的スキル）とは？

社会的場面の中でうまくやるには、お互いの立場や権利を侵さずに人間関係を結び、かつ自分の目標を達成することが必要で、そのために必要な技能をソーシャルスキル（社会的スキル）という。ソーシャルスキルの定義はさまざまあるが、おおよそ「自分にとっても相手にとっても、快く、社会的にも受け入れられるやり方で、対人的なやりとりをするのに用いられる技術（佐藤・小貫, 2012）」と捉えられる。知的障害・発達障害の人々の多くはソーシャルスキルが不十分で、それが対人トラブルの原因になり、さらに自尊心低下や抑うつなど情緒不安定にも結びつく。ソーシャルスキルは生育過程で、ある程度自然に学習されるものであるが、知的障害や発達障害の場合、おのおのの該当章で示した通り、中枢神経系の機能障害に基づく問題により、未学習や学習不足あるいは誤学習していることも多い。そこで、ソーシャルスキルトレーニング（以下SST）を実施することが、彼らのQOL（生活の質）向上にとって重要となる。

2．ソーシャルスキルトレーニング（SST）の目的と指導原則

SSTの目的は、社会的・対人的体験の再学習である。つまりスキルを十分に学べていない、あるいはうまく使える自信がない者に、安全な環境の中で訓練機会を確保することである。指導原則として、成功体験を与え自己効力感の向上を図ることと、発達段階にあった課題設定をすることが大切で、具体的に

は第2節において示す。SSTで扱われるスキルとしては、「社会的ルール・マナー理解・集団参加・対人関係スキル（順番を守る、お礼を言う等）」、「会話・コミュニケーションスキル（話を聞く、意見を言う、動作の理解表現等）」、「問題解決スキル（助けを求める・折り合いをつける等）」、「自他の感情理解と対処（自己理解、ストレス対処等）」がある（霜田，2016）。

SSTは、精神科医療の領域で1994年に「入院生活技能訓練療法」として診療報酬化され、学校教育における生徒指導の基準となる生徒指導提要（文部科学省，2010）にも、新しい教育相談の方法として明記された（嶋田・石垣，2016）。実際に通級指導教室、特別支援教室、特別支援学級、特別支援学校等で、自立活動の一環として取り入れられたり、学校全体でも「道徳」、「特別活動」、「総合的な学習」などの時間を利用し、ソーシャルスキル教育（SSE）として実施されている。

第2節　SSTのタイプと手法

SSTには近年、ASD児を対象としたガットステイン（2006）による対人関係発達指導法（RDI）やローガソンら（2012）によるPEERS等、新しい技法もあるが、ここではもっとも使われている従来の認知行動療法的なSSTの手法を紹介する。表20－1に手法によるSSTのタイプを示した。以下、それぞれについて説明していく。

表20－1　手法によるSSTのタイプ

①ロールプレイを用いる手法 基本的訓練モデル（Liberman，1988） 自由課題設定、問題解決場面のスクリプトを被訓練者からの情報をもとに教育者が作成しておくことが多い　例：折り合いが悪い父親への対応など モジュールによる指導モデル（Liberman，1988） 日常生活で共通するルール・マナーの基本パターンを学習 例：「入室時の挨拶の仕方」「物を借りた際のお礼の言い方」など ＊一般に導入段階ではモジュールによる指導モデルの方が取り組みやすい
②小集団ゲームを用いる手法　ゲームリハーサル
③ワークシート等を用い、状況理解や内省を促す手法 コーピング、ソーシャルストーリーズ、コミック会話等

■1. ロールプレイを用いる手法

精神科医療領域でSSTを体系化したリバーマン（Liberman, 1988）の基本的訓練モデルは、指導者（治療者）が被訓練者（患者）から問題となる場面を聴取し、それに基づき治療者がスクリプトを作成し、場面を再現してロールプレイを行うやり方だが、子どもに対しての実施は難しい。むしろ日常生活の基本的ルール・マナーを学習するモジュールによる指導モデルが治療の導入段階あるいは小中学校での利用には有効である。

ロールプレイ手法の手順は、「教示→モデリング→リハーサル（ロールプレイ）→フィードバック」である。教示で「いつ、どのようにするか」を説明する。口頭説明のみでは理解できない場合もあるので、言語教示と併せて手順表やイラストなどの視覚的支援を用いると良い。モデリングは適切な手本を観察学習することをいう。手本は指導者が実際にロールプレイを行ったり、モデルとなるビデオを視聴したりする他、訓練中に参加児の誰かがうまく行うのを示し注目させる方法もある。リハーサルとは、教示やモデリングを通じ得た知識をもとにスキル訓練（ロールプレイ）をすることである。参加児童にとってSSTは前述のように、自信をもって成功体験を積む場でなければならない。それゆえにフィードバックは、ポジティブフィードバックが基本となる（例：×まだ不十分だね、このようにやらなくちゃダメだよ・○だいぶうまくなったね、次はここを工夫するともっとよくなるよ）。つまり、「それはダメ！」でなく「〜すると、うまくいくよ」が大切で、気軽にやり直しができる対応（例：×何回もやったからできるよね！・○練習なので何回でもやり直せばいいよ）が必要である。

■2. 小集団ゲームを用いる手法（ゲームリハーサル）

ロールプレイ手法はある程度、訓練を受ける意味を理解していれば有効であるが、子どもはそうでない場合も多いため、拒否したり、行ったとしてもふざけてしまう可能性がある。ゲームリハーサルは図20－1に示したように、リハーサルをロールプレイからゲームに置き換えたものである。ゲームは特別な意識をもたせることなく行えることから、子どもに有効である。ゲームリハーサルによるSST案を作る際の注意として、多くは既存のゲームを使うが、レクリエーションとは違い訓練目標がある。したがって、「×先に面白そうなゲームを選び、後付けで目標を作る」でなく、「○目標を決めて、それを活かせるゲーム題材を選ぶ」が不可欠である。また目標や子どもの発達レベルにより、ゲームルールを改変する場合もある。手続きはロールプレイ手法とほぼ同様であり、ルールを図式化して提示したり、フィードバック時にワークシートを用いる方法もある。

集団SSTの中でスキルを練習(リハーサル)するとき
ロールプレイ → ゲーム活動

○訓練目標(目的性)がある
○対象となるソーシャルスキルを使う場面を盛り込む
○発達レベルを考慮
○特別な意識をもたせることがない

図20－1　ゲームリハーサルとは

ゲームリハーサルの効果として、訓練目標の向上以外にも、(1) ゲームを楽しむことで参加への動機づけが高まる、(2) 他児への積極的なかかわりの中で自発的な仲間づくりにつながる、(3) ゲームを進める中で、予測できないリアルなかかわりが生じ、日常の生活場面に近いことから般化しやすい等がある。ゲームリハーサルのSST事例(表20－2)を見ればわかる通り、どれも既存のゲームではあるが、そこに訓練目標を明確に組み込んでいる。

3. ワークシートを用いる手法(ソーシャルストーリー・コミック会話・コーピング等)

ワークシートを用いる代表的手法として、ソーシャルストーリーは基本的に1つの絵とその絵が表す出来事が短い文章として書かれており、文章を子ども自身が読み(あるいは読んであげて)基本的なマナー・ルールを学習する。コミック会話は人物を線画で描き、漫画で使われる「吹き出し」の中に言葉を入れていくもので、場面理解や相手の気持ちの読み取りなどを学習でき(図20－2)、第4節のライフスキル指導例の中でも使われている。

コーピングは汎用性が高く、通常学級の指導の中でも実施しやすい。いくつかやり方はあるが、ここではシートを使った「イライラしないためのコーピング」の事例を示す。

まず子どもが落ち着いた時に、イライラし怒ること自体は感情なので悪くない点を伝え、問題は怒った時に、暴言や暴力など不適切な対応をしてしまうことを理解させた上で、普段やっている解消法を聞く。その方法の利点・欠点を

表20－2　ゲームリハーサルによるSSTのある日の流れ（65分）

【はじめの会】（10分）今日の流れの説明、守ってほしいこと（全体目標）の確認など ・先生が説明している時は、お話を聞きましょう・途中でつらくなったら勝手に抜けず、近くの先生に話してから休みましょう・他人が嫌がることはやめよう（例：悪口、ちょっかいなど） 【第1ゲーム：百科事典】（10分） 目標：自分の意見・知識を明確に示す（自己主張訓練）・他のメンバーからの意見・知識も受け入れる（他者受容・協力）・グループ内で効率的に意見表明し、記録する（協力）・親睦を深める（アイスブレイク） 手続き：5～6名程度の小グループに分かれる（サークルになる）。国名、食べ物の名前など、指導者が提示したカテゴリーに属する言葉を制限時間内（3分）にできるだけ、多く挙げる、グループ間で比較し勝敗を決める。勝ったグループは、好きなテーマを決定あるいは選択できる。 【第2ゲーム：それは何？】（15分程度） 目標：お互いに助ける（相互扶助・協力）、助けを求める（援助要求）、話し合いスキル、質問スキル 手続き：5～6名程度の小グループに分かれ、ホワイトボードにスリーヒントで、当ててもらいたいものの、特徴を示す。例：「それは丸いです」「それは赤いです」「それはおいしいです」→（答えは「りんご」） それぞれのグループから、話し合って当てるための質問をしてもらう。もし質問で、その名前を言い当ててしまったら、そのグループの得点になる（チャレンジ）。その代わり、チャレンジで間違えたら、1回休み。質問が思いつかない時は手をあげ、グループの仲間や先生に助けてもらう。 　　　休憩5分　→開始後、35分経過。子どもの集中力の持続性を考慮し、ここで短い休憩が有効 【第3ゲーム（運動ゲーム）：ストラックアウト】（15分程度） 目標：スポーツマナー・開始と終了を周囲に知らせる（挨拶＝「お願いします」「ありがとうございました」）・しっかり目標を見る（集中力）・順番を守る、邪魔しない、勝ち負けにこだわらない（ルール順守）・粗大運動技能の向上（身体バランス・ボディイメージ・巧緻性） 手続き：5名ずつのチームに分かれる（子どもたちの人数によりスタッフも入る）、その他のスタッフは、観察役、点数係、ボール拾いなど分担、1人3球まで投げられる、チームの合計得点で争う、球拾い役は3球終わるまでボールを返さない（返すと子どもにとってのノイズになる）宣言して狙った数に当たれば2倍 【終わりの会】（10分）：全体目標に関するフィードバック（守れたかどうか）、次回の予定の説明 ＊前半に座って行う思考系のゲーム、後半にストレス解消にもつながる運動系のゲームを入れる方がよい。

答えさせた後、次に条件を加え、そこになるべく多く該当するものを考える（表20－3参照）。方法を示唆するのでなく、子ども自身に考えさせることが大切である。なぜなら、自身が考えた方法の方が定着しやすいからである。どうしても案が出てこない場合のみ、指導者が提案していく。

図20－2　ソーシャルストーリーとコミック会話（Gray, 2005）

表20－3　「イライラをなくそう」コーピングシート

1. あなたはイライラした時、どんなことでスッキリしてますか？
　寝る→○：休める　×：そのまま寝てしまうかもしれない
　机を蹴飛ばす→○：一瞬スカッと　×：壊れる、ケガするかも
2. ×がなくなるための条件
　・どこでもできるか・いつでもできるか・自分だけでできるか
　・人の目を気にしないですむか・人にいやな思いをさせないか
　・すぐにできるか・道具がいらないか・危なくないか
3. 上の条件に多くあてはまるやり方を探そう！

第3節　SSTの課題とライフスキル重視の視点 

1. 般化の課題

SSTで学習したスキルを、実際の生活場面で使えるようになることを般化という。前節で述べたロールプレイ・ゲームリハーサルはともに、限定された構成的場面設定での訓練であることから、スキルが必要となる機会が多様な形で偶発的に訪れる日常生活の中では、十分に発揮できない場合も多い。そこで、非構成的場面設定である日常生活の中にソーシャルスキルを使う場面を盛り込む般化訓練が必要となる。構成的な場面設定のSSTと並行して、非構成的な

般化訓練を盛り込むと、より実用的な形でスキルが定着する。たとえば学校と職場実習先が連携して、はじめは学習したスキルが必要となる状況をできるだけ自然な形で作り（半構成的）、定着してきたら特に作り込みはせず、どれだけスキルが発揮できているかを観察していく（非構成的）。実際、山本ら（2013）は般化を促す工夫として、ASD 者の就労に向けての SST 実践の中で、「知識の学習→リハーサル→シミュレーション訓練→リアルな状況での訓練」といった学習環境のステップ化が有効であることを指摘している。

2. どこまで訓練すべきかの課題：ライフスキルの視点

SST に限らずあらゆる教育訓練は、障害児者の QOL を重視する視点に立たなければならないと考える。ICF（国際生活機能分類）における環境因子の重視や、社会参加が個人の能力向上のみにより目指す Ability モデルでなく、個人と環境との相互作用で支援する Strength モデルへと変化してきていること（島田，2016）もその表れと考えられる。ソーシャルスキル、なかでもとりわけ対人関係スキルは、多くの知的・発達障害児者にとって苦手なものであり、ASD の場合より顕著である。ASD の当事者であるテンプル・グランディン氏は自著『自閉症感覚』（2010）の中で、次のように指摘している。「形式にとらわれた従来の理論に沿って社会性や社交スキルを指導すれば、子どもが学び、成長する機会をますます制限してしまうことになります、親や教師など自閉症スペクトラムと関わる人は、社交的でない人を社交的にすることはできないということを肝に銘じておきましょう」。実際に中途半端な形で対人関係スキルを学んだ結果、キャッチセールスやカルト宗教の勧誘の被害にあったり、かえって場違いな行動や望ましくない行動をとってしまうこともある。しかし一方で、社会生活を行う上での最低限のスキル習得は不可欠である。

そこにライフスキル重視の考えが出てくる。ライフスキルはもともと、WHO が提唱したものであるが、知的・発達障害者には困難である内容も多かったため、社会的自立という観点から、障害領域における特に成人期に向けてのライフスキルとして、対人関係スキルよりも身辺生活、就労、余暇スキル等を重視すべきとする考えがある（梅永，2016）。

以上を総合し考えた場合、成人生活に向かう思春期以降の SST はライフスキルを重視した内容にシフトしていく必要があると思われる。ただし個人差もあることや、仮に当事者が自身の対人関係スキルやコミュニケーションスキルの向上を望んだ場合、それに応えていくことも必要であり、その点を踏まえると紙数の関係上、ここでは内容を紹介できないが、ASD を対象とした PEERS や RDI など、SST の新技法にも期待したい。次節では特別支援学校におけるライフスキル指導の実際を紹介する。

第４節　ライフスキル指導の実際

【事例：一人下校に対する不安へのサポート】

タクヤ（仮名）は、特別支援学校小学部３年生の男子児童で、軽度の知的障害と、自閉症スペクトラムをもっていた。着替え、排せつ、歯磨きなどは一人で行うことができ、会話やひらがなを読むことは問題なく、学校生活も落ち着いて過ごすことができていた。

タクヤは、これまで母親と一緒に下校しており、１人で下校したことはなかったが、母親とタクヤ本人の希望により、一人下校の練習をすることになった。そこで、下校の様子のアセスメントを実施したところ、タクヤはすべての行程を一人で移動し、下校することができたため、一人下校練習を始めることにした。

タクヤと確認しながら、「電車に乗って一駅隣の駅で降車すること」を最初の練習課題として選んだ。タクヤは先輩の小学４～６年生が一人下校練習をする姿を見ていたので、「早く僕もやりたいな…」と話していた。練習では、連絡・防犯用にキッズケータイ（子ども向け携帯電話）を身につけ、教員の付き添いのもと練習を始めた。練習を繰り返す中で、教員がタクヤから徐々に距離をとっていった。教員が隣の号車に移動してもタクヤに特に課題は見られなかったため、付き添いなく１人で１駅乗車する練習を開始することにした。

しかし、タクヤの母親から、次のような相談があった。その１つが、「まだ１人で乗車することは怖いよう。先生が付いているから練習はいいみたいです」であった。また、何が怖いかは曖昧なものの、「以前バス停でおばさんに話しかけられた時に慌てていることもありました」とのことであった。そこで、１人で電車に乗る練習を延期することにした。

個別授業において、「電車が緊急停車した時」、「知らない人に名前と学校を聞かれた時」といったタクヤが不安を抱えていると想定されたシチュエーションを取り上げ、コミック会話を用いながらタクヤとの相談を実施した。まず、「電車が緊急停車した時」のイラストを提示した。そしてタクヤにどのように対応するか質問した。タクヤは、「お母さんが心配するからケータイで電話するかな」と話した。タクヤが話している間に、筆者はキッズケータイのイラストを紙に描いた。その後、母親との電話が終わっても、電車が止まっていたらどうするか聞いた。すると、タクヤは「ん……」と言って考え込んでしまった。そこで対応の仕方の例示として、電車の中で座っているタクヤのイラストを描き、「電車が動くまで待つのはどう？」と伝えた。タクヤは、「そうすればいいのか！」と言った。

次に、「知らない人に名前と学校を聞かれた時」のイラストを提示した。すると、「え～嫌だな～。犯罪者とかだったらどうしよう…誘拐されたら怖いな…」と言い、対応の仕方について話すことはなかった。そこで、あいさつだけする、無視するといった対応例をイラストに描いて提示した。それでも繰り返し聞かれた場合を取り上げ、無視し続ける、お母さんか駅員さんのところに走って逃げる、身につけている防犯アラームを鳴らして周りの人に助けを求める、といった対応例をイラストに描きながら説明した。

コミック会話で確認した状況とその対応を、ロールプレイで演じた。対応は、コミック会話を参照したり、教員に聞いたりと、自立してできたわけではなかった。一方で、徐々にパフォーマンス力が強くなるなど、演じ方について変化があったことから、自信が深まっていると考えられた。

学校でロールプレイを重ねるうちに、タクヤは母親に「一人下校やってみる」と話すようになったので、一人で電車に乗る練習を開始した。タクヤを駅のホームまで送ると、「足がガクガクする……。でも、キッズケータイがあるから大丈夫！」と話して、練習に取り組むことができた。翌日、タクヤは一人乗車の練習を開始できたことを喜んでいた。一方、乗車の直前に足が震えていたことから、リラクゼーションの練習を実施した。リラクゼーションは、「深呼吸」、「力を入れて、抜く」、「目をつぶって好きなこと・楽しいことを考える」を練習した。練習では、それぞれのリラクゼーションを示したイラストを提示して、やることを確認した。また、実際に乗車する直前に、駅のホームで筆者とリラクゼーションを実施した。

タクヤは、練習を続け、電車に一人で乗れるようになった。「もう足は震えないよ。電車が混んでいるのは嫌だけどね。」と話していた。また、友だちが乗車の練習を始める際には励ましてあげる行動から、タクヤが一人乗車に自信ができたことがうかがえた。

タクヤは、すでに１人で下校する行動を身につけていたが、１人でその行動を実行することに不安を抱えていた。タクヤは、コミック会話を通した相談と指導、ロールプレイ、リラクゼーションの練習によって、一人乗車ができるようになり、不安も自信に変わった。

指導で取り上げた「知らない人に名前と学校を聞かれた時」といった状況は、

決して頻繁に起こることではない。しかし、本人がその状況に焦点を当てて認識し、不安を抱えていると考えられた場合、事例のように支援が必要となる。また、ロールプレイでは、対応の仕方を自立して行うためのスキルトレーニングではなく、乗車に自信をもつための支援として取り組み、効果が見られた。ライフスキルの指導では、スキルを獲得することを目指すと同時に、児童生徒の認識や気持ちも丁寧にサポートしながら指導を進める必要がある。

（島田博祐・宮野雄太）

＊文　献＊

Grandin.T.、中尾ゆかり監訳『自閉症感覚』NHK 出版　2010

Gray.C.、服巻智子監訳『ソーシャルストーリーブック』クリエイツかもがわ　2005

Gray.C.、門眞一郎訳『コミック会話』明石書店　2005

Gutstein.S.、杉山登志郎・小野次郎監修、足立佳美監訳　RDI「対人関係発達指導法」クリエイツかもがわ　2006

Laugeson.E.、辻井正次・山田智子監訳『友だち作りの科学』金剛出版　2017

Liberman.R.、安西信雄・池淵恵美監訳『実践的精神科リハビリテーション』創造出版　1988

文部科学省『生徒指導提要』教育図書　2010

佐藤容子・小貫悟「ソーシャルスキルの指導」一般社団法人特別支援教育士認定協会編『特別支援教育の理論と実践第 2 版　Ⅱ. 指導』　金剛出版　2012　pp.119-150

嶋田洋徳・石垣久美子「ソーシャルスキルトレーニング」日本児童研究所監修『児童心理学の進歩 2016 年版』　金子書房　2016　pp.203-224

島田博祐「成人生活におけるマナーとルール」日本 LD 学会編『発達障害事典』丸善出版　2016　pp.518-519

霜田浩信「発達障害児の SST」日本発達障害学会監修『医学診断 / 福祉サービス / 特別支援教育 / 就労支援』　福村出版　2016　pp.150-150

梅永雄二「成人生活におけるライフスキル」日本 LD 学会編『発達障害事典』丸善出版　2016　pp.520-521

山本真也・香美裕子・小椋瑞恵・井澤信三「高機能広汎性発達障害者に対する就労に関するソーシャルスキルの形成における SST とシミュレーション訓練の効果の検討」『特殊教育学研究』51（3）2013　pp. 291-299

CHAPTER 21 就学前の幼稚園・保育所における支援と就学移行

point!

・就学前（幼稚園・保育所）における支援について学ぶ。
・小学校への移行支援の実際を学ぶ。

第１節　保育を取り巻く現状とインクルーシブ保育

1．多様化する保育ニーズに対応するインクルーシブ保育

わが国では長きにわたり、医学的診断として「障害」があると認定された子どもを対象として、障害児保育の知識や実践を蓄積してきた。しかし近年特別支援教育の開始により、一見したところハンディキャップがあると認識されにくい“発達障害”に注目が集まり、診断がなくとも配慮を要する子どもの存在が保育現場のニーズとして取り上げられるようになった。その他、虐待や養育放棄などの家庭的問題を抱えた子ども、外国籍の子どもなど、子どもの有する保育ニーズは多様化の一途をたどっている。かつての障害児保育は、「障害がある子ども」と「障害がない子ども」を一緒に保育するという意味で「統合保育」という用語を用いた。しかし近年では、先述した多様な保育ニーズを踏まえ、最初から障害の有無を前提とせず、すべての子ども一人ひとりが異なる存在であり、それぞれのニーズがあることを強調する意味で「インクルーシブ保育」という用語が一般的になりつつある。

他の子どもを叩く、特定の事にこだわるなど、障害の有無にかかわらず子どもが示す行動上の問題は、大人にとって「困った行動」としてうつる。しかしこうした行動は、むしろ子ども自身が何かに困っていることを示すサインである。インクルーシブ保育では、子どもの行動上の問題の原因を「障害」や「家庭の問題」のみに原因帰属することを本質としない。関わる側の大人の都合ではなく、「子どもが何に困っているのか」という視点に立ち、子どもが「困り感」を解消できるよう配慮することが必要となる。このため、インクルーシブ保育では、子どもの実態把握を行う際、保育者が特定の理論や枠組みにとらわれることなく、児童理解の幅を拡大し、多角的な見立てを行う力を養う必要がある。

2．保護者支援・子育て支援の重要性

近年、核家族や共働きが増加し、共同体としての地域力の低下により、強い不安や孤独感を抱えて子育てに向かわなければならない保護者は少なくない。乳幼児をもつ保護者は、結婚して新たな家族生活を営んで間もない場合も多く、妻や母、夫や父という新たな役割に適応するのにも必死である。「障害の早期発見・早期療育」が叫ばれる昨今だが、こうした保護者の状況を理解せずに子どもの示す困難ばかりを伝え、「障害」を突きつけるかかわりは、かえって保護者を追い詰めてしまう結果となりやすい。元来、「障害の早期発見・早期療育」は、保護者とともに子どもの状態を共有し、子どもの健全な発達を保証するための一つの手段にすぎない。子どもについての話し合いは、保護者が子どもの可能性に気づき、子育てに希望をもつきっかけとなるものでなければならない。

保護者は、「自分の子どもが周囲の子どもと違っていないか」「子どもとどうやってかかわったらよいか分からない」「子育てが大変でわが子がかわいいと思えない」など、さまざまな悩みや不安を抱えていることがある。まずは保護者自身が困っていることに着目し、傾聴する姿勢をもつことが重要である。

第２節　インクルーシブ保育に向けた園内支援体制

1．幼稚園・保育所における園内支援体制の構築

インクルーシブ保育は、単に多様な保育ニーズの子どもが同じ環境で過ごすということではなく、保育者が子どもそれぞれに適切な支援や配慮を行うことを意味している。よって保育者は、特定の子どもの個別的配慮を念頭に置きながら、子どもを集団としてまとめクラスを運営する力が求められる。当然担任保育者の負担は大きく、加配保育者の配置の他、多様な子どもの理解に関わる知識や技術も必要となる。インクルーシブ保育の実践を担任１人に委ねるのではなく、園全体で子どもを支援する姿勢をもつことはもちろん、職員間で情報共有し、保育者同士が支え合う環境を構築するよう努めなければならない。

2．特別支援教育コーディネーターと園内委員会

インクルーシブ保育に向けた園内支援体制の要となるのは「園内委員会」と「特別支援教育コーディネーター」である。これらの役割を踏まえた園内支援体制の一例を図 21－1 に示した。園内委員会とは、園内の特別支援教育体制を構築するための指針を決定する組織である。園内の子どもすべてを対象とした実態把握を行い、配慮を要する子どもやその保護者の支援方針について協議し決定する。これら園内委員会の方針に従って、具体的に動く役割を担う調整役が、特別支援教育コーディネーター（以下、SENCO と表記）である。SENCO は園内の職員の中から園長によって 1 名ないし複数名選出される。SENCO の役割は、①園に在籍する子どもの理解と支援について保護者や担任保育者の相談窓口になること、②園外リソースとなる関連機関との連携を図ること、③保育カンファレンスや園内研修の実施にあたり具体的な調整を行うことなどである。

園内委員会を構成するメンバーは園によってさまざまだが、おもに園長や主任保育者、学年主任、SENCO などで構成される場合が多い。しかし、その指針を園全体に浸透させることができるよう、管理側と現場側の両方からメンバーを構成するのがのぞましい。SENCO の選出については、幼稚園・保育所の場合は、その立場や役職が設置されていなくとも、主任保育者や副園長など、園全体の様子を把握できる立場の職員が同等の役割を担うことが多い。また保育現場の場合、保護者の相談窓口を必ずしも特別支援教育に特化した内容とするのではなく、「子育ての悩み」などのように、保護者の多様なニーズに応じ

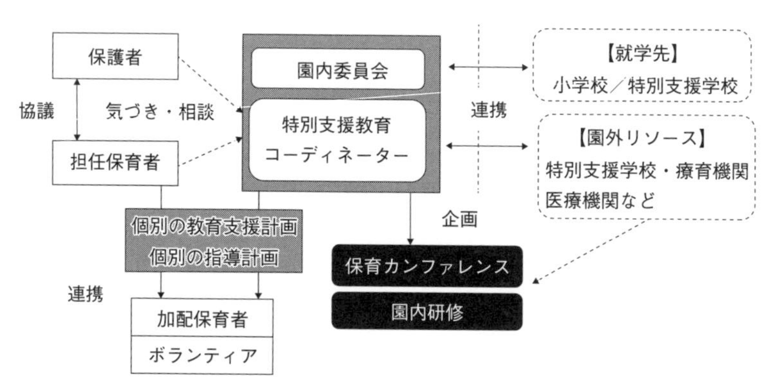

図 21－1　園内支援体制の仕組みの一例

られるような示し方が必要である。

■3．個別の教育支援計画と個別の指導計画

障害がある子ども（あるいは配慮を要する子ども）の場合、療育など発達を促すための教育支援の他、家庭生活に関わる困難を解消するための福祉支援、服薬や診断を含む身体面のサポートを受けるための医療支援など、他領域の専門機関の関与が必要となる場合が多い。こうした多職種間連携を支えるツールが「個別の教育支援計画」である。子どもが所属する学校や園が、子どもと関わるさまざまな支援機関と足並みをそろえた教育支援を実践するために作成する。幼児期は、保護者がこうした支援機関の存在や機能を認知していない場合が多いため空欄が多くなるが、保護者のニーズに合ったサービスを行う支援機関の情報を提供しつなげていくことも意識したい。また、子どもの姿について機関同士で情報共有することは、保護者にとって「安心」でもあり、個人情報が拡散する面で「不安」も生じる。個人情報の取り扱いや情報を共有する範囲等についても、保護者と十分に話し合う必要がある。

次に「個別の指導計画」とは、担任保育者が、障害がある子ども（あるいは配慮を要する子ども）の保育ニーズに応じた支援目標や支援方法をまとめて記述した計画書を指す。幼稚園・保育所の場合、配慮を要する子どもに加配保育者など担任以外の保育者が個別的に関わる場面も多く生じる。その際、すべての職員が個別の指導計画に記載した支援目標や支援方法を理解し、同様の意識をもって対象の子どもに関わることが重要になる。また、それぞれのかかわりの中で担任保育者も気づかないさまざまな子どもの様相が見えることがある。そうした情報をさらに共有しながら、必要に応じて個別の指導計画を修正・加筆することが大切である。「個別の指導計画」は、園内での連携を進めるにあたって重要なツールとして機能する。

■4．保育カンファレンスと外部専門家の活用

個別の指導計画は、支援対象となる子どもの保護者が子育てで困っていること・願っていることなどを中心に、担任保育者と保護者が協議しながら支援目標を決定する。この協議は、場面によっても異なるさまざまな子どもの実態を

把握する上でとても重要である。しかし保護者がニーズとして示した内容は、必ずしも子どものニーズや発達段階と合致しないこともある。よって保育者は、子どもの発達や行動理解に関する専門知識に加え、保護者のニーズと子どもの実態を整理して支援目標と手立てを決定する技術が必要である。しかし、こうした技術を獲得するのは容易ではない。

こうした問題を解消する手立てとして、外部専門家による巡回相談がある。巡回相談とは、外部専門家が園に直接訪問し、支援対象となる子どもの様子や保育の様子を観察した上で保育者の相談に応じる活動である。近年、幼稚園・保育所での巡回相談の活用頻度は増加している。一方で、巡回相談は現場の専門家依存を生み出しやすく、その結果対象となる子どもの生活文脈にそぐわない目標設定や介入が行われる危険性も指摘されている（園山・藤原, 2017）。よって、①保育者の困り感の解消のためではなく、園内で個別の指導計画を作成する目的で巡回相談を活用すること、②巡回相談の前に支援対象となる子どもの実態把握とそれに基づく見立てを園内委員会において十分に進めることで、園内の専門技術向上を図ることが重要である。

図21－2は、とある幼稚園で計画した園内委員会と巡回相談の開催スケジュールである。この園では、年間３回の巡回相談を企画し、その機会に合わせて園内委員会を開催した。４月から５月初旬にかけてSENCOが担任保育者に聞き取りをし、実態把握を行った後、園内委員会で支援対象となる子どもの選定や実態把握表の作成を行う。その後巡回相談にて対象となる子どもの見立てと支援目標の決定を行い、個別の指導計画を作成する。そして８月に園内委員会にて個別の指導計画の進捗状況を確認した後、９月の巡回相談で外部専門家の助言を基に再評価し、必要な場合には個別の指導計画の加筆・修正を行う。ここでは、１学期には挙がっていなかった「気になる子ども」についても検討を行う場合がある。３回目の巡回相談でも同様の手続きを行った後、園内委員会にて次年度の引継ぎを行う。

一般に巡回相談は、対象の子どもの担任保育者と巡回相談員の１対１での協議が設定されることが多いが、保育者全員が協議に参加する形式をとる場合もある。いずれの場合にしても、①巡回相談員の助言を一方的に聞くのではなく、参加している全ての保育者が積極的に意見を述べる姿勢をもつこと、②検討資

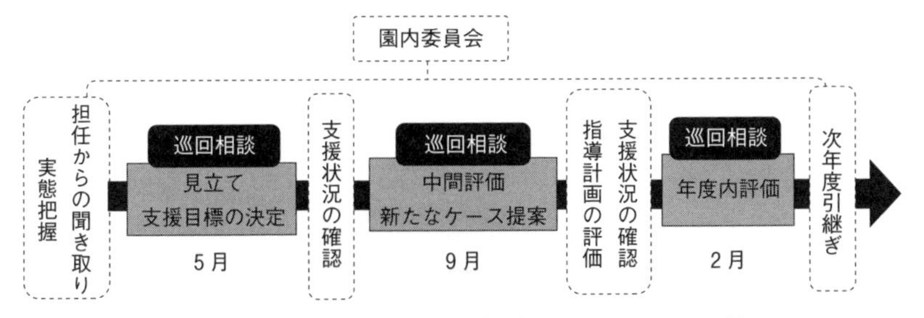

図 21－2　巡回相談と園内委員会の年間スケジュールの一例

料として個別の指導計画を準備しながら協議することで、園内で事例を協議する力が向上する。

巡回相談の活用については、園内委員会で詳細を取り決め、SENCO が専門家派遣機関との連絡・調整を行う。巡回相談を請け負ってくれる機関は地域によっても異なるが、特別支援学校の地域支援事業、自治体の保育課や教育委員会が主催する巡回相談事業、連携先の専門機関の訪問サービスなどがある。

第３節　小学校への移行支援

1．移行支援のメリット

障害がある子どもや配慮を要する子どもが進学する際、子どもを迎え入れる進学先は、「どんな子どもなのか」「これまでどんな支援を受けてきたのか」など、なるべく詳しい情報を受け取る必要がある。特に幼児期の子どもをもつ保護者は、学習が始まる小学校での生活にわが子が適応できるのか、不安を抱きやすい。子どもに何らかの特別な配慮を要することを認知していても、「通常の学級で他の皆と同じように過ごすこと」を願う保護者は少なくない。

また移行支援は、①進学先にどのような情報を引き継ぐことが有効か、幼稚園・保育所側が整理できること、②小学校側が対象の子どもの実態や支援方法のポイントを知り、移行期における子どもの戸惑いや不安を軽減できることの２点において、大変有用な手続きである。

■2．移行支援シートの活用

移行支援シートは、在籍園で行われていた支援内容、支援対象の子どもの特徴、在籍園での成長過程などの情報を進学先の学校に提供し引き継いでいくために作成される。したがって、診断の有無にかかわらず、進学するにあたって情報の引継ぎを行う必要があると在籍園が判断した子どもはすべて対象となる。移行支援シートの作成と活用にあたっては、在籍園の子どもの担任が保護者の同意のもと、協働して作成する。移行支援シートは，個別の指導計画や個別の教育支援計画を基に、必要な情報をコンパクトにまとめるとよい。多くは各自治体で書式が作られており、それらの書式を共有で使用することが多い。

移行支援が行われる一連の流れの例を図 21－3 に示した。一般に、12 月に行われる就学相談や就学判定の状況を踏まえ、在籍園は移行支援シートを作成する必要がある子どもについて、園内委員会にて協議する。これらの協議を経て、1月には園内委員会にて名前の挙がった子どもの保護者と担任保育者で協議し、就学支援シートの作成の必要性について協議する。この時担任保育者は、子どもの課題を突きつけるのではなく、就学にあたっての保護者の不安や悩みに耳を傾けることが重要である。その後、保護者のニーズが確認でき、情報共有の同意が得られたケースについては、担任保育者が移行支援シートを作成し、

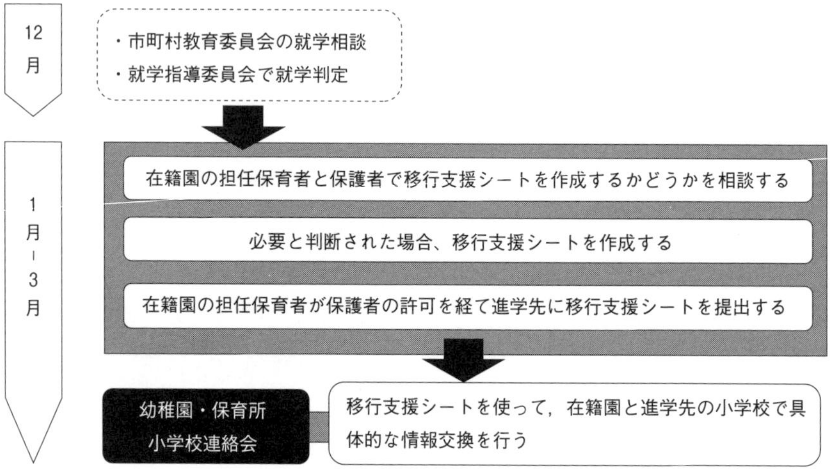

12月

・市町村教育委員会の就学相談
・就学指導委員会で就学判定

1月－3月

在籍園の担任保育者と保護者で移行支援シートを作成するかどうかを相談する

必要と判断された場合、移行支援シートを作成する

在籍園の担任保育者が保護者の許可を経て進学先に移行支援シートを提出する

幼稚園・保育所
小学校連絡会

移行支援シートを使って，在籍園と進学先の小学校で具体的な情報交換を行う

図 21－3　移行支援の一連の流れ

就学先に提出する。その後、幼稚園・保育所小学校連絡会にて、進学先に提出された移行支援シートを利用して、両者の情報交換を行う。

移行支援を行うにあたり、書面だけのやり取りをするのではなく、在籍園と進学先の小学校の関係者同士が顔を合わせ積極的に情報交換を行うことが重要である。互いの機関がどのようなカリキュラムや支援体制を整えているか、教室運営や指導形態にどのような違いがあるかを知る、学びの機会と捉えたい。

（遠藤　愛）

＊文　　献＊

鹿児島県教育委員会『移行支援シート作成の手引き』 2009

大石幸二・遠藤愛・太田研『カンファレンスで深まる・作れる！配慮を要する子どものための個別の保育・指導計画』学苑社　2018

園山繁樹・藤原あや「幼児期のインクルーシブ教育・保育に関する一考察――『幼稚園教育要領』と『保育所保育指針』記載事項の変換を中心に――」『人間と文化』 2017　pp. 221-226

コラム 6：早期支援システムと保護者支援の大切さ

日本では乳幼児健康診断が母子保健法により定められ、1 歳 6 カ月と 3 歳に健診が行われている。この際、発達に遅れや偏りがあると認められた場合、保健所から保健師に情報が引き継がれ、療育センターで専門的な支援を受けることが一般的である。しかし近年、発達障害等、知的障害のないケースや個別検査だけでは支援のニーズを把握できず、支援につながらないまま保育所、幼稚園などに在園しているケースも多い。また診断や療育の専門機関が少ないことから、支援につながるまでに半年以上経過する場合もあり、母親をはじめとする家族に対する支援の遅れが目立っている。早期に発達の特性が発見されるのは、母親が同年齢の乳幼児と比較し不安に思って診断を受けるケースなどである。

アメリカでは、3 歳未満の特別な支援を必要とする乳幼児とその家族に対する早期介入（Early Intervention：EI）が義務づけられており、介入プログラムは個別の家庭訪問、教育プログラムの教授、グループ指導、保護者のカウンセリングなど多様な方法がある。それらはアセスメントに基づいた個別家族支援計画（Individualized Family Service Plan：IFSP）として、早期介入コーディネーターにより作成され、最終的には保護者の承諾を得て実行される。IFSP は 3 歳未満の子どもの支援は母親をはじめとする家族全員を支える必要があるという理念に基づいている上、個々のケースを受け持ち、支援をコーディネートするのは、早期介入のスペシャリストである。彼らは専門的な資格をもち、個別の家族支援計画を実行するためプログラムをコーディネートする。2 歳半になると移行計画が作成される。IEP のコーディネーターへと引き継がれる。3 歳以上になると、特別支援教育に移行するのであるが、IEP の作成については、以下の特徴がある。① IEP の作成が法律で義務づけられている。IEP はチームで作成され、両親の意向が入るべきものとされる。②教育目標は教科目標にとどまらず、子どもが地域、家庭で生きていくために必要な知識・経験を長期的に総合的に考慮されたものでなければならない。③教育目標は専門家を含む、チームで作成されたものでなければならない。

アメリカのマサチューセッツ州の保護者のための IEP ミーティングガイドでは、「特別支援が必要な子どもは IEP 作成を受ける権利があり、学校はその権利についての情報を保護者に提供する義務がある」とされている。IEP は学校心理士、スクールカウンセラー、特別支援の教員などのチームで作成する。こうした専門家とのミーティングの中で、保護者は自ら学び、不明なことはできるだけ質問しようと促され、いつでもミーティングの開催を要求する権利も与えられている。このような取り組みは保護者のストレスの軽減にもつながっている。支援を受ける本人も 14 歳になると IEP ミーティングに参加する権利があり、プログラムの改定の権利も有している。

日本では重度から中度の障害のある乳幼児の療育が中心に行われてきた経緯か

ら、家族や軽度の障害のある子どもを対象とした専門的な支援プログラムが少ない。現在の子育て不安などの状況から考えると、母親に対する教育的サポートプログラムは不可欠である。たとえば、母親に対するカウンセリング、具体的な子どもの指導方法を教授するプログラム、母親のための教育的支援プログラムなどの実施である。今後、学校教育との連携をスムーズにするためにも、特別支援を必要とする乳幼児の保護者支援の実施が望まれる。なぜなら、援助者との信頼関係ができて、はじめて子どもへの療育がスタートするからである。また、母親が同じ立場の人に出会えるようにネットワークづくりをコーディネートすることも大切である。

支援のスタートは、乳幼児期にある。欧米では障害の発見と診断とともに個別の支援がスタートし、専門性の高いさまざまな分野における支援者の育成にも力を入れている。一方、日本では、乳幼児期の障害のある子どもや保護者への支援の重要性を理解し、支援方法を熟知している専門家が多いとはいえない。愛情の深さ、忍耐強さ、が求められる仕事であるが、柔らかな感性と知性を磨き続け、特別な支援を必要とする子どもたちに適切な支援のできる保育者や教育者が１人でも多く育ってほしい。（星山　麻木）

もっと学習したい人へ

星山麻木『あなたへのおくりもの』河出書房新社　2012

（一般社団法人）こども家族早期発達支援学会　早期発達支援士・コミュニケーションサポーター　認証資格研修

星山麻木『この子は育てにくい、と思っても大丈夫』河出書房新社　2017

汐見稔幸『０１２歳児からの丁寧な保育①　ここまで見えてきた赤ちゃんの心の世界』2018

星山麻木‘星と虹色なこどもたち’YOUTUBE　動画　2019

CHAPTER 22

学齢期以降の社会的自立を目指したアプローチ

point!

- 社会における障害者雇用の施策と実態について学ぶ。
- 就労支援のプロセスと手法について知る。
- 障害者雇用の現状と職業的自立に向けた就労支援について解説する。

第1節　障害者雇用の施策と現状

1．障害者雇用施策

「障害者の雇用の促進等に関する法律」（以下「障害者雇用促進法」という。）に基づくおもな障害者雇用施策としては、「障害者雇用率制度」と「職業リハビリテーション」がある。

（1）障害者雇用率制度

障害者雇用率制度は、事業主に対して、雇用している労働者の一定割合（法定雇用率）以上の障害者を雇用することを義務づけるものであり、障害者雇用義務制度ともいわれている。障害者雇用率制度上の障害者とは、原則として障害者手帳（身体障害者手帳、療育手帳または精神障害者保健福祉手帳）の交付を受けている者とされている。民間企業の法定雇用率は2.2％（平成31年4月現在）であり、たとえば雇用している労働者が100人の民間企業の場合、2人以上（100人×法定雇用率2.2％＝2.2人（小数点以下切り捨て））の雇用義務があることになる。

また、障害者雇用促進法では、雇用義務以外にも、事業主に対して、雇用の分野における障害者であることを理由とした差別的取り扱いを禁止し、障害特性に配慮した職務の円滑な遂行に必要な合理的配慮の提供を義務づけている。その具体的な内容は、厚生労働省から「障害者差別禁止指針」「合理的配慮指針」が示されている。

（2）職業リハビリテーション

障害者雇用促進法では、職業リハビリテーションとは、障害者に対する職業

表22－1　職業リハビリテーションの種類とおもな実施機関

サービスニーズ（例）	サービスの種類	おもなサービス実施機関
・働きたいがどこに相談してよいかわからない ・就職活動の相談がしたい	職業相談 （職業指導）	ハローワーク 障害者職業センター 障害者就業・生活支援センター 障害者就労支援センター
・就職に向けての課題や自分の職業能力、必要な支援等を知りたい	職業評価 （アセスメント）	障害者職業センター
・就職に向けての課題を改善したい ・職場適応力を高めたい	職業準備支援	障害者職業センター
・特定の職業技能を身につけたい ・技能を習得してから就職したい	職業訓練	障害者職業能力開発校 職業能力開発施設 委託訓練実施機関（企業等）
・就職先を紹介してほしい	職業紹介	ハローワーク
・職場で仕事やコミュニケーションの支援を受けたい ・（企業）雇用した障害者の指導方法を学びたい	ジョブコーチ による 職場適応支援	障害者職業センター ジョブコーチ支援実施機関 （社会福祉法人等）
・職場での悩みを相談したい ・職場に適応できずに困っている ・（企業）職場での必要な配慮を助言してほしい	職場定着支援 事業主支援	ハローワーク 障害者職業センター 障害者就業・生活支援センター

指導、職業訓練、職業紹介等の措置と規定されており、全国に設置されているハローワークや障害者職業センター、障害者就業・生活支援センター、障害者職業能力開発施設等において実施されている。

職業リハビリテーションには、職業相談（職業指導）、職業評価（アセスメント）、職業準備支援、職業訓練、職業紹介、職場定着支援、事業主支援等があり、それぞれのおもな実施機関は表22－1の通りである。職業リハビリテーションの対象となる障害者は、障害者手帳の交付を受けている者の他、障害者手帳の交付を受けていない者も対象としている。

2．就労系障害福祉サービス等による就労支援

福祉から雇用への移行を促進するため、障害者総合支援法に基づく障害福祉サービスとして、就労移行支援、就労継続支援A型（雇用型）、就労継続支援B型（非雇用型）および就労定着支援が社会福祉法人、企業、特定非営利活動法人等により実施されている。それぞれの障害福祉サービスの概要は表22－2

表 22 − 2　就労系障害福祉サービスの概要

（厚生労働省「障害者総合支援法における就労系障害福祉サービス」から抜粋）

就労移行支援事業	就労継続支援Ａ型事業	就労継続支援Ｂ型事業	就労定着支援事業
通常の事業所に雇用されることが可能と見込まれる者に対して、①生産活動、職場体験等の活動の機会の提供その他の就労に必要な知識及び能力の向上のために必要な訓練、②求職活動に関する支援、③その適性に応じた職場の開拓、④就職後における職場への定着のために必要な相談等の支援を行う。 （標準利用期間：２年）	通常の事業所に雇用されることが困難であり、雇用契約に基づく就労が可能な者に対して、雇用契約の締結等による就労の機会の提供及び生産活動の機会の提供その他の就労に必要な知識及び能力の向上のために必要な訓練等の支援を行う。 （利用期間：制限なし）	通常の事業所に雇用されることが困難であり、雇用契約に基づく就労が困難である者に対して、就労の機会の提供及び生産活動の機会の提供その他の就労に必要な知識及び能力の向上のために必要な訓練その他の必要な支援を行う。 （利用期間：制限なし）	就労移行支援、就労継続支援、生活介護、自立訓練の利用を経て、通常の事業所に新たに雇用され、就労移行支援等の職場定着の義務・努力義務である６月を経過した者に対して、就労の継続を図るために、障害者を雇用した事業所、障害福祉サービス事業者、医療機関等との連絡調整、障害者が雇用されることに伴い生じる日常生活又は社会生活を営む上での各般の問題に関する相談、指導及び助言その他の必要な支援を行う。 （利用期間：３年）

の通りである。このうち就労継続支援Ａ型は、通常の事業所での雇用が困難な者に就労機会を提供するものであり、雇用契約に基づく就労である点が他の就労支援とは異なる。

障害福祉サービスには、就労系以外にも、日中活動系の生活介護や居住支援系の共同生活援助（グループホーム）、相談支援（障害福祉サービス等利用計画の作成等）などさまざまな支援制度がある。また、障害福祉サービス以外にも、個々の障害に特化した相談機関として設置されている発達障害者支援センター等による相談や支援が実施されている。

3. 障害者雇用の現状

厚生労働省が発表している障害者雇用状況（民間企業）の平成 30 年集計結果を見ると、雇用障害者数は 15 年連続で増加しており、実雇用率も 2.05% と 7 年連続で過去最高を記録している。企業規模別では、1,000 人以上の大企業の実雇用率がもっとも高い。その一方で、法定雇用率を達成している企業の割合は 45.9% であり、半数以上の企業は未達成の状況にある。

また、ハローワークにおける障害者の職業紹介状況（厚生労働省）を見ても、新規求職申込件数、就職件数とも毎年増加しており、特に精神障害者の増加が目立っている。障害者雇用の量的拡大の背景には、企業側が経営課題としてCSR（企業の社会的責任）、コンプライアンス（法令遵守）をこれまで以上に重視している姿勢があり、それに共生社会の実現に向けたノーマライゼーションなどの社会福祉理念の浸透、障害者雇用対策や就労支援体制の充実強化が相まった結果であると考えられている。

第2節　就労支援のプロセスとアセスメント

1．就労支援のプロセス

就労支援のプロセスは、就職前段階、就職段階および就職後段階の３つの段階に分けることができる（図22－1）。就職前段階では、受理（インテーク）のあと職業相談と並行して、職業評価（アセスメント）、支援計画策定（プランニング）

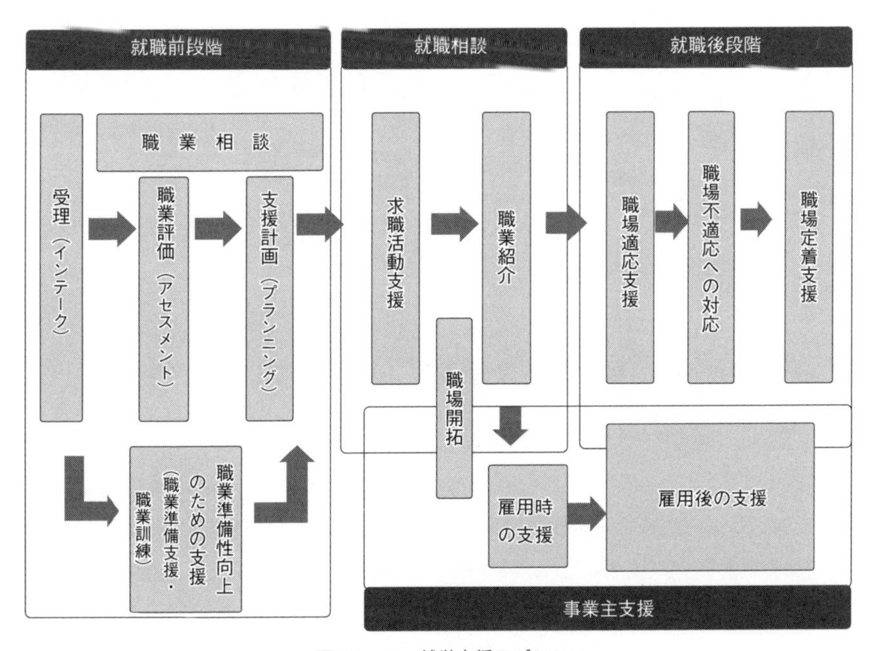

図22－1　就労支援のプロセス

という基本的なプロセスがあり、必要に応じ職業準備性の向上のための支援（職業準備支援・職業訓練）に移行する。就労系障害福祉サービスでも、就労アセスメントからサービス等利用計画や個別支援計画の作成というプロセスがあり、特別支援学校の卒業生の場合は特別支援学校からの情報（個別教育支援計画等）を参考にしてプランニングが行われる。就職段階では、求職活動支援から職業紹介を行い、就職後は必要に応じ職場適応支援、職場不適応への対応、職場定着支援という経過をたどる。なお、就職段階から就職後段階にかけて事業主への支援もあわせて行うことが職場適応、職場定着に効果的である。

2．就労支援におけるアセスメントの重要性

就労支援にあたっては、的確なアセスメントと適切なプランニングが重要になる。アセスメントについては、障害者の職業（職場）適応の強みと課題を見出し、強みをどのように活かし、課題に対してどのように支援すべきかを具体的にプランニングすることに焦点を当てて行う。ここでいう職業（職場）適応には、職業スキル（職務遂行技能）だけでなく、職業適応行動（職務遂行に必要な行動）、職場適応行動（職場で必要なルール・マナー、自立機能等に関係する行動）、対人行動（職場で必要な対人関係を形成する行動やコミュニケーションスキル）も含まれている。知的障害者や発達障害者の中には職業スキル以外の行動面（ソフトスキル）で職場にうまく適応できないことも少なくないことから、実際の職場（あるいは模擬的職場環境）における個人と環境（職場）との相互作用に着目したアセスメントが効果的である。

第3節　援助付き支援モデルとジョブコーチ支援

1．援助付き雇用モデル

1986年に米国で制度化された援助付き雇用は、わが国の就労支援に大きな影響を与えた。援助付き雇用モデルとは、重度障害者を対象に、就職前の評価や訓練はできるだけ簡単にしてその人に合う仕事、職場を見つけ、雇用後は継続的に専門の支援者（ジョブコーチ等）が職場で個別に支援するというものである。従来のレディネスモデル（就職するためには一定のレディネス（準備性）が必要で

表22－3　レディネスモデルと援助付き雇用モデルとの比較（小川，2001）

レディネスモデル	援助付き雇用モデル
できないことに着目	できることに着目
「訓練」してから「就職」	「就職」してから「訓練」
特別な環境内での応用と 一般化を前提にした訓練	実際の職場の仕事を通じた 具体的・直接的訓練

あり、就職前の訓練によって準備性を高めてから就職に移行）と援助付き雇用モデルとの考え方を比較したのが表22－3である。

■2．ジョブコーチによる職場適応支援

援助付き雇用モデルの代表的なものがジョブコーチによる職場適応支援である。ジョブコーチとは、障害者が職場に適応できるよう、職場に出向いて障害者、事業主双方に必要な支援を行う専門職である。ジョブコーチは、全国の地域障害者職業センターの他、障害者の就労支援を実施している機関・施設や企業の中にも配置されているところがある。

地域障害者職業センターでは、障害者、事業主の支援ニーズを踏まえて障害者職業カウンセラーが個別支援計画を作成し、その計画に基づいてジョブコーチが職場で必要な支援を行い、職場の上司・同僚によるナチュラルサポートや合理的配慮に移行させて職場定着を図ることを目指している。支援には、雇用開始にあわせて行うケースと雇用後に職場不適応が発生した時に行うケースがある。標準的な支援機関は約3カ月であり、支援終了後も計画的にフォローアップを行う。

障害者個々の職場適応上の課題は人それぞれであるが、図22－2のように発達障害者を例にとると、本人と職場環境との相互作用の中で周囲の理解や配慮が不足すると、さまざまなところに適応上の問題が発生するおそれがあり、本人が安心して働けるような職場環境となるように、周囲の上司・同僚を巻き込みながら、職場環境の構造化や認知面の援助、対処法の提案の支援を行う。

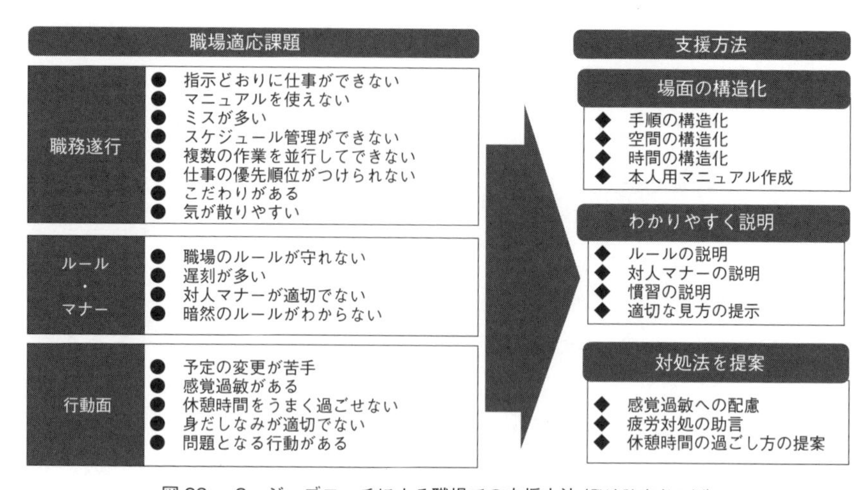

図22－2　ジョブコーチによる職場での支援方法（発達障害者の例）

（井口　修一）

＊文　献＊

厚生労働省「平成30年障害者雇用状況の集計結果」2019

厚生労働省「平成30年度障害者の職業紹介状況等」2019

厚生労働省「障害者総合支援法における就労系障害福祉サービス」2018
https://www.mhlw.go.jp/content/1200000/000363168.png

小川浩『ジョブコーチ入門』エンパワメント研究所　2001

梅永雄二・井口修一『アスペルガー症候群に特化した就労支援マニュアルESPIDD』明石書店　2018

障害児者における高等教育と生涯学習について

point!
・高等教育における障害学生の支援について学ぶ。
・障害者における生涯学習の現状とその成果について知る。
・障害者における生涯学習の新たな試みと今後の課題について学ぶ。

第1節　障害者の高等教育アクセスに関して

1．高等教育機関における障害学生の増加

障害者の権利に関する条約第24条（教育）その1で「締約国は、教育についての障害者の権利を認める。締約国は、この権利を差別なしに、かつ、機会の均等を基礎として実現するため、障害者を包容するあらゆる段階の教育制度及び生涯学習を確保する」とし、その5では、「締約国は、障害者が、差別なしに、かつ、他の者との平等を基礎として、一般的な高等教育、職業訓練、成人教育及び生涯学習を享受することができることを確保する。このため、締約国は、合理的配慮が障害者に提供されることを確保する」と、高等教育における合理的配慮を義務づけている。条約の批准・発効を受け、2016年4月には障害者差別解消法の合理的配慮規定等が施行され、国公立の大学等では障害者への差別的取り扱いと合理的配慮の不提供の禁止が法的義務となり、私立の大学等では障害者への差別的取り扱いの禁止は法的義務、合理的配慮の不提供の禁止は努力義務となった。

独立行政法人日本学生支援機構（JASSO）：（以下JASSOとする）が2005年度から毎年実施している「大学、短期大学及び高等専門学校における障害のある学生の修学支援に関する実態調査」（2019年3月発表）によれば、わが国の高等教育機関（大学、短期大学および高等専門学校を含む）における障害学生数は33,812人（全学生数の1.05%）となっている。これは、欧米の水準からはほど遠い現状にあるが、障害者差別解消法施行以降急速に増加している。これは各大学において

アレルギー疾患など病弱・虚弱及び精神疾患のある学生の把握が進んだことの現れと見ることもできる（図 23 － 1）。わが国における障害学生支援、とりわけ発達障害者への支援策はようやく始まったばかりである。また、修学や就労に困難を示す学生の中には確定診断のある障害学生だけでなく、その周辺の潜在的ニーズのある学生支援も課題となっている。

文部科学省は、2017 年 4 月「障害のある学生の修学支援に関する検討会報告（第二次まとめ）」を公表し、「不当な差別的取扱い」の排除や「合理的配慮」についての大学等における基本的考え方と対処、教育方法や進学、就職等各大学が取り組むべき内容や留意点を示した。JASSO は、教職員のための障害学生修学支援ガイドの発行やワークショップ、セミナー等の実施を中心とした事業を推進し、大学等における障害学生支援の体制整備等を支援している。その基本的な考え方は、①高等教育機関は共生社会の一員として障害のある学生の自立と社会参加への支援を行う責務がある、②修学のための本質かつ具体的な支援をすること、③成績評価のダブルスタンダードは設けない、④障害のある学生と障害のない学生との共学による両者ともどもの成長、⑤全学的な支援組織と学内外の連携を構築するとともに、障害のある学生の主体的なかかわりを

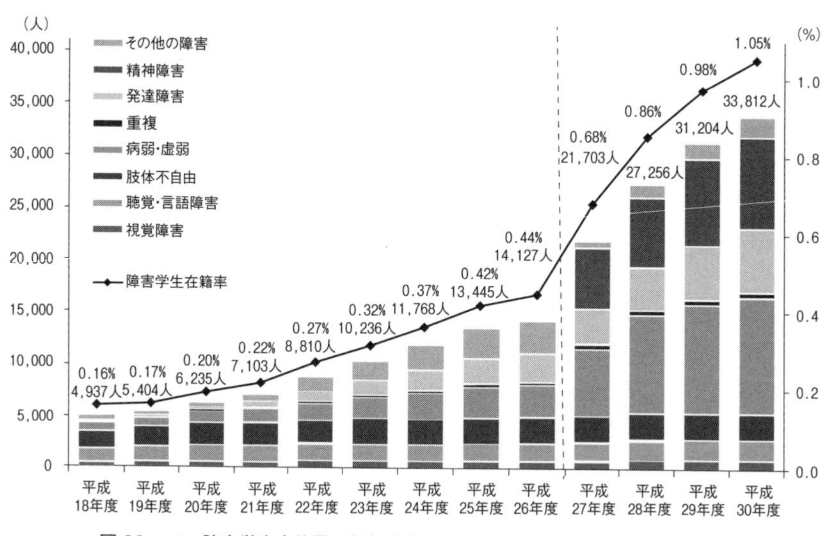

図 23 － 1　障害学生在籍数の経年変化（独立行政法人日本学生支援機構，2019）

大切にする等である（「教職員のための障害学生修学支援ガイド（平成26年度改訂版）」）。

2．進路選択・受験時における障害学生支援

進路選択における制度面のバリアとしての障害による欠格条項については、2001年から補助者、福祉用具等の補助的な手段の活用、一定の条件の付与等により、業務遂行が可能となる場合があることも考慮されるようになった。また、欠格条項見直しの対象となった63制度のうち、資格取得試験を行っている制度のいくつかでは試験問題の拡大文字、点字、読み上げ等の配慮などを行うようになってきている。この見直しにより障害学生の進路選択の幅は広がり、必然的に進学可能な学部学科や職業訓練コースなども増えることとなった。

受験時における支援については、近年の大学入試は多様化しており、一般入試、推薦入試、AO入試など選択肢が増えている上、一部の大学・学部によっては、個別に対応する場合もある。大学入試センター試験では1979年から「身体障害者受験特別措置」が導入され、点字受験、試験時間延長、車いす等の持参使用などが行われてきた。発達障害者に対しても、2011年から配慮されるようになり、「注意事項等の文書による伝達」、別室設定、「拡大文字問題の準備」、「マークシートに換えたチェック解答」などが行われている。センター入試の「特別措置」は、それ以外の入学試験にも影響するので、そのガイドラインの明確化は重要である。センター入試においては、発達障害の判断基準として次の4点が挙げられている（上野，2014）。

①発達障害の特別措置に関しては、医師の信頼できる現症に関する診断書と具体的な状況報告・意見書の記載によって判断する。

②特別措置においてはディスレクシア（読字障害／読み障害）等の、主として文字の読みに関するアクセス機能の障害を重視する。

③実行機能等の困難については、現在のセンター試験の内容や試験形態を十分考慮し、特別措置については、具体的な措置の必要性のエビデンスを個々に慎重に判断することとする。

④時間延長以外の日常的かつ合理的な理由による措置はできるだけこれを認める（時間延長は1.3倍までは認めている：筆者注）。

このような発達障害学生も含めた受験時の支援の進捗は、高等学校における

理解と対応の進展と不可分である。高等学校における個別の指導計画並びに個別の教育支援計画の作成とこれに基づく支援は必須である。さらに大学の入試課や学生支援室と連携して、オープンキャンパスへの参加、個別の大学訪問等を積極的に行う機会を提供し、受験時の条件や配慮の内容、入学後の支援内容も併せて総合的に判断できる体制づくりを個別移行支援の視点を踏まえ行う必要がある。

3．在学中における学習と生活の支援

第１に、学内環境のバリアフリー化や障害の状態・特性等に応じた指導ができる施設・設備の配慮である。スロープや手すり、トイレ、出入口、エレベーター、案内・サイン設置等について施設の整備を計画する際に配慮すべきである。図書館やコンピュータ室、実験・実習室、運動・体育施設、学生寮等の共同利用施設・設備について、他の学生と同様に利用できるよう、必要に応じてさまざまな教育機器・支援技術等の導入が望まれる。

第２に、障害種別に応じた学習支援が必要である。それぞれの学生の状況によって多様なニーズがあることは言うまでもないが、一般的に視覚障害学生には、印刷物をテキストデータ化し、パソコンの読み上げソフトでの出力や点字印刷等ができるようにすること等文字情報へのアクセス支援と移動支援が必要である。聴覚障害学生には、ノートテイク（要約筆記）、パソコンテイク、手話通訳などの配置など音声情報（講義など）を視覚的情報に変換する支援が必要である。運動障害学生には、移動支援とともに、ノートテイクなどの授業補助や日照・室温の調整なども考慮する必要がある。

発達障害学生の学習上の困難としては、履修申請やレポート提出等において決められた期限や手続き通りに行うことが難しい、独特のこだわりのために授業に継続的に出席することができない、実習や演習の授業で特に失敗を繰り返す、講義を聴きながらノートをとることが難しい、グループワークがある授業になじめない等がある。これらの困難は、発達障害そのもののわかりづらさ同様、一般の学生も状況によっては誰もが経験することであるため、本人の努力不足、怠慢といった見方をされがちである。こうした学習上の困難が著しく継続し、学業遂行上明白な障害となっているかどうかを当事者の自覚、周囲の気

づきと専門家の診断によって確認することが前提となる。この上で、授業上の支援や試験・評価の支援を実施する。注意事項等文書伝達、実技・実習配慮、休憩室の確保、教室内座席配慮、試験時間延長・別室受験、チューターまたはティーチング・アシスタントの活用、講義内容録音許可、解答方法配慮、使用教室配慮、パソコンの持込使用許可などが行われている。

第3に、生活面と精神面の支援である。大学生活はそれまでの学校生活とちがい、教師や友人とのつながりが希薄であったり、空き時間があったり、ホームルームがなかったりする。生活の自由度が高くなるのである。このため、大学に登校したり下校したり、時間も大学内での居場所も自分で管理しなければならない。また教科書や講義ノート、資料の整理や分類・保管も必要になるし、健康管理も自分の責任となる。こうした高校生活との大きな変化に、障害のある学生は一般の学生以上に戸惑い適応しづらいことが予想できる。学生課（学生サポートセンター）による入学当初のガイダンスや入学後の履修・生活サポートシステムの充実とともに専門的な障害学生支援組織をつくり対応窓口と学内連絡調整の役割を担うことが求められている。

■4．就労・移行支援

2017年のJASSO調査では、卒業生は4,021人（最高学年次学生数の76.0%）、卒業生の進路状況は、進学が463人、就職が2,240人（就職希望者の80.5%）となっている。厚生労働省の発表している「大学等卒業者の就職状況調査」によると、同年の就職者の割合は97.6%だったので、障害学生の就職率は一般学生と比べて約17%低いという結果である。2018年度からは、障害者の雇用の促進等に関する法律で定められる対象が精神障害者にまで拡大され、雇用率も2.2%に引き上げられたことから、就職率の改善はいっそう進むであろう。

しかし、就職率だけが問題なのではない。進路選択にあたって大事なことは、学生の能力資質と就労先との相性のマッチングである。このためには、発達障害や精神障害を有する学生を対象に個別の教育支援計画を策定し、学校から就労生活への移行支援が欠かせない。具体的には、ジョブコーチを活用してインターンシップや就職活動を直接支援したりすること、ソーシャルスキルトレーニングやグループワークを活用した自己理解、コミュニケーションスキルのためのプログラムの実施など一人ひとりの課題に応じた取り組みが必要である。地域の発達障害者支援センターや障害者就労支援センター等と連携するなど特別支援教育のノウハウを大学等においても活用していくことがポイントとなる。

第2節　生涯学習の保障について

1．生涯学習支援の現状

一般高等教育への進学はほとんどないに等しい知的障害者や重度の障害者にとって、学校卒業後の学ぶ場は、従前全国300カ所程度に点在する「障害者青年学級」に限られていた。そのうちの半数は特別支援学校・学級の同窓会や保護者・教職員等に担われた卒業生支援の一環である。首都圏の区市や名古屋、大阪、京都、兵庫などでは社会教育事業として行われているが、全国的にはごく少数に限られている（小林，2010）。

国立特別支援教育総合研究所が2017年に実施した全国調査によると、回答した35都道府県と945区市町村のうち、実態さえ把握できていない自治体が37%もあり、障害者を対象にした事業・プログラム数は、全国最大でも1,000程度しか把握できていない。さらに障害者生涯学習の推進のために「専門的知見を有するコーディネーター的な役割を担う人」は、都道府県で2.9%、区市町村で4.2%しかいないという結果だった。きわめて貧弱な現状であることが改めて明らかとなった。このような現状は、「国民一人一人が、自己の人格を磨き、豊かな人生を送ることができるよう、その生涯にわたって、あらゆる機会に、あらゆる場所において学習することができ、その成果を適切に生かすことのできる社会の実現が図られなければならない」とした教育基本法第3条における「国民」から障害者を排除しているに等しく、かつ第4条2「国及び地方公共団体は、障害のある者が、その障害の状態に応じ、十分な教育を受けられるよう、教育上必要な支援を講じなければならない」という条文の空文化である。そして障害者差別解消法第7条「行政機関等は、その事務又は事業を行うに当たり、障害を理由として障害者でない者と不当な差別的取扱いをすることにより、障害者の権利利益を侵害してはならない」規定違反の疑いさえある。

■2．草の根における生涯学習支援の試みとその成果

1995年頃から知的障害者を対象とした大学活用型の生涯学習の取り組みが各地で行われるようになった。東京学芸大学公開講座「自分を知り、社会を学ぶ」や大阪府立大学における「オープン・カレッジ」などである。これらの試みは「知的障害者の人権（教育権）保障、発達・変化の保障、大学の地域貢献」という3つの理念を掲げ、数年の間に全国20カ所以上の大学、地域に広がった。学習内容は、従来青年学級等で取り組まれてきた文化・スポーツ活動や生活講座的なものから脱し、法学、経済学、健康科学、生物学、国際理解、危機管理など大学教員による専門分野の話題を知的障害者向けに噛み砕いて講義したり、わかりやすいアクティビティを取り入れたりする工夫がなされている。また、大学の正規カリキュラムに組み込んで、受講生と大学生との交流学習としたり、地域の福祉施設等と連携した取り組みとしたりするなど多彩な展開がなされている。オープンカレッジの実践は、知的障害者の学習意欲の高さや就労等社会参加の継続に果たす生涯学習の意義、成人期の学習内容論・支援論に一石を投じる役割を果たした。

一方、障害者の雇用拡大に伴って、地域における就労と生活の相談支援や就労継続支援を担う事業所等での生涯学習的取り組みも生まれてきた。就労生活支援センターや地域活動支援センター等が行う社会人障害者向け講座や障害者多数雇用事業所等が実施する社員研修などである。金銭管理や携帯電話の安全な使い方、パソコンスキルアップ講座、犯罪被害者や加害者にならないための身の守り方や法律を知るなど円滑な就労と社会生活の継続のための学習である。またこうした学習講座のための学習プログラム開発を行うNPO法人や学術研究団体等もある。さらに、「障害者の学びは特別支援学校高等部までで終わるのはおかしい。より充実した青年期の発達保障のために、知的障害特別支援学校にも専攻科を設けて青年期にふさわしい学びのカリキュラムを開発する」というスタンスから私立や独立行政法人立の特別支援学校のいくつかで「専攻科」実践を作り上げてきている。

また、障害者総合支援法サービス体系の中の訓練等給付「自立訓練（生活訓練）事業」や「就労移行支援事業」を「福祉型専攻科」あるいは「福祉型カレッジ」と称する学びのスタイルで実施する例も見られるようになった。利用者

(学生) が関西新喜劇づくりに取り組むユニークな学習を行っている「エコールKOBE」、福岡をはじめ九州各地と首都圏に複数の「福祉型大学」を展開し、諸外国取材も積極的に行いつつ独自のカリキュラム開発を行っている「ゆたかカレッジ」、卒業資格 134 単位を課す 4 年制大学教育に準じたカリキュラムを組み、学生と講義をつなげるサブティーチャーの配置など発達と学習に困難を抱える青年に応じた工夫をしている見晴台学園大学などがある。いずれも、これまでの知的障害者教育では軽視されがちだった当事者の主体的な課題設定による自主ゼミ形式の学習を導入するとともに、交友関係の形成を重視し社会性の育成に力を入れている。

■3. 生涯学習支援の新たな動きと課題

文部科学省は、2017 年 4 月文部科学大臣メッセージを発し、「特別支援教育の生涯学習化」という新たな方向性を示した。生涯学習政策局内に障害者学習支援推進室を設けるとともに、スポーツ省、文化庁、厚生労働省との横断的プロジェクト特命チームによる障害者の生涯を通じた学習活動の充実に向けてようやく動き始めた (図 23 − 2)。おもな柱は、① 2020 年東京オリンピック・パラリンピックを契機とした障害者スポーツの拠点づくり、②就学前から学齢期、社会参加までの切れ目のない支援体制整備、③障害者の文化芸術活動の充実、④推進のための人材育成等である。文化芸術活動の面では、近年「アールブリュット」や「パラアート」と呼ばれる障害のある人が生み出すアート作品への注目の高まりを背景に「障害者による文化芸術活動の推進に関する法律」が制定されたことを受け、鑑賞や創造活動の機会拡大とともに、芸術上価値が高い作品・作者の発掘やその販売等に関わる支援を充実させることで、障害のある人の活躍できる機会の拡大が期待される。

また、急速に変化するネット情報ツールの扱いや金銭、人間関係の調整など社会参加してはじめて遭遇する課題への対処に困難を抱え、トラブルに遭遇する障害のある人も少なからずいる。こうしたトラブルを未然に防いだり、トラブルからの修復を図ったりするための学習も「生涯の各ライフステージにおいて生じる課題に対応するための学習」として充実させていくことが求められる。罪に問われた障害者等の社会復帰支援などを目的に活動している「共生社会を

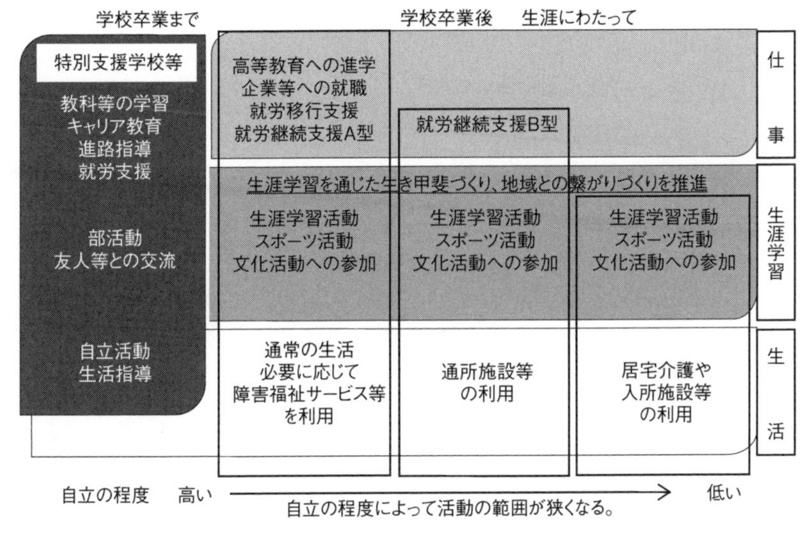

図 23－2　障害者生涯学習施策概念図（文部科学省，2019）

創る愛の基金」（事務局、社会福祉法人南高愛隣会）では、知的・発達障害者向けのトラブル予防のための法律解説ブックレット「暮らしのルールブック――楽しく生きていくために守ること」を、一般社団法人障害者雇用企業支援協会（SASEC）や NPO 法人 PandA － J、ふれあいネットワーク・ピア（当事者団体）等の協力で作成し、普及を図っている。

こうした中で文部科学省は、これまで草の根の障害者生涯学習支援を担ってきた団体や新たに取り組もうとする地方自治体・大学・社会福祉法人等に委託し、「障害者の多様な学習活動を総合的に支援するための実践研究」を 2018 年度からスタートさせた。また、有識者会議を設け、2019 年 3 月「障害者の生涯学習の推進方策について――誰もが、障害の有無にかかわらず共に学び，生きる共生社会を目指して――報告」を発表した。報告では、①学校教育から卒業後における学びへの接続、②福祉等の分野の取り組みと学びの連携、③当事者の主体的な学びという方向性に基づき、推進システムづくり・基盤整備を提言している。特にポイントとなる点は以下であろう。

①当事者のニーズを踏まえた、学びに関する相談支援体制づくり：情報提供とともにアウトリーチ手法も含めて当事者ニーズを発掘する、個別の支援計画の中に学びのニーズに基づくサービス等利用計画を盛り込む、基幹相談支援センター等におけるプログラム開発・提供を促していくことなどが求められる。

②社会教育と特別支援教育、障害者福祉等をつなぐ人材の必要性：障害者の生涯学習を総合的に推進していくためには、生涯学習、教育、スポーツ、文化芸術、福祉、労働等の関係機関・団体等の参画によるプラットフォームづくりが重要であることはいうまでもない。そのためには行政における専門的知見をもった人材の育成が大事である。また学校における個別の教育支援計画と卒業後の学びの支援をつなぐコーディネーター役を、社会教育主事などが担えるようその資質向上を図ることも必要である。

③障害の有無にかかわらず、ともに交流し学び合う環境を整備する：一般の生涯学習講座に障害者が参加できるよう情報・環境・意識のバリアを取り除くこととそのための合理的配慮に務めること、すでに全国600カ所以上に発展している障害者が働いたり交流したりする喫茶（カフェ）の活用、石川県にある社会福祉法人佛子園のように日常的に多世代、多業種、地域と関わり合う場所を作ること、オープンカレッジ東京で試みたように対象は障害者向けでも内容は大学における市民講座とし、一般市民や学生の参加を呼び込むことで共同学習の場とするなどの工夫が考えられる（平井威，2016）。

有識者会議の提言を踏まえ、2019年度からは「障害者の学びの場の充実に向けた基盤整備」や事業の担い手育成等に向けた「コンファレンス」を開催することなどを含む「障害者の社会における活躍推進に向けて重点的に進める6つの政策プラン」を打ち出した（文部科学省，2019）。しかし、真の基盤整備のためには「障害者による文化芸術活動の推進に関する法律」のように「障害者生涯学習振興法」（仮）を制定し、基本計画を策定して国を挙げた取り組みとする必要があるだろう。

（平井　威）

＊文　　献＊

独立行政法人日本学生支援機構、障害のある学生の修学支援に関する実態調査 https://www.jasso.go.jp/gakusei/tokubetsu_shien/chosa_kenkyu/chosa/index.html（2019 年 6 月閲覧）

独立行政法人日本学生支援機構「教職員のための障害学生修学支援ガイド（平成 26 年度改訂版）」2015
https://www.jasso.go.jp/gakusei/tokubetsu_shien/guide_kyouzai/guide/index.html（2019 年 6 月閲覧）

平井威『自分を知り社会を学ぶ、いっしょに学び共に生きる』、田中良三・藤井克徳・藤本文朗編著「障がい者が学び続けるということ――生涯学習を権利として」第 3 章大学におけるオープンカレッジの実践、新日本出版社　2016　pp. 89-104

小林繁『障害をもつ人の学習権保障とノーマライゼーションの課題』れんが書房新社　2010

文部科学省 障害者活躍推進プラン 概要（平成 31 年 4 月）
http://www.mext.go.jp/component/a_menu/education/micro_detail/__icsFiles/afieldfile/2019/05/07/1413125_02_1.pdf（2019 年 6 月閲覧）

オープンカレッジ東京運営委員会編「知的障害者の生涯学習支援――いっしょに学び、ともに生きる――」社会福祉法人東京都社会福祉協議会　2010

上野一彦『大学入試センター試験における特別措置』高橋知音編著「発達障害のある人の大学進学」金子書房　2014　pp. 83-84

索　　引

◆さ　行

◆た　行

◆な　行

◆は・ま行

◆や・ら・わ行

執筆者紹介（執筆順）

梅永　雄二（うめなが　ゆうじ）（編者／序章・12・18章）早稲田大学教育・総合科学学術院
安永　啓司（やすなが　ひろし）（第1章）聖学院大学人文学部
平井　　威（ひらい　たけし）（第2・23章）明星大学教育学部、明治大学文学部
榎本　清紀（えのもと　せいき）（第2章）元明星大学教育学部
中田　正敏（なかた　まさとし）（第2章）明星大学教育学部
森下　由規子（もりした　ゆきこ）（編者／第3章）明星大学教育学部
川上　康則（かわかみ　やすのり）（第4章）東京都立矢口特別支援学校
清水　　浩（しみず　ひろし）（第4章）帝京大学理工学部
福田　奏子（ふくだ　かなこ）（第5章）宇都宮大学共同教育学部
石原　保志（いしはら　やすし）（第6章）筑波技術大学
金子　真人（かねこ　まさと）（第7章）国士舘大学文学部
川間　健之介（かわま　けんのすけ）（第8章）筑波大学人間系
京林　由季子（きょうばやし　ゆきこ）（第9章）岡山県立大学保健福祉学部
島田　博祐（しまだ　ひろすけ）（編者／第10・12・13・20章）明星大学教育学部
安達　眞一（あだち　しんいち）（第11章）明星大学教育学部
妹尾　　浩（せお　ひろし）（第11章）明星大学教育学部
渡部　匡隆（わたなべ　まさたか）（第14章）横浜国立大学大学院教育学研究科
綿引　清勝（わたひき　きよかつ）（第15章）東海大学児童教育学部
高下　　梓（たかした　あずさ）（第16章）松本看護大学看護学部
坂井　　聡（さかい　さとし）（第17章）香川大学教育学部
縄岡　好晴（なわおか　こうせい）（第18章）明星大学人文学部
榎本　拓哉（えのもと　たくや）（第19章）徳島大学大学院社会産業理工学研究部
宮野　雄太（みやの　ゆうた）（第20章）横浜国立大学教育学部附属特別支援学校
遠藤　　愛（えんどう　あい）（第21章）星美学園短期大学
星山　麻木（ほしやま　あさぎ）（コラム6）明星大学教育学部
井口　修一（いぐち　しゅういち）（第22章）障害者職業総合センター

みんなで考える特別支援教育

2019年10月30日　初版第1刷発行
2023年 4 月 1 日　初版第4刷発行

編著者　梅永　雄二
島田　博祐
森下由規子

発行者　木村　慎也

定価はカバーに表示　印刷・製本　モリモト印刷

発行所　株式会社　北 樹 出 版

URL：http://www.hokuju.jp

〒153-0061　東京都目黒区中目黒 1-2-6

電話(03)3715-1525(代表)　FAX(03)5720-1488

ISBN　978-4-7793-0616-7　（落丁・乱丁の場合はお取り替えします）